国家社会科学基金一般项目（批准号：11BTQ008）研究成果

西藏公共图书馆的设置与服务体系建设

旦增卓玛　尼玛格桑　编著

上海科学技术文献出版社
Shanghai Scientific and Technological Literature Press

图书在版编目（CIP）数据

西藏公共图书馆的设置与服务体系建设 / 旦增卓玛，尼玛格桑编著 . —上海：上海科学技术文献出版社，2017
ISBN 978-7-5439-7587-3

Ⅰ．① 西… Ⅱ．① 旦…② 尼… Ⅲ．① 公共图书馆—图书馆服务—研究—西藏 Ⅳ．① G259.277.5

中国版本图书馆 CIP 数据核字 (2017) 第 257683 号

责任编辑：胡欣轩
封面设计：许　菲

西藏公共图书馆的设置与服务体系建设
旦增卓玛　尼玛格桑　编著
出版发行：上海科学技术文献出版社
地　　址：上海市长乐路 746 号
邮政编码：200040
经　　销：全国新华书店
印　　刷：常熟市人民印刷有限公司
开　　本：889×1194　1/32
印　　张：12.75
字　　数：285 000
版　　次：2018 年 1 月第 1 版　2018 年 1 月第 1 次印刷
书　　号：ISBN 978-7-5439-7587-3
定　　价：68.00 元
http://www.sstlp.com

前　言

进入21世纪以来,我国公共图书馆服务体系建设开始借鉴国外的建设经验,致力于基层图书馆、总分馆和区域性服务网络的建设,积极开展对公共图书馆服务体系的理论研究与实践,努力探索转变公共图书馆服务理念,提升社会服务能力。从"林州共识"到"嘉兴模式",再到北京、上海、天津等大城市公共图书馆服务体系的建设,已经取得了令人瞩目的成就。在国内图书馆界的不断摸索探索下,对公共图书馆服务体系的架构和模式越来越清晰,走出了符合中国特色的图书馆的新路子。这些探索和实践为研究和构建西藏公共图书馆服务体系提供了非常宝贵的经验。

为加强西藏公共图书馆服务体系的建设,2013年申请立项了社科基金项目"西藏公共图书馆的设置与服务体系建设研究"(项目编号:11BTQ008)。本书正是此项目的研究成果。该项目结合西藏公共图书馆事业发展相对滞后的实际现状,从构建西藏公共图书馆服务体系为目标,借鉴国内外公共图书馆服务体系建设经验,摸索一条适合西藏的公共图书馆服务体系建设之路,最大限度地避免盲目重复建设,为政府制定和实施"十三五"文化发展规划做前期研究,以便为能够提出合理的西藏公共图书馆设置和构建西藏公共图书馆体系提供科学依据。

在本书的写作过程中得到了国家图书馆研究院汪东坡先生、李丹老师,上海图书馆金晓明老师,桑珠、西热桑布等老师的帮助;西藏图书馆在课题研究过程中给予的支持,以及29位访谈人员给予的大力协助,在此表示由衷的感谢!

全书共分五个章节,内容包括西藏公共图书馆服务体系建设和公共图书馆服务平台建设现状,以及目前存在的主要问题,总结了近年来国内外公共图书馆服务体系建设的模式与经验。通过借鉴这些经验提出了西藏构建公共图书馆服务体系的总体构想、建设规划与实现路径。

本书附录中收录了项目研究中使用的调查问卷和29位访谈人员的访谈内容,以便为后续研究人员提供基础的研究参考资料。由于课题组在资料收集、研究经验等方面的原因,书中难免存在一些纰漏,望广大读者和研究人员给予斧正。

本书可供公共图书馆工作人员、政府文化管理人员等制定相关发展规划和政策时参考,也可供公共图书馆服务体系研究人员作为参考资料。

作者

2017年于拉萨

目　录

1	第一章	绪论
1	第一节	研究背景
19	第二节	研究意义
22	第三节	研究方法
32	第二章	国内外公共图书馆服务体系建设模式与经验借鉴
32	第一节	国外公共图书馆服务体系建设模式与经验借鉴
54	第二节	国内公共图书馆服务体系建设模式与经验借鉴
91	第三章	西藏公共图书馆服务体系建设现状及问题分析
91	第一节	西藏各级公共图书馆发展概述
120	第二节	西藏公共图书馆服务体系建设的探索与实践
161	第三节	西藏公共图书馆（室）服务体系探索建设实践中存在的困难与问题

173	第四章	西藏公共图书服务平台建设现状及问题分析
173	第一节	文化信息资源共享工程建设
184	第二节	农家书屋工程建设
197	第三节	数字图书馆推广工程建设
202	第四节	公共电子阅览室建设计划
208	第五章	西藏公共图书馆服务体系的设置与构建
208	第一节	西藏构建公共图书馆服务体系的总体构想
214	第二节	西藏城镇公共图书馆服务体系的建设规划与实现路径
227	第三节	西藏农牧区公共图书馆（室）服务体系的建设规划与实现路径
240	附　录	

第一章 绪 论

公共图书馆的设置与服务体系建设是在社会转型和发展过程中必须面对的一个现实问题。从基础设施架构的角度看，公共图书馆服务体系包括所有实体图书馆、流动图书馆，以及它们建立的馆外服务点、图书馆联盟、总分馆体系、区域性服务网络等平台。在世界范围内，经过多年实践和探索，国外的公共图书馆的设置、设施构架与服务体系已经比较成熟和完善。普遍均等的服务理念成为各国公共图书馆职业的共同追求目标，因此公共图书馆从一开始就确立了向所有人传播人类知识记录的责任。

第一节 研究背景

一、西藏公共图书馆服务体系建设的国内外环境

在世界范围内，经过多年的实践和探索，逐渐构建起了各自国家的公共图书馆服务体系。美国积极推行总分馆制的服务体系，在全美 9 207 个公共图书馆中就有 1 546 个图书馆管辖着 17 393 个分馆；在此基础上，另有形形色色的独立建制图书馆和

流动图书馆作为重要的补充。备受我国图书馆界关注的新加坡高度集中的公共图书馆系统，包括1个国家图书馆、4个区域图书馆、23个社区图书馆、46个社区儿童图书馆。其中国家图书馆成为全国图书馆的核心业务中心。韩国依靠社会力量兴办的各色"微型图书馆"、"小型图书馆"成为韩国公共图书馆服务体系的重要组成部分。

进入21世纪以来，我国公共图书馆服务体系建设开始借鉴国外的建设经验，致力于基层图书馆、总分馆和区域性服务网络的建设。特别是"十一五"时期提出了建立覆盖全社会的公共图书服务体系，享有普遍均等的公共图书馆服务成为广大人民群众的一项基本文化权益。北京、上海、天津，以及广东、江浙等发达地区努力探索提升图书馆社会服务能力的新路子，从"林州共识"到"嘉兴模式"，已经取得了令人瞩目的成绩。我国图书馆学者也在积极分析、探讨对公共图书馆服务体系的理论研究。据不完全统计，自2006年以来，关于公共图书馆服务体系建设的论文就达百余篇；研究成果也从现状分析和经验介绍，到对区域经验的理性思考分析和体系构建模式的归纳分析。中国图书馆学会也多次围绕构建公共图书馆服务体系和总分馆建设以及基层图书馆的生存与发展举办研讨会。由邱冠华、于良芝教授主持的中国图书馆学会2007年专项资金项目"图书馆服务网络构建模式研究"，其最终成果系统论述了近年来我国公共图书馆服务体系建设的主要模式和个案研究，在业内引起了强烈反响。此外，还有周德明（2007）对上海公共图书馆服务建设的研究、王学熙（2008）对公共图书馆服务体系的定位、李国新（2008）和李超平（2009）对图书馆服务体系"嘉兴模式"的研究、邢杰（2007）关于"天津地区图书馆延伸服务实践与理论创新研究"、吉林省社科基金项目"吉林省区域性图书馆合作范式研究",以及王晶锋(2009)等对公共图书馆服务体系可持续发展的研究。这些研究在对我国公共图书馆服务体系转型期和未来发展进行深入研究的同时,都在尝试适合本地区特点的多级图书馆服务网络建设;但目前还没有形成一种适合在全国范围内推广和实行的较为成熟的模式。

二、西藏公共图书馆服务体系的建设基础

图书对于雪域高原的藏民族来说是个大话题,也是历史久远传承的一个方式和藏民族文化传承的载体。图书不一定是写在纸张上的文字记载,它可以是记载在石头、皮子、树叶或树皮,以及竹签、木条等上的文字性内容。形式上也有书写和刻字等。图书在藏族地区大家公认的至少有一千三百多年的历史。生活在青藏高原上的人们历来就非常喜欢收藏图书,收藏的形式也是多种多样。例如寺庙收藏(包括寺庙本身的收藏和寺庙印经院的收藏)、政府行为的收藏、官方印经院的收藏,以及个人印经院的收藏,民间百姓的收藏;还有塔藏、洞藏或地下藏,以及佛像装藏等多种形式的图书收藏方式。这些可以说是世界上最广的收藏形式,也说明藏民族是热爱文化、尊重文化、吸纳学习各种外来文化的一个古老民族。

图书馆是一种社会现象,是一定社会文化的产物,受社会经济和文化的制约,随着社会的发展而发展。社会的发展和技术的进步将推动图书馆的发展和进步,社会发展水平和技术水平决定

着图书馆发展水平。纵观人类社会发展历程而言，图书馆经历了三个发展阶段，即古代图书馆、近代图书馆和现代图书馆。由于西藏公共图书馆事业发展缓慢，我们姑且可以把西藏图书文献典藏及公共图书馆的发展分为两个阶段：即古代公众图书馆发展阶段和现代公共图书馆发展阶段。如果按照现代图书馆的标准来探索或研究西藏古代公共图书馆发展的相关内容，那么你就很难发现有意义或者值得研究和探索的内容；如果按照图书馆的作用及内容等方面去研究西藏古代公众图书馆，那么早在一千多年前西藏面向公共大众的图书馆雏形就已经随处可见了，并且不能不承认当时的寺庙就是学校、就是图书馆、就是研究院；寺庙不仅是西藏重要的文化中心、修行场所，也是藏民族灵魂的依存之处。因此，西藏的寺庙不是僧人所独有的，也不是官方所有的，它是广大信教群众信仰和灵魂的依附，是属于大众的。了解了这一点，我们才能从西藏寺庙的历史中挖掘出西藏古代公共图书馆的历史脉络。

（一）西藏古代图书文献典藏的发展

西藏的藏文文献典籍传统上主要是由寺院典藏的，其次就是官方典藏和民间收藏。官方的典藏的方式主要有官方档案的收藏，如在布达拉宫宫中的收藏官方档案，以及在萨迦寺和哲蚌寺收藏的官方档案；哲蚌寺中的甘丹颇章殿、贡嘎热瓦殿、乃文拉康等文献典藏均属于官方典藏；官方的典藏方式还有官方印经院中的收藏。此外集团式的典藏如藏医院的典藏；各个寺庙的典藏，如拉康扎仓的典藏属寺院典藏；民间的收藏比如私家的收藏或个人的收藏；官方民间结合的收藏比如哲蚌寺的收藏、某些印经院的收藏等。除此之外，西藏还有其他一些典藏、收藏形式也是不容忽视的，如塔藏、洞藏、堆藏（石刻堆砌而成的）等；这种典藏形式出现了后期所谓的"伏藏"。在西藏文献的典藏不只是一种单纯的典藏，也不是为了收藏而收藏，它是一种宗教的信仰行为，成为广积善缘的一种善事；也是寻求庇护的一种皈依行为，被认为是避开灾难的途径和留住佛心的手段。因此文献的典藏在西藏是多种多样的。

三千多年前苯教就开创了文字性的文化传承，不管当时是以何种的文字记载或这种文字是否成熟，不管这种文字使用的范围大小，也不管当时是否有纸墨的存在，能够记载并传承各种文化内容的原始文字肯定是存在的。因为有了文字才能将苯教的宗教教义加以传承，才能使象雄文化的诸多内容得以流传至今。另外，还有一个理由就是紧挨着古代象雄的领邦是古印度，印度最古老的文字至少有三千多年的历史[1]，因此，外来文化的注入和外来文字的影响对雪域文字的创建、使用和文化的发展起到了推动和深刻的影响。

早在吐蕃第 27 代赞普拉·托托日年赞时期（公元 254 年—370 年），班智达·洛塞措及大译师李泰斯从天竺带来佛教典籍文献，当时的吐蕃赞普并不识字，也不解经意，班智达及大译师返回，于是供奉在王宫中[2]。虽然，当时医学、苯教等方面的典籍已经大量存在，但是当时由于赞普没有看懂所带来佛经的内容，觉得很惊奇就把所有的圣物保存在了藏书阁之内，从此吐蕃历史上就有了宫廷藏经阁（即宫廷图书馆）。当时的宫廷藏经阁所藏

---

[1] 《诺章·吴坚论文集》，中国藏学出版社，2006 年，第 434 页。
[2] 奈邬班智达·莫郎洛追，《奈巴教法史》，西藏古籍出版社，1990 年，第 18 页。

的文献为《诸佛菩萨名称经》《宝箧经》《佛说大乘庄严宝王心要六字真言》等佛教典籍文献。

公元7世纪中前期，吐蕃第32代赞普松赞干布统一全藏，建立了统治全蕃的政权文化中心逻些（拉萨），并发展吐蕃经济，创制藏文，修建拉萨大昭寺等佛殿，制定吐蕃社会的管理体制和律例，建立了唐蕃间友好关系，加强同各民族间的交流，大量吸收中原和邻国文化，吐蕃经济、文化得到了蓬勃发展，民族素质迅速提高，吐蕃在很短的时期内便兴盛起来。随着吐蕃王朝的建立，藏文的创制，佛教的始兴，佛教的经典开始从梵文贝叶经译为藏文，世俗文献和宗教典籍开始出现，不过这些文化活动是在王室阶层进行并未普及至全藏区，所产生的文献与宗教典籍的数量也有限。到此后的公元8世纪后叶，吐蕃赞普赤松德赞执政期间，在赞普的主持下，由印度请来藏的僧人寂护（静命，藏译称希瓦措）和莲花生勘定寺址并设计规模，仿照印度的飞行寺（殴丹达菩黎寺）的形式，结合藏、汉和印度的建筑风格在雅鲁藏布江北面兴建起了桑耶寺，又称"三样寺"。藏族认为佛（佛像）、法（佛教典籍）、僧（僧人）具全才称之为寺，否则称为庙。桑耶寺是西藏历史上第一座正规的佛教寺院。在桑耶寺除设有拉康和大殿之外，为了翻译梵文的译经工作顺利进行，还在桑耶寺主殿旁专门修建房屋设施以作为翻译的场地，称之为桑耶译经洲或译场（即译经院），印藏汉佛学家和大译师们便开始在这座译经院内将佛祖的经论从梵文贝叶经翻译成藏文加以传承。当时的译经工作情景以壁画的形式描绘于桑耶译经洲回廊的墙壁之上，但损于"文革"时期，现存的译经洲为改革开放后重新修建，但已见不到古代译经工作场面的生动历史壁画。大师们所译的经籍均收藏于桑耶寺和王宫内，因此，桑耶寺成为西藏第一个专门设立收藏佛教经书的经书库（即寺院图书馆）的寺院。

桑耶寺建成后，由寂护任堪布，首次剃度巴·赛朗、桑希、玛·仁钦乔、昆·鲁易旺布松、巴郭·比若扎那、恩兰·嘉哇却央、拉松·嘉微香曲7人出家，史称"七觉士"，为西藏有僧伽制度之始。在赤松德赞执政时期，陆续出家的藏族僧人就达到300人左右，并组织印度、汉地高僧和藏族译师共同翻译大量佛经。当时，赞普还下令厘定文字并向译师们明示："未传至吐蕃的以佛教命名的诸多佛典中，部分与佛教理论和声明学不符且应校正的应予以校正，部分看似正确的也要予以确认和证实"；赞普还组织人力先后将雅砻地区的佛经进行搜集整理，统一译语，修订旧译稿，规定了每部经文的数量和篇幅规模，编订成函。随着寺院和僧人的出现，佛经翻译和典藏有了空前的发展，有了寺庙也就有了较为正规的图书收藏机构，甚至可以说官方的图书馆就此出现了。众所周知，图书目录不仅是登记和管理图书的必备工具，也是阅读范围广泛、种类众多的书籍所必不可少的明鉴；同时目录也是典藏和保护图书的重要工具。有了目录标志着能够对图书进行查找借阅、登记管理。因此，我们通过这些目录可以借此追溯西藏图书文献典藏事业的发展历程。

公元9世纪上叶，在雅砻旁唐、丹噶及桑耶钦普等地就已经有了一定规模的藏书（经）阁或经书库，依照赞普赤祖德赞即阿达赤热巴巾的敕令，佛学家和大译师们对这些藏书（经籍）进行了整理和编制目录工作。赞普命大译师完德贝则热支达和却吉宁波完德贝吉伦布等人将存于旁塘噶麦佛殿的佛经按八个音节为一颂、300颂为一卷计算，准确地登记了佛经章节篇目，被称为"旁塘目录",这是藏译大藏经编制目录的开始。此后由译师贝则和昆·鲁易旺波松等人把在东塘丹噶宫的所有佛经译成藏文,并审定所译典籍文献的名称、卷帙、偈颂数目等,随后将经过校勘订正的佛经和论著的篇目编制成目录,称为"丹噶目录"。大多数论著的末尾都附有藏族一些学者的著作。此后,又由译师完德贝则等将青浦宫的全部佛经和论著编制目录,被称为"青浦目录"或称"钦普目录"。如今我们把《旁塘目录》《丹噶目录》和《钦普目录》称为吐蕃时期的三大目录,为藏文大藏经的形成奠定了基础。这可以说是藏族历史上"图书馆"工作的肇端。从三大目录的名称由来来看,旁塘目录、钦普目录及丹噶目录均是吐蕃时期王宫的名称,也是公元9世纪三大藏经阁的藏书目录。可以说,自从将这些经典的原书汇编收藏于桑耶寺大书库后,标志着吐蕃第一个经书库的成立。经书库中藏有中原、天竺及克什米尔等地请进来的多语种珍贵文献,经书库主要是将佛祖经论诠释为"三藏"进行汇编目录。公元12世纪天竺著名的学者纳兰托寺的住持阿迪峡大师到桑耶寺游览之时亲眼目睹过这些珍贵文献,并感叹道:"此处翻阅的文献,卑人连天竺也未曾目睹,可能是莲花生大师从克什米尔请进的吧!"[1]此句折射出桑耶寺经书库所藏文献内容及语种的丰富。

从公元8—9世纪藏经阁或经书库的文献利用来看,敦煌文献Pt.999译文: 往昔,为天子赤祖德赞之公德,在沙洲用汉、藏文写造《无量寿经》,为百姓遍行教法大布施,并入龙兴寺藏经库进行管理。鼠年季夏八日,为王后赞蒙樊母子的护光(微松)宫殿之功德,由沙洲之二部僧伽率沙洲地方民户回向功德,举行供

---

[1] 何周德、索朗旺堆,《桑耶寺简志》,西藏人民出版社,1987年。

施法会。根据宫廷之告牒、教法大臣和德论之信函，当2 700俗人进行大法会时，作为教法大布施的资具，从龙兴寺藏经库中取出汉文《无量寿经》135卷和藏文（《无量寿经》）480卷，共计615卷，由长老僧人洪辩和旺乔委托取用，由经典分派者僧人云海与李丹贡付配经卷并发给官契凭执。此后在进行经卷总清点时，将此付配凭执与原登记簿核对，若相符则偿还，并发给凭印官契①。从敦煌文献中我们也可以窥探出，当时经书库文献借阅及利用方面已有较为成套的实施细则。公元10世纪后叶，阿里的吐蕃王后裔益希沃派人到克什米尔一带学习佛法，迎请印度僧人来藏传授佛教戒律。当时最杰出的人物是大译师仁钦桑布，一共译出17种，33种论，108种恒特罗。所译经典以密宗为主，称为新密。这些传译的经籍，多为印度波罗王朝时期盛行的密教无上瑜伽部以及经、论、疏释，中观、因明、声明、医药、历算、工巧等论著。由此可知，西藏的历代赞普、大译师和贤哲们对佛教经论进行研究、翻译和注释后所著成的文集也如浩瀚星海不计其数，不但对藏民族的心灵智慧和世界观产生了积极影响，而且对西藏独有的传统文化、风俗习惯、文艺、医学、星象学、正理学、建筑学、物理学和佛学的发展起到了不可忽视的重要作用，同时也为人类文化的发展作出了巨大贡献。

公元10世纪前后，佛教在吐蕃雪域逐步发展，出现了以密教传承为主的各种不同的教派，各派不仅传承不同，并且各依其传承对佛典教理，乃至仪轨法门进行不同的诠释，形成独具特色的佛学思想体系和派别。较大的教派有宁玛派、噶当派、萨迦派、噶举派、格鲁派，较小的有觉囊、希解、觉宇、夏鲁、郭扎、珀

---

① 《敦煌法藏本》第10卷，上海古籍出版社，Pt999。

东等派。藏文大藏经是各教派寺院必藏的佛教典籍。其次，根据各教派在见修等方面的差异而各有侧重和特点，创立这些教派的高僧大德和贤哲对佛祖的经论和注释进行闻思和研究，形成的文集、史鉴、经论和经典便收藏在各教派寺院里的经架上，从而形成了各寺院自己的藏书室，除典藏大藏经外，主要收藏这些本教派的经论、讲义、传承、高僧传记等典籍，每个寺院的收藏典籍都有自己的特色。这些经论和各大高僧的文集提供给本教派僧人进行阅读和闻思修行。

在众多寺院中最具特色的当属萨迦寺、哲蚌寺、那塘寺、布达拉宫和罗布林卡。萨迦寺在学术界被誉为"第二敦煌"，哲蚌寺收藏的典籍则以各教派典籍最具全而著称。藏书内容包括了大五明（即工艺学、医学、声明学、因明学及佛学）和小五明（即修辞学、词藻学、韵律学、戏剧学和历算学），尤其在历史和传记方面的著作颇多，有编年史、王统史、民族关系史、宗教史、教法传承史、家族史、自传、秘传等史籍，圣迹志、寺庙志等志书，以及道歌、格言和以呗赞杂咏其间的说唱文学等。文集类的著作是藏族文献的主体部分，也是藏文典籍的精华。佛教经典的收集、整理和修造典藏目录成为西藏图书文献典藏的主要工作，并分支出了两种类型的典藏文献，一种是收集佛祖经论的《甘珠尔》，另一种是收集佛祖经论的诠释著作《丹珠尔》；这两种合二为一就是《大藏经》。在古代赞普时期的经论目录基础上，藏历第2饶迥初，由觉丹热智和维巴·洛色绛曲益希、译师索南俄色、江若·绛曲本等人把当时乌斯藏、阿里等地所有能够找到的大藏经原本收集起来，在那塘寺进行整理，并加以校订、补缺后按次序编排，同时觉丹热智还编制了《大藏经目录论典广说》和摘要的《甘珠尔目录太阳之光》，按照这两个目录编撰的就是西藏史上第一部完整的藏文《大藏经》缮写本。第5饶迥水鼠年（公元1312年），元朝皇帝仁宗爱育黎拔力八达普颜笃汗即位，他在位9年间，迎请那塘寺的格西嘉木噶法师为上师，嘉木噶拔希给自己的老师觉丹热智寄来了汉地的墨一箱以及许多的纸、笔、削笔刀，以资修订所需。觉丹热智和嘉木噶法师两人的学生、以及维巴·洛色绛曲益希也编制了《甘珠尔》和《丹珠尔》的简要目录。此后，十三世纪八十年代嘉木噶法师从蒙古地区又寄来了墨和纸张等物品，要求按照编制的目录抄编一套完整的大藏经，存放在那塘寺，于是根据嘉木噶法师的请求而修就的一套完整的大藏经和校订用的原本一同存放在那塘寺。第5饶迥水猪年（公元1323年）到第6饶迥土鼠年（公元1348年）期间，蔡巴贡嘎多吉任蔡巴万户长期间，他修就了金银汁混合书写的一套完整的甘珠尔，迎请遍知的布顿大师进行校订，这部甘珠尔的目录是蔡巴贡嘎多吉自己编制的，目录的题目为《新造佛说甘珠尔之目录——白册》，这部甘珠尔称为《蔡巴甘珠尔》。蔡巴经论以及此后出现的夏鲁经论、江孜经论和那唐经论等，这些经论都为手抄本而无印刷本。而当时，第一个刻成印版的经书一般认为是《萨迦五祖文集》。

第6饶迥木狗年（公元1334年），由夏鲁·古尚贡嘎顿珠任施主修造了一套丹珠尔写本，邀请遍知的布顿大师担任校订，增加了原那塘本丹珠尔中未曾收入的章节1 000篇，并编辑了题为《丹珠尔目录如意宝鬘》目录，这部丹珠尔称为《夏鲁丹珠尔》，有124函。第6饶迥水虎年（公元1362年），由大司徒绛曲坚赞担任施主，将上述丹珠尔没有收录的新得到的论著27篇加入，修造了一套更完整的丹珠尔，称为《乃东丹珠尔》，共202函。它的底本是《夏鲁丹珠尔》，目录由布顿大师的亲传弟子仁庆南杰译师编制的《丹珠尔目录如意箧》。第12饶迥火兔年（公元1687年），第悉桑结嘉措以五世达赖喇嘛的名义将原有丹珠尔中没有收录的780篇加入修造了一套丹珠尔写本，其底本是以夏鲁、哲蚌、色拉、大昭寺、琼结等地的丹珠尔，并以五世达赖喇嘛的名义编制了《丹珠尔目录——催开三界快乐莲池之阳光》，并将其存放在布达拉宫，共有225函。

第7饶迥铁虎年（公元1410年），大明王朝永乐皇帝命太监侯景等人从西藏迎请的大藏经为可靠的底本，在南京将藏文的《甘珠尔》刻成印版，这大概也是藏文的《甘珠尔》第一次被刻成印版。刻印第一部完整的木刻藏文甘珠尔以来，从这套刻印藏文《大藏经》开始，刻版印刷之门也随之打开，逐步出现了理塘版朱印本《甘珠尔》、德格版《甘珠尔》和《丹珠尔》、卓尼版《丹珠尔》、雪刻版《甘珠尔》。这些经论内容可以分为律经、经部、对法、般若、中观、因明、集量、续部、声明、医方明、本生、书牍、天文历法、譬喻、戏剧、修辞、明论等二十二种，而且还包括梵文贝叶经版本。20世纪初，十三世达赖喇嘛时期在布达拉宫脚下的雪城主持新刻《甘珠尔》印经版，同时将一部分在藏区极为稀有的各教派高僧大德和贤哲们的文集史鉴刻成了印经版。刻印技术的发展和大量书籍的印刷，为图书收藏奠定了基础，以《大藏经》等为主的佛教书籍被寺庙大量收藏，成为寺庙藏经库中的主要图书。

除修造《大藏经》之外，各位上师也对自己收藏的图书文献编制了全集目录。如五世达赖喇嘛就曾为存放在布达拉宫的所有图书编制了目录；五世达赖喇嘛还主持在哲蚌寺将部分梵文贝叶经整理汇编且重新制作目录后建成了一座贝叶经藏书室。七世达赖喇嘛时期又在五世达赖喇嘛编制的基础上，编录了包括布达拉宫内新增图书及哲蚌寺甘丹颇章内所有图书的新目录，但仅供主人本人查阅书籍使用，并没有按顺序排列。此外，第二世嘉木漾协巴晋麦旺布在最后一次到达西藏时，将扎什伦布寺所藏的班禅大师的书籍和历代达赖喇嘛在布达拉宫的藏书目录均抄录在他的传记中。约在第14饶迥之初（公元19世纪中叶），第三世嘉木漾协巴秘书喜饶嘉措将历代嘉木漾协巴的所有藏书编制成题为《若干稀有书籍题录——使睡莲盛开的月光十万禾穗》的目录，分20章节，并在末尾附有各教派的90多位上师的全集目录。此后还编制过一本包括西藏各印经院、寺院及私人家庭等收藏的所有印本的题为《西藏大藏经等所有经籍的印版目录——催开利乐莲苑之阳光》的目录。这些目录的出现反映了当时西藏已开始对图书进行了收集整理和典藏保护，出现了经书库或藏经库（即图书馆）的管理和编目。众所周知，图书编目是现代图书馆管理工作的重要内容之一，因此我们可以断定西藏的经书库或藏经阁已具备了现代图书馆功能的雏形。

《甘珠尔》、《丹珠尔》以及印藏汉三地的大译师、佛学家和高僧贤哲们的文集等经卷，依照各教派的宗教仪轨起初只作为闻思学经之用，并不允许随意翻阅。比如在格鲁派三大寺剃度出家的僧人，入寺之初要谨遵师命熟悉本寺的各项宗教活动和寺规戒律，逐步才对以本寺经卷为主的摄类学以及释量、般若、中观、律经、俱舍为主的五部大论注释进行闻思修行，其间可以对其他教派高僧的文集、声明学、修辞学、本生以及历史进行阅读。闻思修完五部大论且考取到拉让巴或考取措让巴、多让巴、岭赛等格西学位名号者才能转入上、下密院修习密宗各法门，在上、下密院依次当上领诵师和寺庙堪布（住持）者在甘丹寺东院或北院当上法主之后最终才有资格胜任甘丹赤巴。以上经卷可以直接在本寺或各自扎仓的藏书室进行借阅。而如梵文贝叶经之类的珍贵经书，只有本寺高僧大德和达赖、班禅等人有资格翻阅。其他僧人若要借阅，要经过堪布或大堪布向哲蚌寺藏书室经书管理员提请，并由经书管理员查找后进行详细的借出和归还登记后方能借出。藏有经论、文集和史鉴等的西藏各寺庙藏经库或藏经室的开支大多从该寺高僧大德的施主捐款中支出，或者从该寺的公款中支出。

公元15世纪帕竹王朝时期，帕竹王宫中藏有极其丰富的文献资料。当时著名的史学家、大译师郭·循努白就已参考帕竹宫殿藏经阁所藏的历史文献资料，翻阅、整理及甄别写成了历史巨著《青史》而闻名于世[1]。随后在公元16世纪，甘丹颇章政权兴起，就将帕竹宫殿藏经阁所藏的文献几经周折迁至哲蚌寺，并从藏区其他大小寺院和所辖藏经库中搜集了众多古籍收藏在哲蚌寺藏经库；尤其是久负盛名的第巴藏巴时建立的桑珠孜藏经阁，以及历代嘎玛巴收藏的孜拉岗藏经阁等处收藏的众多典籍文献也被征集到了此藏经库中，从此逐渐形成了哲蚌寺藏经库（即历史上著名的五世达赖喇嘛私人藏经阁）。从典籍文献征集的范围来看，哲蚌寺藏经库中所收藏的文献藏量是相当可观的。

1951年西藏和平解放以前，西藏的寺院是藏族文化的中心，据统计90%以上的藏文典籍收藏于寺院，其余的就在农牧民家中

---

[1] 郭·循努白《青史》，四川民族出版社，1985年，第2页。

作为一种信仰物得到收藏。和平解放后，国家十分重视少数民族文化的传承与保护。20世纪60年代，民族文化宫在短短5年的时间内就搜集了藏文典籍8 000余函，80年代开始进行了系统的整理研究。西藏对于藏文文献典籍的收藏量居国内首位，典藏量最多的是布达拉宫，藏有3万余函，多存放于各殿书柜中。西藏自治区图书馆典藏藏文文献1万余函，其中原北京民族文化宫归还部分约1 600余函。西藏历史档案馆可谓名副其实的档案库，各类档案琳琅满目，共计300多万件；还收藏了尚存的那塘版《甘珠尔》《丹珠尔》，以及德格版的《丹珠尔》等，另藏有9万余块经版，均为第十三世达赖1926年时重刊的历代珍贵文献。此外，各大专院校也都通过各种渠道收集藏文典籍。但绝大部分藏文典籍仍收藏于各大寺院或民间，这也是藏文典籍收藏的一大特点。目前，在西藏文献典藏最齐全且设施最完备的收藏点仍是寺庙，其图书典藏室也称作"经书库"或"藏经库"，经书库里的书架称为"衮噶然哇"。书架上的一部经书称为一个"帙"或一部"经卷"。这些藏文文献典籍除包括苯教在内的五大宗派的宗教类图书外，还有藏医学、天文历算、历史文献、档案、传记、书法字帖等方面的典藏图书，在《德格印经院目录》《布达拉宫馆藏格鲁派图书目录》《哲蚌寺藏古书籍目录》，以及藏医学院图书馆编写的《藏医图书目录》《民族宫馆藏藏文图书目录》等都有详细的记载。然而这些也只是"文化大革命"中幸存书籍当中的凤毛麟角，仅在著名藏学家东噶·洛桑赤列收集记录的《部分稀缺藏文图书目录》中记载的书名就达到上千种。另外，著名藏学家诺章吴坚先生收集的目录也介绍了藏区44位大师的作品，其中也能看得出藏族文化在整个西藏乃至邻近藏区的普及程度和大师们卓越的写作才能。如此浩瀚无穷的书海是藏民族的宗教文化和其他文献古籍的历史见证,也是世界文化宝库中的重要藏品。

(二)西藏现代公共图书馆的发展

在和平解放前的旧西藏,政教合一的社会制度决定了宗教成为占统治地位的社会意识形态,文化被垄断在统治阶级手中,大量的古代文化遗产收藏在寺庙和地方政府机构中,成为贵族和上层僧侣等人的附属品。占人口百分之九十五以上的广大农奴和奴隶被剥夺了受教育的权利,更谈不上掌握科学文化知识。整个社会经济日益萎缩,生产技术水平落后,人口总量日趋下降,社会文化发展几乎处于停滞的状态。在这样一种社会状态下自然也不会出现一所公益性的公共图书馆。从某种意义上来说,一个地区有没有公共图书馆成为衡量这个地区社会发展水平的一个重要标准。众所周知,图书馆具有依附性,在经济上必须有所依附,才能保证购书经费和员工工资的支出,一旦失去了经济上的支持,图书馆也就无法维持其生存。这种依附性就决定了图书馆必须为其经济资助者服务。正因为如此,西藏封建社会的宫廷"藏书阁"和寺院的"经书库"、"藏经库"只为少数人服务,除了政治上的原因之外,经济上受少数人控制,也是其根本原因之一。

1951年西藏和平解放后,在党中央和自治区党委、政府的亲切关怀下,在各级图书、情报、资料主管部门的重视下,西藏的图书馆机构也和其他行业一样经历了从无到有、由小到大、从少到多,日益发展的过程。西藏最早建立的图书情报机构有西藏自治区农科所资料室、西藏自治区人民医院资料室、西藏军区总医院资料室、西藏日报社资料室、西藏公学资料室等均建于20世纪

50年代中期。最早建立的公益性公共图书馆是拉萨市文化宫图书馆，其馆藏的一部分图书是由十八军进藏时干部、战士人背马拖带进来的。虽然该馆的馆舍条件、藏书量、设施、服务和管理等各方面都不具备一个现代图书馆应有的功能，但是从20世纪50年代中后期到70年代末担负着为拉萨地区的机关干部和市区群众提供业余文化生活服务的任务，是西藏公共图书馆的雏形。20世纪60年代初，中印边境形势紧张，周恩来总理为了免于战争有可能给西藏的文物、古籍造成的破坏，指示国家民委组成一个专家小组，对西藏部分寺庙的文物、古籍进行调研，并把以哲蚌寺为主的包括萨迦寺、俄尔寺、夏鲁寺、那塘寺等部分文物、古籍装车运到了北京民族宫。据知情者介绍，当时运到北京的有十三辆卡车的物品，一辆车是藏香等杂物，大概有两辆车是文物，其余十辆车全部是古籍；而被转移的这部分文物、古籍真正逃过的劫难却是"文革"那场文化浩劫带来的前所未有的大破坏。在"文革"期间，当时西藏几乎大大小小寺庙的文物、古籍都遭到了不同程度的破坏，特别是后藏的那塘寺，所有的经书木刻版被毁于一旦，寺内加央拉康里收藏的噶当派经书更是全部被烧毁。1988年在已故十世班禅大师的积极努力下，把在北京民族宫收藏的其中225函泥金颇罗鼐版《丹珠尔》送回了甘丹寺，泥金版《等量詹布洲之甘珠尔》送还了哲蚌寺。此后，1994年西藏自治区文化厅又派出由一位副厅长带队的专家小组在北京民族宫图书馆地下室对剩余的这部分古籍进行了为期四个多月的整理、登记，同时与国家民委协商后决定，将当时的北京民族宫图书馆作为馆藏中国少数民族文献的场所，把其中的《大藏经》和部分文集继续收藏于民族宫图书馆；80多件文物和8 000多函古籍用专机归还给西藏。这批文物和古籍运到拉萨后，在罗布林卡的金色颇章内由专家们进一步整理、分类，把其中的手抄本2 700函由西藏博物馆收藏，1 700函历史类古籍由西藏自治区图书馆收藏，其余部分归还给了这些古籍最初收藏的寺庙。

20世纪90年代建起了西藏真正意义上的现代公共图书馆——西藏自治区图书馆。除公共图书馆外，西藏在20世纪70年代末和80年代初先后建起了其他一些图书情报（信息）机构，如西藏师范学院图书馆、西藏农牧学院图书馆、西藏社会科学院文献信息处（图书馆）、西藏自治区党校图书馆、西藏藏医学院图书馆等。这些图书馆不仅有一定规模的机构，而且也具备了明确的建制和较为规范的管理。这些图书馆的建立，为西藏图书文献资料服务体系的初步形成奠定了良好的组织和物质基础。1990年以来国家文化部、西藏自治区财政，以及对口援建省市的大力帮助下，西藏各地区也开始有了自己的公共图书馆，兴建起了西藏自治区昌都图书馆、林芝图书馆，并逐步开展借阅等免费服务。

回顾西藏的公共图书馆事业的发展历史，经历了创业的艰难和"文革十年"的浩劫，粉碎"四人帮"以后，拨乱反正，发展经济；特别是党的十一届三中全会确定全党工作重心转移到经济建设上，西藏各项社会事业得到了恢复和发展。西藏发展建设的60多年来，在党中央、国务院的亲切关怀和全国人民的无私援助下，紧紧围绕丰富各族群众精神文化生活、切实加强公共文化服务体系建设，大力实施文化惠民工程，全力保障人民群众基本文化权益，让各族群众共享文化发展的成果。"十一五"期间，国家和自治区对于基层文化建设的投入大幅增长，先后投入3.4亿元用于基层文化建设，是"十五"期间的6.9倍，基层公共文化服务设施建设取得进展；实施了广播电视"村村通"、农牧区电影放映、文化信息资源共享、农家书屋等惠民工程，已初步建成了覆盖城乡、比较完善的基层公共文化服务体系。目前，西藏已实现了县县有综合文化活动中心，543个乡镇建成了乡镇综合文化站，并建成了一批村级文化活动室。除西藏自治区图书馆之外，林芝、昌都、阿里三个地区的图书馆建成投入使用；日喀则、那曲、山南三个地区的图书馆也将相继建成。重点文化工程全面推进，文化信息资源共享工程已实现73个县支中心全覆盖、乡镇基层点78个、村基层点2 000多个，并开通了藏汉双语版网站。"以藏文为主，以普及通俗为主，以农牧民为主，以实用效益为主"的西藏农家书屋建设实现了全覆盖，为农牧民提供"一看就懂、一点就通、一学就会、一用就灵"的优秀出版物。这些发展建设将为构建公共图书服务体系探索路径、积累经验、提供示范，推动了公共图书馆服务体系的科学建设和发展。

第二节 研究意义

目前我国公共图书馆事业正处于转型和蓬勃发展时期，尤其是在西藏"十三五"规划期将引来新一轮的文化建设时期。根据《西藏自治区文化发展"十二五"规划》，在过去的五年中西藏加大了对公共文化服务体系的建设投入，提升公共文化服务能力和水平，而公共图书馆服务体系是我国公共文化服务体系的重要组成部分。西藏新的一轮公共图书场馆发展建设期即将到来，新馆将如雨后春笋般建成；原有的自治区图书馆、3个地区的图书馆也正处于转型期，因此在迎来转型和跨越式发展之际，首先必须加强对西藏公共图书馆的设置与服务体系建设进行深入研究，以便指导未来的发展建设。近年来，国内许多省市也都立项对本省市的公共图书馆的建设和发展进行了深入的研究。

党中央、国务院历来高度重视西藏文化建设，在项目、资金、人才等方面都给予了巨大的支持，特别是中央第五次、第六次西藏工作座谈会把文化建设作为改善民生、实施惠民工程和提高公共服务能力的重要内容，《中共中央、国务院关于推进西藏跨越式发展和长治久安的意见》做出的"大力推进文化工程和基本文化设施建设，实现地市有图书馆、群艺馆，基本实现县有综合文化活动中心、乡镇（农林场）有综合文化站、行政村（社区）有文化活动室的目标"等的具体要求，为"十二五"西藏文化事业发展指明了前进方向，提出了文化设施建设目标。《西藏自治区文化发展"十二五"规划》中也提出了要建立健全五级公共文化设施网络，形成覆盖城乡、结构合理、功能健全、实用高效的公共文化设施体系。2013年立项的国家社科基金课题"西藏公共图书馆的设置与服务体系建设研究"正是在"十二五"文化发展规划实施和构建公共文化服务体系的过程中，针对西藏公共图书馆服务体系的设置与构建，借鉴国内外先进、可行的经验，结合西藏的实际，摸索出一套适合西藏实际的公共图书馆服务体系，最大限度地避免盲目建设。课题研究结合了西藏公共图书馆事业发展相对滞后的实际现状，为政府制定和实施"十三五"文化发展规划作前期研究，以便能够提出合理的西藏公共图书馆设置方案和构建公共图书馆服务体系提供科学依据。对于西藏公共图书馆布局设置和公共图书服务体系建设的研究尚处空白，使得该课题的立项和研究显得极为迫切。

课题研究回顾了西藏公共图书馆事业发展历程的同时，重点了解西藏公共图书馆服务现状，进行了全面总结、归纳和分析研究，找出了存在的问题；并系统分析、研究了国内外公共图书馆布局设置、服务体系构建与制度设计，在考察西藏公共图书馆布局设置与服务体系构建的基础条件与技术支撑条件基础上，借鉴国内外先进、可行的经验，结合西藏实际，面向覆盖全社会的图书馆服务网络建设，提出了具体的布局设置方案、服务体系构建方案，包括西藏的公共图书馆布局设置和服务体系建设设计方案、服务模式、制度模式与运行模式，以及实现这些方案的措施。把如何借鉴国内外先进、可行的经验，结合西藏的实际情况，建立一整套适合西藏地域特点的公共图书馆设置和服务体系建设作为课题研究的重点。

在课题的研究过程中，对"嘉兴模式"的总结和北京、上海、天津、广东、江浙等省市建设经验分析，摸索出了在我国现行体制下构建公共图书馆服务体系总体方案，但由于西藏独特的地理环境和文化背景下，如何建设符合西藏实际的公共图书服务体系，如何借鉴国内外建设经验，探讨在西藏适合发展什么样的设置与设施架构体系，应推行什么样的公共图书服务体系，如何发挥现有学校、科研机构图书馆（室）、农村文化馆（室）、文化站的作用，如何整合城镇社区图书室、文化资源共享工程，以及"农家书屋"，现有文化馆（站、室）能否有效地提供公共图书服务，广大农牧民群众需要什么样的公共图书服务，探寻如何结合西藏的新农村建设中的文化建设，构建为广大基层农牧民群众提供公共图书服务体系，这些问题的探索和解答成为本课题的创新之处。

第三节 研究方法

一、方法与路径

首先利用文献资料法，系统收集、查阅国内外关于覆盖全社会的公共图书馆布局设置及服务体系运行模式、财政投入与制度设计、物流与信息流的流动方式等相关的文献资料。

其次通过实地田野调查和访谈的方法了解西藏公共图书服务现状，并以文献和调研相结合方法回顾西藏图书服务体系的发展历程，归纳分析和总结在发展过程取得的经验与教训，存在的问题，认真把握制约发展的"瓶颈"因素。在借鉴国内外现有的具体构建模式的基础上，结合西藏不同地区实地调研考察的结果，利用对比、演绎的方法进行分析研究。重点以调查访谈和问卷调查的形式了解当地读者对公共图书馆服务的具体需求与体系构建期望等。

最后对研究过程中所获得的各项资料进行分析、归纳和总结，提出具体的西藏公共图书馆的设置方案与西藏公共图书服务体系建设方案，以及运行与制度设计方案，并探索实现这些方案的措施。

二、访谈调查

国家"十一五"时期文化发展规划纲要强调要"以实现和保

障公民基本文化权益、满足广大人民群众基本文化需要为目标，坚持公共服务普遍均等原则，兼顾城乡之间、地区之间的协调发展，统筹规划，合理安排，形成实用、便捷、高效的公共文化服务网站"。国家"十二五"文化改革和发展规划当中也指出要按照公益性、基本性、均等性、便利性的要求，以公共财政为支撑，以公益性文化单位为骨干，以全体人民为服务对象，以保障人民群众看电视、听广播、读书看报、进行公共文化鉴赏、参与公共文化活动等基本文化权益为主要内容，完善覆盖城乡、结构合理、功能健全、实用高效的公共文化服务体系。建立健全五级公共文化设施网络，形成覆盖城乡、结构合理、功能健全、实用高效的公共文化设施体系。通过统筹城乡文化发展，实现公共文化服务体系建设科学发展，将文化建设纳入"四位一体"建设的总体布局，转变政府职能，加强文化事业宏观管理，创新新时期公共文化管理的手段、方式、方法和工作机制，促进区域文化发展方式转型，进一步完善公共文化设施网络，促进公共文化服务要素和资源的科学配置与合理流动，提升公共文化机构的管理水平和服务能力，充分发挥公共文化设施的使用效益，使公共文化服务实现广覆盖、高效能。十八大报告中指出：要围绕构建中国特色社会主义社会管理体系，加快形成政府主导、覆盖城乡、可持续的基本公共服务体系。覆盖城乡就是要打破行业分割和地区分割，加快城乡基本公共服务制度一体化建设，大力推进区域之间制度的统筹衔接，加大公共服务资源向农村和贫困地区倾斜力度，实现基本公共服务制度覆盖全民。公共图书馆服务体系建设是公共文化服务体系建设的重要组成部分，构建西藏公共图书馆服务体系将会是"十二五"、"十三五"建设西藏公共文化服务体系的重要内容。为此，必须首先要摸清现有公共图书馆服务的现实基础，了解西藏公共图书馆的现状，才能更好地为建设普遍均等全覆盖的西藏公共图书馆服务体系指明路径、方向和实现途径。

（一）访谈目的

"十五"末期，我国基本实现了"六五"提出的"县县有图书馆"的目标，即每个县至少有一所公共图书馆。然而西藏由于历史、经济、地域、交通等原因，在公共图书馆事业的发展上欠账多、底子薄，目前西藏只有四座真正意义上的公共图书馆，即西藏自治区图书馆、林芝图书馆、昌都图书馆和阿里地区图书馆。这与全覆盖和普遍均等的公共文化发展方向有着相当大的差距，没能从根本上结束公共文化只为少数人、只为城里人服务的历史。如果没有占西藏总人口80%以上的广大基层农牧民群众享有普遍均等的公共图书服务，就很难完成全覆盖的公共文化服务体系的建设任务。西藏地广人稀，从地域上又可分为农区、牧区、城区、林区、边境等不同区域，尤其是城镇与农区、牧区乡村之间有着最为明显的差异，而要建立起适合西藏不同区域的公共图书馆服务体系，就要了解不同区域的民风民俗、地域特点和阅读兴趣习惯等；并找出如何能从根本上提高西藏广大农牧民的阅读兴趣，改变传统习惯，让越来越多的人接近图书，在图书中放眼高原以外的广阔世界。为此，我们筛选了部分具有丰富基层文化建设经验的基层文化局的负责人、主管文化的相关负责人、奋斗在基层第一线的公共文化工作者、熟悉图书馆服务的地区图书馆馆长，以及热心文化事业发展的专家学者作为访谈对象，其目的是通过他们了解西藏文化事业发展的现状,尤其是基层图书服务的现状。

此次访谈共选择了近30位访谈对象,并以工作在基层文化部门的公共文化工作者作为重点访谈对象。通过与他们的访谈交流,深入了解西藏基层各地区公共文化发展的现状,从而能够寻求出一条适合构建西藏城区、农区、牧区等地的公共图书馆服务体系及设置的最佳方案。

(二)访谈提纲的设计

在访谈提纲的构思和设计过程中,参考了许多国内外关于公共图书馆体系建设研究项目设计的相关访谈提纲,在拟定出第一稿访谈提纲后,我们深入到拉萨市城关区蔡公堂乡基层实地进行了试调查,并根据实地访谈的进展情况随时对访谈提纲的内容进行修改、调整和补充完善。在具体的访谈过程中我们意识到,需要根据访谈对象的具体情况应对访谈的内容时时进行调整,设计出不同内容的访谈提纲。为此,我们根据访谈对象的工作职责、服务对象、分管工作内容和工作职位,如基层文化局领导、基层公共文化工作者和地区图书馆馆长等设计了不同的访谈提纲进行访谈,从而试图更加全面地,自上而下,自下而上地了解不同领域的人群对于公共图书馆服务的需求和公共图书馆服务体系的建设设想。

三、问卷调查

尽管我国在"十五"末期初步实现了"县县有图书馆"的目

标,但事实上西藏大部分人口仍处在公共图书馆服务的覆盖范围之外,除个别县外,西藏绝大部分县仍然没有真正意义上的公共图书馆。目前,国内外公共图书馆的设置与体系建设研究,以及建设覆盖全民的公共图书馆服务体系已成为构建和谐社会的重要内容,也是构建公共文化服务的重要内容。公共图书馆作为公共的教育、医疗以及其他福利机构提供必要的辅助服务,提供参考咨询服务。随着数字时代的到来,公共图书馆管理和服务也发生着深刻的变革,其管理从基础业务管理重心向服务的管理重心转移,服务理念也提升到了公共图书馆必须为所有公民提供全覆盖的服务,提出"普遍、均等、公益";图书馆服务技术也正随着时代的发展而不断进步,以用户为中心提供个性化的数字图书服务成为公共图书馆服务的提升和服务领域的拓展。在公共图书馆这种发展背景下,西藏公共图书馆的发展建设与服务走到什么样的历史阶段,就必须对西藏公共图书馆的建设与服务作一个全面的调查和研究,问卷调查是了解实际调查研究的重要手段之一。

(一)问卷调查的目的

近年来,公共图书馆的设置与服务体系建设是在转型和发展过程中必须面对的一个现实问题。目前我国图书馆事业正处于转型和蓬勃发展时期,尤其是西藏将引来新一轮的文化建设时期。根据《西藏自治区文化发展"十二五"规划》,在未来的五年中西藏将加大对公共文化服务体系的建设投入,提升公共文化服务能力和水平,而公共图书馆服务体系是我国公共文化服务体系的重要组成部分。因此西藏新的一轮图书场馆发展建设期即将到来,新馆将雨后春笋般建成;原有的自治区图书馆、3个地区的图书馆也正处于转型期,因此在迎来转型和跨越式发展之际,首先必须加强对西藏公共图书馆的设置与服务体系建设进行深入的调查研究。西藏公共图书馆设置与服务体系建设研究课题的总体思路就是以文献资料分析和实地调研相结合方法,采用文献调研、实地调研,以及问卷调查和个人访谈等形式,进行相关数据的收集和分析,并归纳总结出相关结论。因此,问卷调查是本次调查研究的重要内容和获取相关数据的重要手段。

(二)调查问卷设计及存在的问题

由于西藏较为显著的城乡二元结构及城乡之间的较大差异,我们在设计调查问卷时就不得不设计针对城镇和乡村的两套问卷,这虽然对问卷数据的城乡对比分析造成了一定的困难,但鉴于西藏的实际情况,这种处理是恰当的;这也被后来的问卷调查实施过程中证实了这是一种明智的抉择。在初始设计一套问卷的基础上通过专家咨询提出了以下几点修改建议:

1. 需进一步明确问卷的核心目的: 目前西藏只有为数很少的几座图书馆,且都集中在拉萨等城镇,所以此问卷的核心应该突出加强和扩大图书馆建设和分布地区,满足人民不断增长的精神文化需要。

2. 应明确问卷调查的区域: 此问卷适合在拉萨及其周边地区进行,若到其他地区有些内容恐怕不适合,如图书馆利用情况等;鉴于此,建议设两套问卷。目前此份问卷在拉萨及其周边地区进行调查,另设一份问卷以图书馆基本知识和农家书屋为核心内容,在其他没有图书馆的地区进行调查。

3. 问卷的题目应紧扣调查内容: 此问卷调查所涉及的内容

分为基本情况、阅读图书情况、图书馆利用情况和认知四部分，与课题的名称"西藏图书馆设置与服务体系建设研究"扣得不是很紧。

4. 问卷设问应有针对性：每部分每个问题都要有针对性，如年收入的问题，如果课题设计中没有收入与图书阅读、去图书馆的频率有关的设计，就可以不要。

5. 问卷题目不宜太多：70个问题太多，很少有人有耐心地坚持做完或回答完；一般问卷的数量30—40之间适中，有些问题可以合并，如第二部分很多问题都可以并为一个。

经课题组反复斟酌和商讨，本次问卷调查共设计了"城镇"和"乡村"两套不同的、面向读者或广大群众的关于西藏自治区图书馆（室）建设与服务的问卷调查表。城镇调查表的内容包括：基本情况（共4项问题）、图书阅读情况（共9项问题）、图书馆（室）利用情况（共16项问题）、读者对图书馆的定位认知和发展建议（共8项问题）；乡村调查表的内容包括：基本情况（共7项问题）、阅读图书情况（共15项问题）、图书馆（室）利用情况（共14项问题）、读者对图书馆的定位认知和发展建议（共9项问题）。城乡两种问卷的具体内容详见附录。

（三）问卷调查的实施

"西藏公共图书馆设置与服务体系建设研究"课题的"西藏公共图书馆（室）建设与服务问卷调查表"是于2013年在西藏大学学生放寒假期间组织西藏大学大学生进行调查的。经过抽样，我们在西藏全自治区7个地市范围内随机选取了几个村庄中进行问卷调查。

本次问卷调查在具体实施前，于2012年10月份完成了问卷的设计，并进行了试调查，经反复修改完成了定稿。问卷调查表设计了乡村、城镇两种不同内容的问卷，考虑到西藏基层85%的人口为农牧民，课题组把乡村问卷调查表翻译成了通俗易懂的藏文形式，以便于基层农牧民能够准确理解问卷调查的内容。11月份对三份问卷进行了印刷和装订，共印刷乡村问卷（汉文版）625份、乡村问卷（藏文版）725份，城镇问卷550份，共计1900份问卷。12月中旬我们召集了经过精心找寻的承担调查任务的西藏大学2个学院大二、大三的30名学生（即调查员）进行了调查培训。通过培训，对于调查表的每个问题我们逐一向每个调查员进行了认真地解释说明，参加培训的学生调查员以互试调查的方式进行演练，并进行现场问题答疑。对于本次调查还作了明确的要求，要求大家充分尊重被调查者，尊重客观事实，并印发了调查员守则，要求调查员在每次访问记录之后，都要对填写的内容进行全面检查，如有疑问则立刻重新询问落实，如有错误则立即改正，以保证调查的质量。本次问卷调查发放乡村问卷（汉文版）600份，乡村问卷（藏文版）700份，城镇问卷500份，共计1800份。在问卷发放过程中，除发放给经培训的西藏大学大学生外；部分乡村问卷调查表直接发放给了基层驻村工作组队员由他们在驻村所在地对村民进行调查。此外纵观西藏历史，西藏寺庙在西藏不仅是一个从事宗教活动的场所，也是西藏文化的中心，可以说要谈到藏族图书馆的古代史离不开寺庙，因此课题组抽取拉萨周边的一些寺庙发放了问卷调查表，以便于了解在西藏这部分特殊人群对现代图书馆的了解和需求以及希望的了解。收回问卷1636份，回收率为90.89%。经审核，录入合格问卷共计1365

份,其中乡村合格问卷922份,城镇合格问卷443份,问卷合格率为83.44%。对于所获得的有效问卷我们利用SPSS Statistics 17.0软件进行了数据录入,对完成录入的数据利用录入校对和逻辑核查的方法进行了认真核对,以保证录入的准确性;并利用软件的可靠性检验模块和因子分析模块进行了调查问卷的信度分析和效度分析。

参考文献

[1] 东嘎·洛桑赤列著,陈庆英、敖红译,藏文文献目录学(上、中、下),西藏研究,1988年第4期、1988年第2期、1988年第3期。

[2] 卓尼噶·贡布才让,藏文文献目录学,青海民族学院学报,1995年第3期。

[3] 余光会,藏文文献目录学的发展历程,四川民族学院学报,2012年第1期。

[4] 先巴,藏文典籍及其收藏,收藏,2010年第1期。

[5] 吕桂珍,藏学文献研究综述,西藏研究,1998年第3期、1998年第4期。

[6] 吕桂珍,藏学文献史述略,西藏研究,1998年第3期、1998年第4期、1999年第4期。

[7] 德吉草,拉卜楞藏书与藏文古籍整理,西藏研究,1994年第4期。

[8] 东·华尔丹,略论藏族历史上布顿大师对藏文文献目录学的贡献,图书馆理论与实践,2010年第6期。

[9] 高炳辰,藏文古籍独具特色,百科知识,2006年第23期。

[10] 孔宪风,藏区寺院藏书的形成及其发展概述,西藏研究,1996年第4期。
[11] 王黎,藏区寺院藏书探讨,图书馆理论与实践,1999年第3期。
[12] 杰当·西饶江措,藏文典籍目录学的源流与分类研究,中央民族学院学报,1992年第4期。
[13] 余光会,藏文古籍文献的主要构成——从吐蕃至清代,四川民族学院学报,2012年第5期。
[14] 徐丽华,藏文古籍载体述略,青海民族学院学报,2002年第2期。
[15] 包寿南,藏文文献的历史性发展及其启示,西藏研究,1991年第2期。

第二章 国内外公共图书馆服务体系建设模式与经验借鉴

第一节 国外公共图书馆服务体系建设模式与经验借鉴

一、美国公共图书馆服务体系建设

1. 建设主体与制度建设

美国图书馆处在相对良好的图书馆政策法律环境，1956年颁布的《图书馆服务法》（Library Services Act）是第一个国家级图书馆法，涵盖了公共图书馆、中小学图书馆、大学图书馆、研究图书馆、专业图书馆。另外，《图书馆技术和服务法》（原为《图书馆服务与建筑法》）、《医学图书馆资助法》、《初等和中等教育法》、《高等教育法》等法律、法案都有对专门图书馆的司法规定。各州、各大城镇也有相应的图书馆法案，不同层次的法案保障了图书馆服务的发展，也确保了美国图书馆建设的公平性、科学性和合理性。图书馆立法涉及"公共服务"、"服务广泛普及"和"提高服务质量"等问题，尤以在农村和城镇"广泛普及图书馆服务"为要，解决了图书馆事业发展中普遍存在的经费、人员等棘手的现实问题。同时，图书馆委员会建立的分馆建设规范标准，更加有利于总分馆的建设。

美国公共图书馆管理完善、权责明确。在全国范围设置了一个国家图书馆和信息科学委员会（NCLIS），各级政府设有相应的图书馆委员会，各公共图书馆系统也有图书馆理事会。图书馆理事会负责研究图书馆的方针、政策、经费等问题，包括董事管理委员会、成员关系理事会、外部管理委员会、中心馆理事会、分馆、专业图书馆管理委员会。分馆管理体系上，设置了图书馆分馆管理委员会、分馆管理团队、分馆专业咨询委员会。公共图书馆建设的依据是各州通过的当地公共图书馆法规。这些法规一般都授权"地方政府"和其他法人成为当地公共图书馆的建设主体，包括县政府、市政府、多辖区联合政府、图书馆特区政府等。

2. 公共图书馆的设置与布局

美国公共图书馆星罗棋布、遍及城乡，公众可以就近找到图书馆，方便、免费地利用图书馆。美国公共图书馆不仅普遍实行总分馆制，而且普遍以居民税收和政府财政支持保证经费来源。这体现了政府和社会对保证公众阅读权利的重视。根据2004年美国公共图书馆统计资料，当年全美有9 207个"公共图书馆系统"，其中1 546个图书馆有分馆，711个图书馆有流动馆，这些"公共图书馆系统"共有17 393个场馆，其中中心图书馆9 047个，分馆7 502个，流动馆844个。59.3%的公共图书馆系统所辖人口在1万以下，35.1%的系统所辖人口在1万—10万，5.5%的系统所辖人口在10万以上。

美国市、县公共图书馆的核心任务是向本地区居民提供服务。所有的市、县图书馆均实行总分馆制，形成了分布广泛的区域图书馆网，向辖区公众提供普遍、均等、无差别的服务。但是在具体实施中，各市、县图书馆并非都有总馆（或主馆），如弗吉尼亚州费尔法克斯县公共图书馆就没有主馆，而是由8所地区分馆和14所社区分馆组成，其中有两所地区分馆分别承担图书采编、分送和地方家谱、手稿等地方文献收藏的任务。总分馆制的广泛实行使公众可以就近方便地利用图书馆，使图书馆真正成为市民身边的"大书房"，而且使图书馆的利用率大幅度提高。

3. 公共图书馆服务体系的构建

公共图书馆建设主体根据图书馆法授予的权力在辖区内成立公共图书馆管理机构和服务场馆。服务场馆包括中心图书馆（central libraries）、分馆（branches）、流动图书车（bookmobiles）和图书邮寄点。一个图书馆管理机构和它所属的所有服务场馆构成一个公共图书馆系统。那些只有一个场馆的"公共图书馆系统"被称为独立建制的图书馆。

在美国具有公共图书馆性质的国会图书馆、州图书馆和市、县图书馆分别承担不同的服务职能，定位明确。美国国会图书馆的职能从以往专为国会议员提供服务逐步扩展为美国国会议员、中央政府部门和普通读者提供服务，但仍以为国会议员提供服务为工作重心。同样，各州图书馆也以州议会、州政府为主要服务对象，其藏书与服务更多着眼于议会与政府的需要。而面向普通读者的服务则主要通过文献馆际互借和参考咨询服务等方式进行。美国市、县公共图书馆的核心任务是向本地区居民提供服务。美国国会图书馆或州图书馆一般不设立分馆，这是因为其职能与分工、服务侧重点都与市、县公共图书馆不同。

美国的公共图书馆是以地方辖区为单位设立的，是地方的图书馆。一所公共图书馆，如果能够满足当地居民的需求，一般仅保留主馆，不会再设置分馆。设置分馆的地方，通常是因为图书馆服务的区域过大，社区和服务的人口较多，为了方便区域内所有的居民就近到图书馆借阅书籍。所有的市、县图书馆均实行总分馆制，形成了分布广泛的区域图书馆网，向辖区公众提供普遍、均等、无差别的服务。

美国公共图书馆无论是大、中型图书馆还是相当于我国村级图书室的小型图书馆，其读者服务区域均已全面实现了大开架、大空间式服务，除特殊服务区域外基本无隔墙，一个层楼就是一个大空间；全面实现了计算机集成管理，而且多使用 Sirsi Dynix 等国际知名图书馆管理系统；全面实现了文献服务的全媒体化，纸质文献、缩微文献、数字文献一应俱全；全面实现了读者文献复制自助化，不仅各馆设有投币复印机，而且有的馆还提供扫描仪、传真机等设备供读者使用。

4. 值得借鉴的经验

科学合理的公共图书馆服务体系的建设需要立法保障。美国有完善的图书馆法律体系，使图书馆事业的发展和完善有法可依。我国自 20 世纪 80 年代颁布规章性图书馆条例以来，深圳、上海、北京等地先后进行了地方立法，在一定程度上解决了经费不足、管理体制陈旧、业务队伍缺乏等制约图书馆发展的重要问题。但上升到国家的层面，目前我国还没有一部规范全国公共图书馆事业发展全方位的《公共图书馆法》，这项工作已经在启动之中，国家文化部"公共图书馆立法"课题组已先后到全国很多市、县公共图书馆进行调研,各省的《图书馆工作条例》也正在制定或者重新修订之中。图书馆立法,可以使图书馆事业得到法律的明确规范、引导和保障,有利于图书馆向普遍化、均等化、服务就近化、方便化、均等化的目标健康发展。

美国公共图书馆不仅普遍实行总分馆制,而且普遍以居民税收和政府财政支持保证经费来源。这体现了政府和社会对保证公众阅读权利的重视,但是我国公共图书馆在这方面与之存在较大的现实差距。因此,我国公共图书馆界应对长期以来一级政府建1所公共图书馆的图书馆建设体制进行深刻变革,通过政策引导、理论引导改变将公共图书馆建设作为"形象工程"、建设面积过大的单体图书馆的做法,鼓励均衡、合理地多建分馆;同时,尽快结合我国国情制订市、县公共图书馆总分馆制实施方案,并通过立法和行政手段强制推行,消除阻滞总分馆制实施的体制障碍,真正实现公共图书馆设置普遍化、均衡化,服务就近化、方便化、均等化的目标。

二、美国社区公共图书馆服务体系建设——以纽约为例

1. 纽约公共图书馆的设置与布局

纽约是美国第一大都市,共有五个大区组成:曼哈顿区(Manhatan)、布鲁克林区(Brooklyn)、布朗克斯区(The Bronx)、皇后区(Queens)和斯塔滕岛区(Staten Island)。纽约市共有三个公共图书馆系统,分别为纽约公共图书馆(New York Public Library)、皇后区公共图书馆(Queens Public Library)和布鲁克林公共图书馆(Brooklyn Public Library),构成覆盖全

市五大区的公共图书馆服务网络,为纽约市 800 余万人口提供了完善的图书信息服务,也向全世界所有人开放。

纽约的公共图书馆服务体系建设完善,其中一个重要的表现就是它结合本地区人口分布情况和经济、社会发展的需要进行了科学布局。在总面积 945 平方公里的五大区中,星罗棋布地分布着 220 多个图书馆。三大公共图书馆系统的服务网络在地域的分布上都比较均匀,平均服务半径不超过 3.5 平方公里,在人口稠密的曼哈顿,平均服务半径仅为 0.7 平方公里,能够确保各地域民众就近使用图书馆。

2. 纽约公共图书馆服务体系的构建

纽约市公共图书馆系统作为世界著名公共图书馆系统,总分馆制建设举世瞩目。它的三大公共图书馆系统均采用总分馆制管理模式。其中,纽约公共图书馆系统拥有 4 个研究型图书馆、85 个分馆和 3 个流动图书馆,分散在布朗士区、曼哈顿区和斯塔滕岛区(里士满)。皇后区公共图书馆系统包括 1 个中央图书馆和 68 个分馆。布鲁克林区公共图书馆系统则由 1 个中心图书馆、1 个商务图书馆、1 个数码资料库、1 个儿童流动图书馆、1 个成人流动图书馆及 60 个分馆组成。总分馆之间十分注重资源共享和交流,中心图书馆专门收藏小语种文献等特色资料,并且会经常将这些特色收藏在各分馆轮流陈列,供读者借阅。

纽约市公共图书馆服务体系架构是总馆—分馆体系。系统内各图书馆相互联网,实行一卡通管理,形成"通借通还"形式。总馆与分馆之间实行统一管理,即文献资源、经费、工作人员等全部由总馆负责协调。社区分馆的人员、财务及设备均由总馆管理,藏书由总馆统一调配。在新书采购方面,中央图书馆负责整个系统文献、设备等的采购；在书目数据制作方面，美国编目外包制度成熟、管理规范，甚至有专门的编目外包技术检查表，一般分馆不参与编目作业，编目数据由总馆调配。

美国公共图书馆服务体系的核心就是社区图书馆。社区图书馆一般都设在交通方便的地段，彼此间的距离也比较合理，即使不开车，步行也可以前往。作为中心馆的分馆，各社区图书馆可以看作是市民社区活动中心，可以免费借阅各种图书、使用免费电脑、协助完成家庭作业、帮助制作简历和找寻工作、帮助获得财务信息、提供各种教育课程、移民政策咨询，免费借阅各种碟片及更多其他的服务内容。在公共图书馆的服务体系中，许多的社区图书馆都是遵循最小努力原则。美国社区图书馆布局基本在用户居住的1.5公里内，或者步行15分钟能够到达的距离。图书馆所提供的馆藏目录、书架的排序以及数据的查找都是以最小努力原则来进行。

3. 值得借鉴的经验

美国完善的总分馆体系内的社区图书馆作为中心馆的分馆，在公共图书馆服务体系中发挥着非常重要的作用。我国的社区图书馆随着城市社区建设的重视与加强而有了长足的发展，不少地区先后涌现出一批具有一定规模的社区图书馆。然而，与美国相比，我国的社区图书馆建设总体水平还不高，还处于初级阶段。特别在西藏，拥有图书馆的社区少而又少，即便是有图书馆，情况大多不尽人意。图书馆（或图书室）规模小，设施简陋，图书种类单一，内容陈旧，不能满足居民的需求，对居民没有吸引力，不能成为社区文化的中心，更不能在社区文化服务中发挥主力军的作用。中国平均45.9万人拥有一所公共图书馆，一年购书经费人均不足3角钱，这与每1.5公里半径内设置的美国社区图书馆的标准相比，相去甚远。就服务体系的特点而言，在西藏目前存在的社区图书馆都是单体、独立设置，在这一点上我们应该积极借鉴美国的中心图书馆—分馆模式的建设经验，在人口密集的社区考虑构建具有完善图书馆服务网络的社区图书馆。

另外，美国社区图书馆在功能设置和服务效果上，以满足服务区内读者的个性化需求为准则。以服务理念为例，美国是一个移民国家，高度重视移民及移民文化的理念，体现在纽约公共图书馆服务体系建设的方方面面。图书馆为本区移民设计了多种服务和多元文化服务，包括提供专业咨询、编写移民服务机构名录、建立相应的网上数据库等，使他们能尽快适应新的环境，融入社会。此外，图书馆还高度重视采购除母语外的其他语种文献资料及相关服务，如皇后区公共图书馆和布鲁克林区公共图书馆专门设计了中文网站和中文查询系统。从社区图书馆馆藏建设的实际情况看，强调图书馆馆藏与所在地域读者的个性化需求密切结合。一般来说，中央图书馆强调研究类文献的收藏，而社区分馆则强调对本地居民的一般化需求的满足。因此，在西藏社区图书馆的功能建设中我们应该借鉴美国社区图书馆满足个性化需求的举动，从当地居民的实际需求出发完善社区图书馆的功能。

三、英国公共图书馆服务体系建设

1. 建设主体与制度建设

英国是世界上最早建立公共图书馆制度的国家。1850年英国颁布了世界上第一部公共图书馆法，许可各地筹建公共图书馆，向居民免费开放。在1964年的《公共图书馆与博物馆法》的指导和规范下,英国共设有208个地方政府设置的公共图书馆管理局,共运行着4 567个公共图书馆(包括中心图书馆、分馆和流动图书馆)。伦敦图书馆管理局本着"以协调的图书馆与信息服务战略,向尽可能多的人开放伦敦图书馆网络系统包罗的资源"的宗旨,设计和管理本地区公共图书馆服务体系。因此,公共图书馆局既是一个地区公共图书馆系统的设计规划者,也是它的管理者。

2. **公共图书馆的设置与布局**

根据2007年的统计,英国共有公共图书馆4 574个(包含流动图书馆),每个公共图书馆系统平均拥有22个图书馆。公共图书馆的分布上,英国2001年的《标准》第一条就强调一至两英里距离范围内公共图书馆的家庭覆盖率,根据英国2008年6月最新公布的《英国公共图书馆服务标准》中有关公共图书馆网点布局、服务覆盖率的指标,见表2-1。100%的家庭在方圆一英里范围内能到达图书馆全覆盖。

表2-1　英国:在规定距离到达固定图书馆的住户比例指标

行政区域类型	范围内的住户比率(%)		
	1英里	2英里	人口稀疏区 2英里
内伦敦区	100	—	—
外伦敦区	99	—	—
大城镇区	95	100	—
自治市镇	88	100	72
县郡	—	85	72

3. 公共图书馆服务体系的构建

公共图书馆局通常在辖区内的市、镇、村设置规模不等的固定图书馆和若干流动图书馆，由此形成统一管理的公共图书馆系统，相当于一个总分馆体系。图书馆系统的总部负责所有图书馆的财务和人事管理，同时负责图书资料的采购、加工及服务工作的指导与协调，系统内的图书馆采用统一读者证。

对于英国乡村地区的居民来说，英国一直有良好的流动图书馆服务。流动图书馆最为常见的形式是图书流动车，又称"汽车图书馆"。世界各国流动图书馆的形式多种多样，如挪威的图书船服务；泰国的大象图书馆服务、图书馆火车服务；尼泊尔的竹篓式图书馆服务；肯尼亚的骆驼图书馆服务等。近年来，英国流动图书馆服务也有一些杰出的典型。例如，据英国广播电台（BBC）报道，英格兰西南部的康沃尔郡图书馆将图书流动车开到海边的沙滩上，利用流动图书馆服务的读者不仅有在海滩上享受日光浴的男女老少，而且还有带着滑板从海上冲浪归来的青少年。图书馆还组织评选沙滩阅读最受欢迎的十大图书，并通过寻求赞助的方式将这些图书免费发放给在沙滩上休闲的当地居民。

4. 值得借鉴的经验

和美国公共图书馆事业一样，英国公共图书馆事业的发展由于有较为成熟的法律保障体系和管理机制，目前已经成为世界上最为完善的免费图书馆服务网络之一。英国在公共图书馆服务网络的网点布设和空间规划上，均呈现出相对均匀地分布态势。这种空间布局的合理性来自其制度建设的科学性，如英国90%以上的家庭距离最近的图书馆都不超过1英里。这就要求在图书馆网点选取时，不唯行政区划而定，而以真正方便读者使用为第一准则。目前，由于行政体制、分级财政等因素的制约，我国公共图书馆网络建设大多还是以行政区划（区、街道、社区）为网点选择的依据，这有其制度必然性与合理性，不能完全推翻。但也应参照国外公共图书馆服务网络的建设经验，按照国际公共图书馆通行的布局标准，结合西藏人口分布和经济、社会发展的实际情况，综合考虑读者、管理、技术等多方面的因素及固定分馆和流动服务点的互补关系科学布局，形成优化的布局方案，合理确定分馆的数量与位置。

另外，值得借鉴的是英国的流动图书馆服务。2006年修订后的《英国公共图书馆服务标准》在内容上有两点变化：一是提出了"人口稀疏区"的概念；二是对流动图书馆和"其他图书馆服务形式"作了规定，以作为固定图书馆的补充。对固定图书馆覆盖不到的区域和人口，《英国公共图书馆服务标准》在条文解释中提出了以流动图书馆和"其他图书馆服务形式"作补充。对流动图书馆的最低要求是，每个停靠站点每3周停靠1次，每次至少10分钟。可见英国公共图书馆在"人口稀疏区"是以流动图书馆的服务模式达到覆盖效果，这一点对西藏公共图书馆服务设置有很大的启示和借鉴作用，西藏地广人稀的地域特征对公共图书馆全覆盖的体系设置是一个具有挑战性的因素，因此，应考虑构建完善的流动图书馆服务来扩大公共图书馆服务的覆盖范围。

四、英国城市公共图书馆服务体系建设——以伦敦为例

1. 城市公共图书馆的设置与布局

伦敦市公共图书馆网络也比较发达，大伦敦地区（包含英国

首都伦敦与其周围的卫星城镇所组成的都会区）共1 579平方公里，其中分布着390多个公共图书馆。这些公共图书馆组成"大众网络"，由伦敦图书馆发展局主持运作，目前拥有纸本藏书1 600万册，CD、磁带、有声图书、影碟和光盘共计150万套，员工数量超过4 000人。

2. 城市公共图书馆服务体系的构建

伦敦市公共图书馆也采用了总分馆制管理模式，在32个行政区中，每区都设有1个中心图书馆和十几个社区图书馆。这些图书馆组成的公共图书馆服务网络合作紧密，使服务品质得到极大的提升、覆盖面得以扩大。英国文化部计划，截止到2013年，全英国将建立功能齐全的现代化社区图书馆网点，届时市民在任何时候都能从街头或网络上获取自己所需的文献。

在伦敦图书馆管理局的协调下，总馆与分馆之间实行人、财、物的统一管理、统筹规划、分工协作，努力实现真正意义上的资源共享。一般来说，总馆统筹图书馆人事和财务管理，负责图书资料的采购、分编，并对读者工作给出指导性意见；分馆主要负责图书资料的借阅流通与读者活动的策划和组织。

3. 值得借鉴的经验

在公共图书馆服务体系的管理模式方面，纽约和伦敦的建设经验表明，总分馆制是一种统筹城市公共图书馆服务资源的行之有效的制度模式。纽约和伦敦两大城市均在不同层面实施了较为彻底的总分馆制。随着我国城市化进程的不断加快，城市公共图书馆服务体系建设也应积极借鉴国外经验，在有条件的城市公共图书馆体系中广泛推行总分馆制。近年来，我国许多城市（如苏州、深圳、嘉兴等）都积极探索实施总分馆制的途径，并在实践中总结了许多成功经验。在此基础上，我们需要进一步思考如何从中找到规律，因地制宜，结合西藏实际探索出最适合西藏城市公共图书馆服务体系的总分馆建设模式。在市、区两级图书馆之间和区、街道、社区图书馆之间推行两级管理的总分馆制。以市级图书馆为总馆，各区图书馆为分馆，形成市、区之间的总分馆；以各区图书馆为本区的总馆，所辖的街道图书馆、社区图书馆为其分馆，形成区、街道、社区的总分馆制。

五、加拿大共图书馆服务体系建设

1. 建设主体与制度建设

加拿大《国家图书馆法》于1952年获得通过并不断修订完善，于1969年又制定了新的图书馆法。由于加拿大各级政府、大型财团、民间人士等大力支持，图书馆法得以顺利实施，并影响到经济、人文、社会发展等各个方面，成为文化事业发展的一大亮点。在加拿大大多数地区，省（地区）政府只负责公共图书馆的宏观管理和协调（包括制定本省公共图书馆发展规划和图书馆标准、提供本省公共图书馆的统计资料、向市县政府提供省政府的公共图书馆发展补助金），市（县）政府才是公共图书馆的实际建设主体，它们根据省或地区法规的授权，从当地税收中供给公共图书馆所需的主要经费。由同一个市（县）政府负责建立的、规模不等的图书馆共同构成本地的公共图书馆系统，系统内所有图书馆构成系统的分馆。加拿大的《公共图书馆法1990》规定加拿大的每个公共图书馆都要建立一个图书馆委员会，委员会至少有5名委员，这些委员由市政理事会任命。

2. **公共图书馆的设置与布局**

加拿大分为10个省和3个地区，面积9 984 670平方公里，3 161万人口。加拿大的行政体系包括三级政府：联邦政府、省政府和市（县）政府。统计资料显示，目前，加拿大共有625个公共图书馆系统，分布在全国各地的公共图书馆共有2 996个，平均每1.18万人就拥有一个公共图书馆。

3. **公共图书馆服务体系的构建**

加拿大图书馆系统按照治理结构大致分为三类：集中型、分散型和混合型。在集中型图书馆系统中，系统的总部负责大部分的图书馆行政事务和业务工作，如员工的聘用、培训，图书的选择、加工处理，系统和设备的维护等；有些总部有独立的办公场所，有些则设在某分馆内。在分散型系统中，分馆是相对独立的实体，总部只提供有限的支持和指导；混合型系统中，总部和分馆几乎是平分责任。

如多伦多市公共图书馆是一个集中型公共图书馆系统。该系统目前包括两家研究与参考图书馆、17个区域分馆、78个街道图书馆和2个流动图书馆。研究与参考图书馆是多伦多市最大的图书馆。区域分馆是分布在多伦多市的中型馆，既服务于个人读者也同时服务于区域内的街道分馆。街道图书馆是分布在多伦多市各镇的小型图书馆。它们提供的服务在范围和种类上基本与区域图书馆相同，所不同的是它们的研究与参考馆藏相对有限。流动图书馆是多伦多图书馆系统的流动分馆，共有33个服务点。

4. **值得借鉴的经验**

西藏地广人稀，人口分布不均，农区比较集中，而牧区相对分散，在这种情况下公共图书馆的服务体系需要因地制宜地设置，国外的很多先进模式可以借鉴，但不可完全照搬；如纽约和伦敦式的纯粹的总分馆模式只能在人口集中的城市试用，而人口分散的区域可以考虑联合图书馆管理模式，因此，在学习加拿大公共图书馆模式时，发现它的集中型、分散型和混合型服务体系模式值得借鉴。

六、日本公共图书馆服务体系建设

1. 建设主体与制度建设

日本自明治维新以来，借鉴欧洲的《日耳曼法》和英、美、法等国制定的一系列法律条文，建成了一套健全的图书馆法制体系。日本拥有完善的图书馆法律体系。1950年通过的《图书馆法》明确提出日本所有公民，不管他们在哪里居住，都有权享受普遍均等的公共图书馆服务。该法令为此授权都道府县政府和市町村政府在辖区内建设公共图书馆，免费为当地居民提供服务；国家对按要求履行图书馆建设责任的地方自治体，给予一定的图书馆经费补助；教育部科技信息司的终身教育局负责管理分发国家补贴。《图书馆法》同时允许私人建设私立图书馆，有偿或免费向当地民众开放。日本于1991年5月29日颁布实施的《日本公共图书馆的设置和运行规范》就是根据1950年颁布的第118号《图书馆法》第2条第2款关于公共图书馆的规定所制定的法律之一[①]。

---

① 周世江，《日本公共图书馆的设置和运作规范》的借鉴,图书馆建设,2008(12)：104。

2. 公共图书馆的设置与布局

从行政区划来说，日本共有一都（东京都）、一道（北海道）、两府（大阪府、京都府）43 县，都道府县下设 780 个市、841 个町、195 个村，共 1 816 个市町村。其中都道府县属于同一行政级别，其政府是县级图书馆的建设主体；市町村是基本的地方自治体，其政府是地方公共图书馆的基本建设主体。截至 2004 年，都道府县政府建设的图书馆共有 63 个，市町村政府建设的图书馆有 2 740 个，其中有些馆是其他图书馆的分馆。

日本公共图书馆的服务网络与我国相似，也是按照行政区划布设的。日本《图书馆法》对此作了明确规定，各地要建立 4 个层次的公共图书馆系统：总馆、分馆、图书停靠所、流动图书车。在同一图书馆服务体系内，读者都可以通过网络、电话或到馆的方式对任何一所图书馆收藏的资源进行借阅预约，并自行指定就近的图书馆获取，这种方式有效提高了公共图书馆网络的覆盖能力。

3. 公共图书馆服务体系的构建

一是都道府县图书馆的直接服务。在日本都道府县级图书馆承担着向尚未设立公共图书馆的区域直接提供服务的责任。日本的公共图书馆依据设置主体的不同分为都道府县立图书馆与市区町村立图书馆两大类。都道府县立图书馆相当于我国的省级公共图书馆，其主要功能既包括向公众提供直接的图书馆服务，也包括应市区町村图书馆的请求向其提供服务援助，为未设图书馆的市町村提供流动图书馆服务或集体外借服务。

二是总分馆制。在大中城市建设市图书馆的分馆，市图书馆及其分馆构成一个紧密的图书馆系统，实施统一规划、整体运作。在区（市）地域单元内，总分馆体制实行得相对彻底。以东京为例，东京的图书馆实行通借通还，其实是指以区（市）一级为单位实现通借通还，如练马区的图书只可以在本区的图书馆系统里流通，新宿区的图书也只可以在本区图书馆系统里流通。同一服务体系内的图书馆资金来源相同，实行资金一体化管理。在资金统一管理的基础上，总馆对分馆有行政管理权，实行工作人员统一调配、统一服务政策、资源统一采购、读者活动及图书馆宣传推广活动统一策划、组织，并对地区分馆的联机书目数据检索、参考咨询等服务提供支援。东京都实施了较为完善的以区（市）为地域单元的总分馆制。在每一个区（市）中，由1所图书馆承担总馆功能，称为"中央图书馆"；其他图书馆则为分馆，称为"地域馆"，总馆和分馆服务半径难以覆盖的地方，通过"汽车移动图书馆"来补充。

三是区域性服务网络。这是指同一地区的图书馆（有时包括地区以外的图书馆）组成的、共享资源与服务的网络。服务体系内的图书馆满足不了的资源，由区（市）立图书馆向都立图书馆申请援助；都立图书馆满足不了的资源，由都立图书馆向国立国会图书馆申请援助。

四是流动图书馆。日本的流动图书馆开始于二次世界大战之后。这项服务虽然在一开始曾引发争议，但它对于改善公共图书馆的形象、吸引更多的人利用图书馆产生了很好的效果，很快就得到了广泛应用。

4. 值得借鉴的经验

日本的公共图书馆服务体系在《图书馆法》的保障下不断完善，除了彻底的总分馆制外，日本区域性服务网络也值得我们借鉴。日本的《图书馆自由宣言》强调，"图书馆作为保障国民认知自由的机构，应该满足国民所有的资料要求"。日本的公共图书馆通过馆际之间的分工与合作形成区域性服务网络，以高度的资源共享来低成本、高效益、最大限度地满足读者所有的资料需求。为了最大限度地满足读者需求，近年来，东京出现了不同公共图书馆服务体系之间的合作。如从 2008 年 4 月开始，轨道交通京王线沿线的 7 个城市（町田市、八王子市、府中市、调布市、日野市、多摩市、稻城市）开展了市民互相利用图书馆的合作，任一城市的居民都可以到另外城市图书馆服务体系中的任一图书馆进行读者登录，享受与本地市民相同的图书馆服务。近年来在国内也呈现出较多的区域性服务网络模式。在西藏公共图书馆规模小、数量少，现有的图书馆都是各自为政，缺乏合作，更是谈不上资源共享；因此，值得借鉴日本图书馆区域性服务网络模式，加强馆际合作，以低成本、高效率、最大限度地满足图书馆服务需求。

除以上国家和城市外，挪威、丹麦、芬兰、智利、印度、新加坡、韩国、澳大利亚等国家及其城市的公图书馆系统也比较完善。

七、 国外公共图书馆设置与服务体系建设的启示

1. 国外图书馆飞速发展的最根本原因是依法办馆，然而在我国只有北京、上海、深圳、湖北等地出台了一些地方性的图书馆法规，如北京市制定颁布了《北京市图书馆条例》，上海颁布了《上海市公共图书馆管理办法》，深圳发布了《深圳经济特区公

共图书馆条例》等,但至今仍没有一部全国性的图书馆法,致使我国的图书馆建设得不到法律的保障,公共图书馆发展建设缓慢。

2. 国外公共图书馆建设资金首要来源是基金会和政府,其次是大型机构、民间团体投资,最后是社会与个人的捐赠。国内则主要依赖政府投入,资金投入机制不完善是造成现在图书馆数字化建设投入少、效益低的原因。为此,我们应该改革现有的资金投入机制,需要国家、地方政府、公司企业等各方面的投入,形成一个多元化的投入体系。对于国家和地方政府投入应建立相应的法规,保证投资的稳定性和连续性。

3. 在公共图书馆服务体系管理模式方面的国外建设经验表明,总分馆制是一种统筹城市公共图书馆服务资源的行之有效的制度模式。从国际经验看,总馆/分馆制管理体系在世界图书馆界已形成共识,美、英、日等国家和港台地区的城市公共图书馆网络在社会的覆盖面广,社区居民人均拥有图书馆的藏书率高。但由于我国公共图书馆是按行政体制建立的,所以具体运作不能照搬国外的做法,要探索一条符合国情的新路子①。随着我国城市化进程的不断加快,城市公共图书馆服务体系建设也积极借鉴国外经验,在有条件的城市公共图书馆体系中广泛推行总分馆制。近年来,我国许多城市(如苏州、深圳、嘉兴等)都积极探索实施总分馆制的途径,并在实践中总结了许多成功经验。

4. 根据国外及港台地区图书馆的做法,每5 000到1万人就必须建一座分馆或图书站,在人口相对比较分散的地区,则采用

---

① 崔晓文,城市公共图书馆网络建设——发达国家和地区图书馆的经验及启示,图书馆论坛,2004(6):129。

汽车图书馆的形式上门服务，以保证每个人都能尽情享受公共图书馆的资源。此外，国外和港台地区的公共图书馆里，大多开辟儿童活动专区。所以，我国公共图书馆也应与国际接轨，开设少儿图书专区，实行分楼栋或者分层管理，避免相互干扰。

5. 国外在城市公共图书馆服务网络的网点布设和空间规划上，进行了周密的统筹规划和合理布局。无论伦敦、纽约还是东京，城市公共图书馆网络在地域上均呈现出相对均匀地分布态势。这种空间布局的合理性来自其制度建设的科学性，如英国90%以上的家庭距离最近的图书馆都不超过1英里。

6. 图书馆员的素质和工作态度关系到服务的质量，世界发达国家和地区的图书馆十分重视图书馆员队伍建设，法国等国家还将图书馆工作人员纳入政府公务员系列，吸引更多优秀人才。与此同时，这些国家和地区对图书馆员的资格审定、业务考核、职务聘用与晋升方面非常严格，就连社区图书馆的工作人员也都是学习过图书馆专业的人才。

八、国外公共图书馆设置与服务体系的未来发展趋势

20世纪80年代以来，欧美各国图书馆事业快速发展，在数字图书馆实践、图书馆联盟组织、文献传递中心建设以及数字参考咨询等方面处于世界图书馆的领先地位。随着科学技术的突飞猛进，特别是知识经济时代的到来，发达国家在数字图书馆、图书馆联盟、文献传递中心和数字参考咨询等方面都取得了长足发展，甚至一些欠发达国家在近期也开始在这方面急起直追。现代信息技术，尤其是计算机技术、高密度存贮技术、网络技术和多

媒体技术的发展,为公共图书馆数字化发展提供了强有力的支持;大力发展数字图书馆,努力实现共享资源成为国外公共图书馆发展建设的一个新特点。我国公共图书馆数字化建设可借鉴20世纪90年代美国发展数字图书馆的经验,即首先需要政府和社会的大力支持,在投资上加大力度。其次要走共同协作的道路,协同开发和组织资源库的建设,这是信息资源共建、共享的基础。如果没有相当数量的数据库,公共数字图书馆的建设便是无源之水、无本之木。图书馆界应该认识到自身是建设的主力,同时还需要主动与计算界、软件工程界、通信网络工程界等多学科多领域专家的共同合作,在知识、技术、人力、物力上资源共享,优势互补。

随着科学技术的发展、交通通信条件的改善和城市化进程的变化,特别是知识经济时代的到来,国外发达国家公共图书馆设置建设发生了诸多的变化,甚至需要改变原有的发展策略和方向;尤其是由于数字图书馆的发展,对原有的公共图书馆服务体系和设置提出了更新、更高的转型要求。如近年来,很多居住在偏远社区的挪威人口开始向较大城市迁移;同时挪威的道路和交通条件也在持续的改善,使得人们可以比以往更方便地利用社区之外的公共图书馆服务。在这样的背景下,挪威政府开始考虑修改"每市独立设立图书馆"的要求,开始修订《挪威图书馆法》,并于2006年公布了图书馆改革方案——《图书馆改革2004》,提出在今后的几年中,挪威档案、博物馆与图书馆局将通过数字化技术和图书馆改组来强化公共图书馆的服务能力;改组的途径之一就是合并现有的市级图书馆,将目前由若干市政府分别负责的公共图书馆资源集中起来,建设力量更强、规模更大的地区性

（跨市）的公共图书馆系统；通过总馆、分馆和流动图书馆为所涉及的市区居民提供更好的图书服务，为总分馆体系的"适度覆盖"积累经验。

国外公共图书馆服务重心随着社会需求适时转变，以满足读者需要为改进图书馆服务的标尺，为公众提供规范化、标准化和人性化、个性化的服务。例如美国各级公共图书馆的服务除特殊服务区域外的读者服务区域基本无隔墙，一层楼就是一个大空间；几乎所有藏书全面实行开架借阅；对所有文献进行规范的分类编目；全面实现了计算机集成管理，而且大多应用 Sirsi Dynix 等国际知名图书馆管理系统；导引标识准确、完备，借阅制度清晰明了。在普遍实现服务规范化、标准化的同时，积极提供人性化、个性化的服务。例如，厄本那免费图书馆设立新还回图书专架，用于放置读者新近归还的图书，使尚无确定阅读目的的读者了解别人的阅读倾向，增加了读者选书的途径；芝加哥公共图书馆设立了专供青少年使用的多媒体空间，并将该空间按地板颜色分为3个区域，绿色地板区允许读者吃东西、喝饮料、唱歌，红色地板区配有电脑可供读者上网并为青少年提供数码相机外借服务，深棕色地板区的功能类似于计算机教室，图书馆经常请大学教师在该区域教授年轻人如何使用计算机软件等，而且该空间还设了1个专业的音响室，配有多种专业音乐制作设备供孩子们制作自己的CD；芝加哥公共图书馆的艺术文献区专为读者设立了8个音乐体验室，每个房间都配有钢琴供读者练习；费尔法克斯县香提里地区图书馆对阅读需求量高的热门书采用向书商租借的办法，所付租金略低于书价，无租期限制，当图书流通一段时间由热变冷后，图书馆将书退还给书商，既满足了热门图书的复本量要求,又解决了图书占架的问题;费尔法克斯县香提里地区图书馆还专设有预约书架,工作人员找到读者预借的图书,将写有读者名字的预约单夹入书内并将其有序地排放在预约书架上,以便为读者提供便利的个性化服务。

第二节 国内公共图书馆服务体系建设模式与经验借鉴

近十几年,国内一些地方公共图书馆服务体系的建设实践,如北京、上海、天津、深圳、广东、苏州、东莞、佛山、杭州、嘉兴、长春等省市进行的总分馆或区域性服务网络体系建设。与此同时,在国内图书馆界的深入探索下,公共图书馆服务体系的架构和模式渐渐清晰。我国公共图书馆从本地区的政治、经济、文化、科技等多方面实践出发,经过多年的探索充分认识到必须建立完善的公共图书馆服务体系,才能实现覆盖全社会的普遍均等的公共图书馆服务。这些为我们探索和研究西藏公共图书馆服务体系设置提供了非常宝贵的经验。下面我们将值得借鉴的我国公共图书馆服务体系建设模式和经验从总分馆和区域性服务网络体系建设两个大的方面加以分析总结:

一、公共图书馆服务体系的总分馆建设模式

总分馆公共图书馆服务体系是由同一个建设主体资助、同一个主管机构管理的图书馆群,其中一个图书馆处于核心地位作为总馆，其他图书馆处于从属地位作为分馆；分馆在行政上隶属于总馆，或与总馆一起隶属于同一个主管部门，在业务上接受总馆管理。人财物进行统一管理，文献资源统一采集、加工、配置，发放统一读者证，对读者活动进行统一策划，采用统一的管理系统、服务规范、规章制度。将嘉兴和苏州、东莞和深圳等东部及沿海地区的总分馆公共图书馆服务体系建设成功经验与模式向内地推广，加快对国外公共图书馆服务体系先进模式的引入，从而促进中西部地区公共图书馆服务体系建设的大发展。在探索西藏公共图书馆设置和服务体系建设研究过程中我们借鉴了国内下述典型的总分馆建设案例，并结合西藏的实际，力图摸索出一套适合西藏实际的公共图书馆服务体系，最大限度的避免盲目建设和社会资源的浪费。

（一）嘉兴市图书馆总分馆建设

1. 构建途径

嘉兴的公共图书馆总分馆建设具体构建方法就是每新建一个乡镇分馆，开办费预算30万元，由市、区、乡镇三级财政各投入10万元，不足部分原则上由乡镇财政补充。乡镇分馆原则上建在乡镇文化中心或成人文化技术学校内。每新建一个乡镇分馆，市财政给予作为总馆的市图书馆30万元资源购置费补助，总馆专项用于新建乡镇分馆的一次性资源购置。绝大多数分馆设在乡镇一级，其中少数分馆设在区一级。乡镇分馆建成进入正常运营阶段后，每个乡镇分馆每年运营保障经费预算为30万元，市、区、乡镇三级政府财政各投入10万元。市财政的投入直接进入作为总馆的市图书馆财务，专项用于乡镇分馆的资源购置；区财政的投入划拨至设在区文化局的专门账户，主要用于乡镇分馆设备的添置和更新、消耗材料的补充，以及读者活动、工作人员加班、奖励等开支；乡镇财政的投入主要用于保障乡镇分馆的日常运营（水电、通讯、办公等）、馆舍维护，以及由乡镇配备的工作人员的工资等。在市政府的主导下，制定全面的总分馆建设方案，包括资金投入模式、分馆布局、分馆建设标准和运行模式、分馆管理制度、效果监测等。

具体做法：如乡镇分馆的资源由总馆统一采购、加工和配送，对分馆的资源定期（通常是一周至两周）进行轮换，总馆与分馆共享同一个资源体系和同一个自动化管理系统，总分馆之间实行统一借书证和通借通还服务。日常管理工作由总馆派遣分馆馆长执行管理责任，对其他人员采用相对集中管理方式。所谓相对集中管理，是指人员招聘由乡镇政府和总馆共同负责，但其工作任务、业务培训、工作考核等由总馆统一管理，下一年度人员的续聘以图书馆的全年考核结果为依据。总馆对分馆所担负的责任就是制定并监督落实分馆建设标准和服务规范；派遣分馆馆长；资源的采购、加工与配送；总分馆体系物流系统的建立、系统内资源的调配；总分馆自动化管理系统的维护；分馆的技术支持；向分馆提出开展读者活动的要求，组织指导实施并提供费用；对分馆全年的工作进行评价。

2. 建设特点

2007年以来被称为"嘉兴模式"的城乡一体化公共图书馆服务体系建设，已经建成了以市图书馆为总馆、包括12所乡镇分馆在内的城乡一体化总分馆体系，逐步形成了"政府主导、统筹规划，多级投入、集中管理，资源共享、服务创新"的总分馆建设模式。嘉兴模式的特征可概括为两点：一是"三级投入"，二是"集中管理"。就是在市本级范围内，总分馆体系中的乡镇分馆建设和运营保障由市、区、乡镇三级政府共同投入，而投入的乡镇图书馆运营经费由作为总馆的嘉兴市图书馆集中支配使用。这种模式是一种准总分馆制模式①，比较符合我国的实际，既实现了公共图书馆服务网络的延伸，有利于公共图书馆实现资源共享，并以最小的投入获得最大的服务效益，同时也较好地回避、解决了因行政管理体制所带来的种种弊端。

3. 经验教训

嘉兴总分馆构建的有益经验就是嘉兴市图书馆作为总馆对市、区、乡镇三级政府财政投入的经费集中管理。这种做法很好地解决了过去各级图书馆各自为政，互不往来，资源不能共享而出现的资源重复建设和浪费。建设经费的"三级投入"和"集中管理"建设模式是在政府主导下被制度性地确立，"统一管理"的总分馆管理模式在政府主导下也被制度性地确立；作为政府主导的建设项目，总分馆模式被确立为地区性的文化建设项目。到2011年底，嘉兴地区总分馆设置率已达到100%。总分馆模式的确立以及横向延伸的成功得益于"政府主导"，由于市政府的主导，在大嘉兴这个层级上实现了全地区公共图书馆总分馆体系的统一规划与统一实施。具体地说，公共图书馆总分馆体系作为嘉兴地区公共文化服务体系的一个重要建设目标，要求各级政府必须认同这一总目标，并按照总分馆模式的建设与管理的要求来制定本县（市）的规划。其次，是县（市）政府层级上的政府主

---

① 王以俭，公共图书馆实行总分馆制管理模式研究，绍兴文理学院学报，2010(1)：110。

导,即每个县(市)都以政府主导的方式推进总分馆建设,以保证总分馆体系建设在操作层面的可实现性,即保证了分馆建设所需人员编制和资金的制度性落实,并以政府主导的方式赋予了总馆行使业务管理的权力[①]。在嘉兴模式建设过程中,可以充分认识到没有各级政府的主导和推动,以及各级财政的通力支持是难以构建的;要得到各级政府的认同和主导推动首先各级政府领导需要有一个统一的认识共同推进总分馆的构建,没有各级政府领导认同和支持是难以实现总分馆的构建。各级政府领导的调整往往会使推进进程受阻,甚至是停止。这是值得吸取的教训,此外"三级财政投入"乃至"多级投入"必须得到各级投入部门的支持和协同,形成一个共同投入机制,并由政府实时监督投入的及时到位发挥作用,同时政府也监督总馆对分馆的有效管理并发挥作用。

(二)广东省佛山禅城区联合图书馆建设

1. 构建途径

广东省佛山禅城区联合图书馆总分馆体系是根据禅城区人口分布状况、各街道(镇)产业的特点,采用佛山市联合图书馆"5U联合图书馆"系统,依托系统平台,以禅城区图书馆为主馆建立的一批布局合理、深入社区,贴近市民的公共图书馆群,也是国内第一个由政府主导的真正意义上的总分馆体系。实行人财物统一管理,资源完全共享,图书通借通还,分馆投入除馆舍由当地镇提供外,建设和运行资金均由禅城区政府承担,并交给禅城区图书馆运作,人财物统一由区图书馆管理。体系内的各服务

---

① 李超平,嘉兴模式的延伸与深化:从总分馆体系到图书馆服务体系,中国图书馆学报,2012(3):12。

点实行"一卡通借通还",使用统一的业务管理平台和书目数据库,共享图书资源和各类数字资源,按联合图书馆业务标准及规范开展服务。禅城区联合图书馆总分馆体系采取的是主分馆制,多方投资、统一管理。多方投资是以区财政投入为主导,动员街道和社区财政参与,发动企业和其他社会力量投入;统一管理是指所有分馆使用统一的技术平台和资源,提供一致的服务模式,管理人员统一由主馆派出,所有分馆,无论是由谁投资,无论冠以什么名,它的管理权在主馆,运作经费由主馆集中控制。

2. 建设特点

禅城区图书馆在实施联合图书馆打破了体制的束缚,直接将分馆设立在街道、社区,做到对各分馆的人、财、物及各项业务进行统一管理,实现了真正意义上的总分馆体制。各个服务分馆实行了统一标识、突出分馆特色。各分馆虽然所处地域不同、建筑风格和环境不同,但外观和装修格调必须统一、采取统一的标识(LOGO)和名称,即统一使用禅城区联合图书馆XX分馆,分馆名称可根据投资人或地域特征等命名。此外,强调分馆的资源特色。禅城区下属各镇或街道已形成极富知名度和实力的专业镇经济特色,分馆应根据所在地的产业优势和地域特点,在资源收集、服务方式等方面办出各自的特色,开展针对性的服务,强化图书馆与政府、企事业单位及个人的紧密合作,从而提高服务效益。

佛山禅城区联合图书馆开发的"5U Unionli"新图书馆管理系统,系统采用分布式部署为建立多级区域型联合奠定了技术支持,系统管理人员只需要管理服务器,所有的客户端只是浏览器,不需要做任何的维护。实现了总分馆体系内各成员馆都采用"一卡通"办证,读者可以到任何一家成员馆借还图书,同时还可以实现网上预约。

3. 经验教训

我国的上级公共图书馆对下级图书馆进行协调并给予指导的功能基本上失效，同一级别的图书馆之间在缺少上级的协调情况下，各自的主管部门之间鲜有沟通，彼此之间业务往来甚少，造成每个图书馆都是在单打独斗，强者恒强、弱者恒弱。禅城区图书馆在实施联合图书馆时就打破了这种体制的束缚[1]，直接将分馆设立在街道、社区，做到对各分馆的人、财、物及各项业务进行统一管理，实现了真正意义上的总分馆体制；总馆建设主体与分馆建设主体统一（经费来源统一）；总馆主管部门与分管主管部门统一（管理统一）；总分馆统一人、财、物管理，统一规划与实施服务，对文献进行统一采集、加工、配置，服务规范、规章制度统一，实施通借通还。这种形式便于集中统一管理，有较强的适用性。国外及港澳台地区公共图书馆的总分馆制大都是这种类型[2]。但这种类型在国内目前行政条块分割和部门分割较为严重的情况下，具体实施遇到各方面的问题；首先就是认识上的统一问题，其次就是财政的条块分割及财务制度的限制阻碍了这种真正意义上的总分馆建设，所以国内目前大多数采用准总分馆构建模式。

（三）苏州图书馆总分馆建设

1. 构建途径

苏州图书馆从 2005 年起启动了苏州图书馆总分馆体系。在

---

[1] 白冰,佛山禅城区联合图书馆评价,图书馆学研究(应用版),2010(3)：52。
[2] 杨丽,佛山禅城区联合图书馆和东莞图书馆总分馆制比较研究,河北科技图苑,2012(3)：17。

2010年前为合作模式,2011年开始进入政府主导的建设阶段。苏州图书馆总分馆体系是以苏州图书馆为总馆、以苏州图书馆与基层政府合作建设的基层馆为分馆而构成的统一管理的图书馆群。苏州图书馆总分馆体系是一种紧密而扁平结构,只有总馆和分馆两级的准总分馆制模式。由苏州图书馆与各区政府、街道及其他机构合作,实行全面委托管理。当地政府提供馆舍并出资购买服务,分馆所在地的基层政府提供分馆的馆舍、装修、设备、物业等费用,并每年向苏州图书馆提供运行经费委托苏州图书馆管理;苏州图书馆提供文献资源和服务,社区分馆的工作人员由总馆委派,总馆把社区分馆作为自己的一个部门来管理,分馆成为总馆在社区的服务窗口。由苏州图书馆馆安装管理系统、委派工作人员、提供分馆初始藏书并定期补充调配、征订报刊、开通馆藏数字化资源,并负责开放服务;读者享受免证阅览和免费上网,使用统一的借书证外借图书和音像资料,并实现通借通还。苏州图书馆以自下而上,并以协议的方式推动分馆建设,探索出了一条"财政分灶吃饭"体制下政府购买图书馆服务的公共图书馆总分馆建设新路子[①]。

2. 建设特点

为了解决图书资产权对通借通还的限制,苏州图书馆提出了"动态资产权"概念以及与之相适应的管理办法;在资源调配和通借通还的过程中,图书的资产权与图书本身一起流动;总馆将书调配到哪里或读者将书归还到哪里,图书的资产权就"流"到哪里;因异地借还而流动的图书,系统会在读者还书时自动变更

---

① 王以俭,公共图书馆实行总分馆制管理模式研究,绍兴文理学院学报,2010(1):109。

其资产权记录，使其作为接受还书的图书馆资产，在当地继续流通。

此外，苏州图书馆还制定了《社区分馆建设标准》，包括馆舍面积、空间布局、设备清单、开馆时间、资源配置、读者权益等，以规范社区图书馆的建设。使用 VPN 虚网，使分馆能够共享总馆的数字化资源，并在分馆的电脑上设置统一的引导界面，读者根据引导可以方便地进入书目检索、电子图书、馆藏数据库资源、政府公开信息、共享工程等栏目。在分馆安装了远程监控装置，以便实时了解和掌握分馆的运行情况。完善了网上咨询平台，以便及时解答分馆读者的咨询问题。各个社区分馆根据当地的实际需求按每周不少于 50 小时灵活安排开放时间。

3. 经验教训

总馆应根据各分馆的读者需求情况，为每个分馆配备 7 000 册初始藏书，不少于 100 种的期刊报纸，3 000 张光盘，每月为分馆调配 400 至 500 册图书，部分是新书，部分是周转书，确保资源的丰富和更新。为了保证分馆的服务质量，苏州图书馆向分馆派遣的工作人员均是在总馆已经工作过一段时间、具有较为熟练技能的合同制员工；这样才能保证分馆的服务质量和水平。建立与合作单位定期恳谈制度，定期征求合作单位和社区居民的意见建议，并将讲座、读书活动延伸进社区分馆。

（四）东莞市集群图书馆建设

1. 构建途径

2004 年东莞市政府制订东莞地区图书馆总分馆制实施方案，全力建造与东莞城市发展相适应、相配套的现代图书馆服务体系,初步形成以东莞图书馆新馆为总馆,各镇区图书馆为分馆,村、社区(居委会)图书馆以及图书流动车为补充,吸收企业、学校等其他系统图书馆加入的地区图书馆网群。东莞图书馆总分馆制实行总馆负责全区域内文献资源的采购、编目、分类、标引、加工,同时指导和协调读者服务工作;分馆专事各种读者服务工作;总、分馆之间实行通借通还,共同保障市民服务的准总分馆制模式。其运作流程是由镇区、社区(村)提出申请——总馆现场检查办馆条件——总分馆签约——分馆人员培训及考核——挂牌成立——年度考核评比。其具体实施途径分两步: 第一步实现统一采购、集中编目、通借通还,达到"合理分工、共同负担、分别保存、合并使用"的目的;在现有人事权不变的情况下,各分馆人员的工资和一切福利待遇仍归属于当地政府,但总馆对分馆工作人员的聘用特别是对分馆馆长的聘用有建议权;总馆集群业务管理系统、网络设施和设备、图书流动车、共享图书和数据库等首期启动的费用在东莞图书馆新馆经费中统筹支出,捆绑使用,不再要求市政府另外批拨。第二步将行政管理变为行业管理,分馆作为总馆派出的一个机构,分馆的人员、财务及设备均由总馆管理。为了提高分馆工作人员的业务水平和自身素质,分馆工作人员需分期分批接受图书馆专业培训,并逐步过渡到具备大专以上学历。分馆业务管理系统和 ADSL 网络通信费由市统筹,以一个分馆业务管理系统购置费 1 万元,ADSL 网络通信最低包月费 0.6 万元计,按每年实际加入的分馆数量将统筹经费划拨到总馆,以保证同一技术平台,利于共享资源,达到"集中使用资金投入,合理组织专业分工,统一业务规范管理,最大实现资源共享"的目的,建立起国际上通行的总分馆体制。镇区分馆所在地政府每年投入总分馆制建设的费用，全部用于该分馆的建设，并实行购书经费单列，专款专用。为了保证双方经费的合理使用，市文化局与各镇区签约，互相监督对方履行合约，保证总分馆的正常运行。2006年12月东莞市建立起由1个城市中心馆15个镇区分馆9个村（社区）图书室2个企业（学校）图书馆及100个图书流动车服务点组成的区域图书馆集群管理体系。

2. 建设特点

东莞市"集群图书馆"总分馆体系是以东莞图书馆新馆为城市中心图书馆（总馆），各镇区图书馆为分馆，社区（居委会）图书馆（室）以及图书流动车为补充，同时吸收企业、学校等其他系统图书馆加入，形成服务全市的地区图书馆网群。总分馆建设应用的是区域图书馆集群管理与协同发展模式，采取的实施战略是"技术＋管理"，也就是以技术为支撑、以政策作保障、以管理见效益，在不改变原有人员和行政隶属关系的情况下，由市政府和各镇区共同出资，共同推动总分馆制建设。从技术上实现多层次图书馆群的联合；以多资源整合共享理念为指导，城市内图书馆集群共建和文化信息资源共享工程技术统筹考虑，减少重复，增强共享。

东莞图书馆总分馆制采用整体形象的统一规范的标识系统即统一使用"东莞图书馆XX分馆"名称，新建分馆还要求装修格调一致。总分馆均有各自独立的文献资产权，可以通借通还；共同构成一个地区图书馆网群，其业务管理集中于总馆，以保证工作流程的统一和顺畅，保证服务的水平和质量。以及各分馆采用总馆认可的Interlib系统平台同一业务管理系统，确保各项业务工作的顺利开展，实现技术统管地区图书馆网群的联动和创新。各分馆可根据当地产业优势、地域特点和人文环境确定分馆特色，如厚街的家具、虎门的服装、石碣的 IT、常平的物流、东城的房地产等，在满足常规服务外，重点突出各自的特色服务，充分满足不同区域读者的需求。总馆结合全国文化信息共享工程，高起点、高标准建设东莞数字图书馆，各分馆可共享使用。同时，市政府投入总分馆制建设的专项购书费购买的图书将由总馆统一购买、统一调配，定期轮换，资源共享。

3. 经验教训

东莞市"集群图书馆"总分馆制建设模式是由市政府发文，市文化局与各镇区政府签约，市政府和各镇区政府共同出资，共同推动实施总分馆制建设。要实现总分馆制的推进必须由政府主导，统一组织，经费分担，分步实施；这是建设顺利实施的基本保证条件。在不改变原有行政隶属人事和财政关系的情况下，总馆负责全区域内文献资源的采购、编目、分类、标引、加工，同时指导和协调读者服务工作；分馆专事各种读者服务工作；总、分馆之间实行通借通还，共同保障市民服务。

（五）深圳"图书馆之城"总分馆建设

1. 构建途径

2002 年深圳市委、市政府将"图书馆之城"建设提上议事日程，以 2003 年《深圳市建设"图书馆之城"（2003—2005）三年实施方案》开始实施为标志，在全市范围内掀起了"图书馆之城"建设的热潮。2006 年开始实施《深圳市建设"图书馆之城"（2006—2010）五年规划》，开始了图书馆之城建设的另一新的里程，就是按 2009 年底深圳市常住人口 889 万人（其中户籍人口

246万,暂住人口643万)计算,实现了每14.57万常住人口拥有1座县级以上的公共图书馆,每1.23万人拥有1座社区、劳务工、主题、自助图书馆,达到了深圳图书馆之城"每15万常住人口拥有1座公共图书馆,每1.5万常住人口拥有1个社区(村)图书馆(室)"的目标。2012年4月22日发布了"图书馆之城"统一服务平台标识,启动了深圳市"图书馆之城"统一服务平台,实现了市、区、街道、社区共327家图书馆互通互联、资源共享和一证通行、通借通还,标志着深圳已经建成"图书馆之城"。随着图书馆之城的建设和发展,迄今为止,深圳图书馆之城的服务模式已经突破了最初的通借通还形式,实现了平台统一,一卡通用,自助服务的模式。深圳市已初步建立起一个以市图书馆为龙头、区图书馆为骨干、街道图书馆为基础社区图书馆为节点的四级公共图书馆服务体系[1]。

2. 建设特点

深圳"图书馆之城"总分馆建设街道图书馆覆盖率达87.7%,社区图书馆的覆盖率达89.7%。已形成了福田模式、南山模式、罗湖模式、宝安模式、龙岗模式五个具有一定特色的总分馆服务体系模式创新。

福田模式: 2004年福田区图书馆根据区文化部门授权,按规模大小,将辖区内街道、社区图书馆(室)分为三个等次,区政府根据图书馆(室)等次每年分别拨给12万元、10万元、8万元的专项资金作为员工工资和运营经费。图书馆(室)经费纳入街道、社区年度业务经费统一管理,保证专款专用,使用情况由区

---

[1] 余胜,深圳"图书馆之城"建设的成效与发展思考,图书馆论坛,2007(2):110-113。

图书馆负责监督。街道、社区图书馆成为区图书馆的分馆。区财政下拨的经费、购书费由区图书馆统筹，街道、社区馆文献资源由区图书馆统采、统编、统配，图书馆设备以及管理系统、平台由区图书馆在全区统一配置，其他费用下拨街道，由街道使用，工作人员也由街道、社区选聘与管理。

  南山模式：为更好地满足外来务工人员的阅读需求，把图书馆办到最贴近读者的地方，南山图书馆与桃园街道办事处、众冠股份公司签署协议，共同建设了南山图书馆桃园街道众冠分馆。总馆与分馆实行一体化业务管理，文献资源、网络数字资源以及借书证完全共享，通借通还，读者活动纳入总馆统筹并与分馆互动，分馆作为辖区内中心馆，协调辖区内社区图书馆工作，开创了由专业机构（图书馆）、政府部门（街道办）、企业（众冠公司）合作办分馆模式的先河。西丽街道的外来工图书馆，也是依此模式建设。

  宝安模式：宝安区图书馆在调研的基础上，提出了区、街道、社区（村）三级公共图书馆应统一规划发展的理念。2004年在规模比较大的西乡、观澜两个街道图书馆试行业务上的总分馆管理模式，主要是在文献资源及通借通还等业务上共建共享，区图书馆与街道馆在人、财、物等方面保持原有隶属关系不变。2007年底区政府以专项拨款的方式，由区图书馆在全区范围内建设10家区图书馆劳务工直属分馆，直属分馆除了业务上由区图书馆实行总分馆管理之外，分馆的日常运作费用、人员工资均由区财政统一拨付给区图书馆，由区图书馆统筹管理，分馆所在地只提供适合开展劳务工图书馆服务相应的场地即可。每馆至少配备图书1万册，报刊150种，与区图书馆资源共享，电子阅览室同样实行免费上网、免费使用数字资源，分馆提供与区图书馆无差别的服务。

罗湖模式： 2007年罗湖区图书馆把东晓、黄贝两个街道图书馆建成区馆分馆。两个分馆除了成人阅览区与电子阅览区外，还设有少儿图书馆区，提供与区图书馆无差别的读者服务。每个分馆由区图书馆派出2名专职和2名兼职工作人员，分馆馆长及人员由区图书馆负责聘派，分馆文献采编、文献资源、管理系统及设备以及读者服务也由区图书馆统一调配管理，财产属区图书馆所有，街道办只负责提供馆舍。与区图书馆通借通还、资源共享，真正地把区图书馆搬到了街道、市民的身边提供图书馆服务。但社区图书馆的人财物还是由社区负责，称之为半紧密总分馆关系。与宝安区目前正在推广的模式比较接近，分馆效益比较好。

龙岗模式： 在务工人员集中的工业区建立直属分馆是龙岗模式最突出的特点。以直属联创分馆试点的成功为起点，尝试在莲花北、益田村、梅林一村等居民集中的住宅区直接开办阅览室，按每室3000册图书，200种报刊配置文献，作为深圳图书馆的远程阅览室，与深圳图书馆使用统一借书证，通借通还。

3. 经验教训

深圳图书之城的服务模式目前已突破了最初的通借通还的形式，形成了统一平台、一卡通用，自助服务的模式；但也出现一些制约深圳图书之城服务的因素，如福田区街道、社区图书馆开放的瓶颈在于基层馆工作人员不是由区图书馆统一选聘与管理，人员的随意更换、不稳定，导致部分基层图书馆开放不正常。

深圳市图书馆在工业区务工人员集中的莲花北、益田村、梅林一村等居民集中的住宅区直接开办阅览室，与深圳图书馆使用统一借书证，通借通还的方式运行两年多后发现福田区图书馆管理模式更方便，更有利于这些图书馆的发展，深圳图书馆便将莲花北、益田村、梅林一村这三图书馆无偿移交给福田区图书馆作管理运行。此外，为适应新形势下为劳务工读者服务的需求，2008年深圳市图书馆还在创维工业区深圳图书馆创维分馆开馆服务，由市图书馆提供图书、设备与管理，由创维集团提供场地与管理人员，面向创维员工的服务；为企业开办图书馆进行了尝试，开辟了市图书馆直接建立工业区分馆服务的新方式。

（六）总分馆建设回顾与发展趋势

我国长期以来公共图书馆建设体制的突出特点是分级财政基础上的多元建设主体和多层管理体制，基本上形成了一级政府建设并管理一个图书馆的格局。这种体制导致建设主体的行政级别越低，财力越弱，其负责保障的公共图书馆的服务能力也就越弱。近年来国内不少公共图书馆结合自身的实际，在总分馆建设方面做了有益的探索，促使总分馆制成为公共图书馆发展的基本方向。总分馆制也成为公共图书馆在网络环境下实现资源共享，提升服务效果的有效载体；成为公共图书馆为社会提供普遍均等服务的必由之路。公共图书馆实行总分馆管理模式值得大力提倡、推广与借鉴。

目前国外及港澳台地区公共图书馆均普遍实行总分馆制，一个城市或一个地区中心设一个总馆或中心馆，其他馆都是这个总馆的分馆。总馆和分馆是"一元化"垂直管理系统，总馆对分馆的人、财、物实行统一管理，分馆是总馆派出的一个机构，专事读者服务工作,藏书、人员由总馆统一调配,形成"通借通还"形式。实践证明,总分馆制是以体制创新为基础的区域性图书馆融合,是公共图书馆坚持"以读者为中心,以需求为导向,以效益为指针,以全程服务为基本内容"服务理念的具体体现。实行总分馆制,可以使公共图书馆建设实现统筹规划,使图书馆服务网点分布更科学、更贴近读者,从而方便读者利用图书馆;促进图书馆的自动化、网络化、数字化建设,使文献资源配置更趋于合理,提升文献资源利用率。总分馆制是公共图书馆合理配置图书馆资源、实现资源共建共享、拓展图书馆服务网络、提升服务效果的有效载体[1]。虽然不同城市的总馆在介入下属分馆业务的范围和深度方面有差异,但都强调总馆对所属分馆的资金、人员和设备的统一采购、统一管理,进而在制度层面确保总分馆体系中资源配置和共享效率的最优化。由于历史原因,我国大多数城市的公共图书馆网络建设存在较为严重的管理条块分割问题,各级图书馆的财政大多分归本级政府管理,图书馆财政预算和经费使用情况需要对所在地政府负责。市级图书馆对区级图书馆、街道图书馆虽然有一定的资源建设指导和服务统筹能力,但在资金分配这一图书馆资源配置的根本问题上话语权有限,实施起来制约较大,使得整个公共图书馆体系无法真正实现效益最大化[2]。

综观以上国内形成的上海中心图书馆模式、天津社区分馆模式、哈尔滨模式、嘉兴模式等众多富有中国特色的多种总分馆制运作模式,他们可以分为以下三种类型: 即总分馆制模式、准总

---

[1] 王以俭,公共图书馆实行总分馆制管理模式研究,绍兴文理学院学报,2010(1): 108。

[2] 孙慧明、倪晓建,国外城市公共图书馆服务体系建设及其启示,图书馆建设, 2011(3): 84。

分馆制模式和联盟合作模式。以总分馆为核心的公共图书馆服务体系到跨系统的图书馆服务联盟体系的发展,延续了"政府主导"的建设思路,这一思路保证了公共图书馆服务体系进一步的垂直延伸并建设村级图书馆,也使图书馆服务联盟能够克服松散联盟导致的资金保障问题,并有望提升统一服务平台的服务能力。国内外的实践证明,总分馆制是形成图书馆服务体系的好形式,但总分馆制不是单体图书馆的松散联盟,不是单体图书馆简单的形式结合,而是以统一采购、统一编目、统一配送、资源共享为特征的统一体。我国现行的管理、财政体制与总分馆的需求有不适应,体制成为我国图书馆总分馆建设的最大障碍;而采取的"多级投入、集中管理"的办法,就是寻求一种在现行体制下可行的解决办法,是对现行总分馆建设体制的突破。因地制宜和推进服务创新是公共图书馆服务体系建设保持活力的根本原因。如何在总分馆体系内实现资源最大程度的共享,如何创新服务方式提高服务效益,是图书馆自身必须高度重视、认真解决的问题。图书馆只有提供优质服务,才能体现出总分馆制的优越性,体现出公益性图书馆是实现和保障公众基本文化权益、满足公众基本文化需求的主要途径之一,体现出政府主导建设公共文化服务体系的价值和效益[①]。

二、区域性公共图书服务网络体系建设模式

我国发达地区形成了上海的中心图书馆一卡通、佛山的联合

---

① 朱福英,嘉兴市构建城乡一体化新型公共图书馆服务体系的实践和思考,图书馆,2011(2): 111。

图书馆、杭州的一证通、广东的流动图书馆等一批具有浓厚地域特色的公共图书馆服务体系建设模式，可以从区域性服务网络构建等方面学习借鉴。

（一）北京市公共图书馆服务体系建设

1. 构建途径

2002年，北京市通过《北京市图书馆条例》，为公共图书馆服务网络建设提供了法律依据，从法律上确立了首图的中心地位。此后，北京市启动了"北京市公共图书馆计算机信息服务网络"和"一卡通"工程建设，并在此基础上构建以首都图书馆为中心、以区县馆为分中心、以街道/乡镇图书馆为基层馆的公共图书馆服务网络，目前这一网络又将社区/村图书馆（室）纳入，逐步发展成为四级公共图书馆服务网络。首都图书馆作为一级馆，承担网络中心馆的作用；区县馆既是服务网络的二级馆，也是各区县公共图书馆群的总馆，负有建设和发展基层图书馆的责任。《北京市图书馆条例》不仅规定了基层政府对于建设街道/乡镇图书馆的责任，而且规定了街道/乡镇图书馆的建设标准，这些规定构成了有关街道/乡镇图书馆建设的基本制度框架。此外，北京市高度重视"一卡通"服务点对"市-区/县-街道"三级图书馆的补充作用。2003年北京市政府还为每个区县级图书馆配备了流动图书车，全面改善了北京市图书馆开展服务点服务的能力，使北京市公共图书馆服务点的数量在2003年底就超过了500个，也使他们构成了北京市公共图书馆服务体系向基层（特别是居民小区和村庄）延伸的重要触角。2006年北京市正式启动特色资料分馆建设，建成了宣南文化资料特色分馆、昌平农业资料中心、东城胡同资料特色分馆、房山石文化资料特色分馆、门头沟永定河文化资料特色分馆、通州运河文化资料特色分馆、崇文传统手工艺资料特色分馆、密云生态保护资料特色分馆、西城名人故居资料特色分馆、海淀西山文化资料特色分馆及朝阳的老工业资料特色分馆等。

目前，北京市公共图书馆服务体系网络涵盖了包括服务点建设、基层图书馆建设、总分馆体系建设和区域性网络建设在内的所有内容。

2. 建设特点

北京市有三个特别值得关注的特点：首先，北京市的街道/乡镇图书馆建设具有明确的立法保障。其次，街道图书馆建设采用"区街共建"模式-区财政为基层图书馆建设承担部分经费。此外，由于北京市的区县图书馆要协助区县政府参与基层馆建设，在它们和基层馆之间就自然形成了以"自上而下委托"为特征的总分馆关系。这种关系的表层含义是：区县政府在街道承担提供图书馆场地和人员后，出资委托区县图书馆帮助建设街道图书馆，并因此在区县馆和街道馆之间建立起业务上的总分馆关系。它的更深层次的寓意在于，它突破了一级政府负责一级图书馆的建设体制，将街道（乡镇）图书馆的建设主体上移到区县政府。尽管这种"上移"还只是部分上移——区县政府仅承担了基层图书馆的购书经费，但它毕竟在理顺基层图书馆的建设责任方面开始了有益的尝试。

3. 经验教训

在区域性服务网络建设方面，北京市正在建设的是由首都图书馆、区县级图书馆和街道（乡镇）图书馆构成的三级网络，但根据规划，社区/村级图书馆将作为第四级节点纳入网络。在网络结构上，北京市致力于建设的是一个由物流系统支持的，集中、统一、无缝的大网。这个网上的节点虽然级别和专业权限不同，但它们都将被纳入同一个管理系统和物流系统，任何一个图书馆将来都可以与其他任何级别的图书馆通借通还；在通借通还中错位的图书将通过物流系统归还其所属馆，然后继续流通。因此这个网络带给读者的，将是一种"馆无级别、多无界限"的体验。但假如按北京市现有的16个市辖区、2个县、129个街道、142个镇、43个乡、6 441个村和居委会计，建成后的四级服务网将变得十分庞大。至于这样的网络是否适合北京这样的超大城市，现有的技术条件能否支撑起这样庞大的网络，网络的管理成本如何，成本效益比如何等问题，目前还不十分清楚。北京市公共图书馆服务网尚处于起步阶段，还无法对上述问题做出确切的回答，需要对当前网络进行成本效益核算和评估。

（二）上海市中心图书馆建设

1. 构建途径

2000年12月启动"上海中心图书馆一卡通"项目，在不改变各参与图书馆的行政隶属、人事和财政关系的情况下，以网络为基础，以知识导航为动力，以资源共建共享为宗旨，以提高知识服务水平为目的，构建覆盖上海全市的图书馆服务体系。到2010年12月，上海实现了一卡通用的市、区县、街镇三级公共图书馆服务体系的全覆盖。区县图书馆与中心馆之间构成资源共享型总分馆运行方式，其核心内容是共享图书馆计算机管理软件与硬件设备，实行书目数据统一检索，读者使用统一的上海中心图书馆一卡通，实行图书通借通还。上海市中心图书馆通过建立一卡通为技术特征的公共图书馆共建共享网络，以网络资源共享为特征的公共图书馆与高校图书馆联合模式，以文献资源的共同建设、共同开发、共同利用为基础的公共图书馆与专业图书馆之间的协作方式，实现了各级各类图书馆之间的优势互补、资源共享。上海市公共图书馆服务体系的建设模式为一个龙头即上海图书馆，两级总分馆业务管理模式。纵向联结市和区（县）公共图书馆以及基层服务点（包括街道乡镇图书馆、社区文化活动中心、商厦服务点、车站服务点等），以上海图书馆为各区县馆的总馆，各区县馆为本地区街道或社区图书馆的总馆，各区县馆是上海图书馆的分馆，各街道社区图书馆是相应区县的分馆；成为市馆、区县馆和街道社区图书馆三个层级；形成了布局合理、分工明确、作业规范、服务优良的四大功能目标。

区县图书馆是"上海中心图书馆一卡通"的分馆，挂上海图书馆分馆的牌子，又是本区县、街道/乡镇和社区文化活动中心图书馆的总馆。其职责是面向大众提供服务，支持和指导本区域公共图书馆的各项工作；作为本区县文献资源建设中心、业务指导中心、技术支持中心、文献提供中心、采访编目中心、图书物流中心，起到承上启下的桥梁作用。街道乡镇图书馆、社区文化活动中心、商厦服务点、车站服务点等是"上海中心图书馆一卡通"的基层服务点，其职责是就近为市民普及科学文化知识、提供公共信息、开展社区教育；发挥社区居民交流学习的社会职能；满足最基本的阅读、外借等学习需求。高校图书馆、专业图书馆的主要职责是面向特定读者群（以本单位人士为服务主体），重点建设特色馆藏；在"上海中心图书馆"网络内，主要是谋求人力资源的共享（这类图书馆文献资源的专业性强，而且通常不对社会开放），因此，它们与中心馆的合作主要集中于共享人力资源的项目，如联合开展网络知识导航。中心馆还派出管理人员，参与专业图书馆的日常管理工作，例如上海图书馆派出孙继林任生命科学院图书馆执行馆长。

2. 建设特点

"上海市中心图书馆"的服务模式是属于跨类型、跨层次、一卡通的服务。这种跨地区跨系统、多种运行方式并存的资源共享型总/分馆制，使上海文献信息资源的布局得到进一步优化，各分馆的藏书得到进一步充分，各馆的特色资源和服务得到进一步加强；它打破了原来各自为政的服务模式，极大地方便了读者。横向联结学校、科研系统、专业图书馆等；它以上海图书馆为中心馆，其他图书馆为成员馆。加入"上海市中心图书馆"的成员馆基于各自的性质、地位不同，在运行方式和合作重点上也存在着较大差异。

"上海中心图书馆"内的各类图书馆各有各的合作重点和运行特色，体现了类型有别，职责清晰。公共馆以实现异地借还、参考咨询、文献集散为特色；高校馆以网络资源、外文文献资源、人力资源共享为特色；而专业馆以联合采购网络资源、共建专业化数字图书馆项目和人力资源共享为特色。

3. 经验教训

上海图书馆被称为"上海市中心图书馆一卡通"的总馆（下称"总馆"），其职责是为公众、科研企业、政府决策做好服务，将丰富的文献资源、人力资源及服务功能辐射到全市的区县公共图书馆和街道/乡镇图书馆，为区县和街道/乡镇图书馆的科学管理和读者服务工作提供业务指导和技术支持。加入服务网络的各级各类图书馆除了有相应的运行方式和合作机制之外，还有明确的自我定位和服务重点。

（三）天津市公共图书馆服务体系建设

1. 构建途径

从 2005 年开始建立行业分馆，与天津市公安系统、武警部队、劳教系统及部分大中型企业集团建立了合作关系。还发挥区、街道、居委会各方优势，建立社区分馆，以示范点带动社区图书馆（室）的建设。近年来天津市公共图书馆服务体系建设的最鲜明主题就是所谓"延伸服务"，即市馆和区县馆通过服务点和分馆建设将自己的资源和服务向基层延伸；"延伸服务"的主要触角是各种形式的服务点，包括社区固定服务点、行业服务点和汽车服务点。为了建立延伸服务的长效机制，天津图书馆专门成立了分馆管理中心，负责行业分馆、社区分馆的管理和文献资源调配工作。同时充分发挥行业机构与社区的积极性，让每一个分馆"立"得起来，"活"得下去。天津市公共图书馆服务体系建设主要集中在延伸服务，通过开设社区及行业分馆、发展流动汽车图书馆、建设文化信息资源共享工程、推出图书馆借阅"订单式"服务和电子文献网上阅览"一码通"服务、举办公益性讲座等方式，把公共图书馆服务的触角向行业、社区和农村延伸，在全市建立社区和行业分馆实行一卡通服务，进行图书的通借通还；读者可以使用天津图书馆的 IC 卡借阅证在社区分馆办理图书的借还书手续。

2. 建设特点

天津市的"延伸服务"基本上由天津图书馆和各区馆自主推

动。对于实施这种模式的图书馆来说，重要的是让每一项延伸、每一个服务点、每一个分馆的建设模式都产生显著成效，从而让每一个服务点和分馆都成为对政府的示范，从而推动政府承担起公共图书馆服务体系的构建责任。

3. 经验教训

由于缺乏政府主导和全局性规划，天津市全市公共服务体系建设尚不存在统一的覆盖率目标和进度表。市馆和区馆既无法预知自己的延伸工作到什么时候算做"完成"，也无法判断已经建立的服务点和分馆布局是否合理。同时，由于天津图书馆和各区馆都是利用常规经费开展延伸工作，延伸规模和速度不可避免受到限制。尽管天津图书馆近年来的购书经费有较大幅度增长，但过度延伸依然会使它对分馆承担的资源保障责任、业务辅导责任、服务质量监督责任、可持续发展责任不堪重负。而一旦分馆的服务质量或持续发展出现问题，天津图书馆不仅可能因分馆冠名而蒙受名誉损失，还可能蒙受资源损失。因此这种依赖图书馆常规经费、以"延伸服务"为主要内容的服务体系建设只能是一种过渡模式，从长远看，它无法满足"覆盖全社会"的要求。

与服务点建设相比，天津市的正规分馆建设与区域性服务网络建设相对滞后。目前冠名"天津图书馆分馆"的社区图书馆中一部分"分馆"除了接受天津图书馆不定期更换的流动藏书和一定的业务辅导外，较少与天津图书馆发生其他业务联系。另一部分"分馆"虽然已开始与天津图书馆"通借通还"，但可"通借通还"的图书仅限于天津图书馆本部的藏书和天津图书馆为分馆配置的流动藏书，后者还缺乏具体明确的馆藏地点记录：所有流动藏书的馆藏地点均被标记为"分馆"，不管它们在哪个分馆；在图书被"通借通还"之后，书目数据库也不反映藏书地点的变更。不难想象，在这样的技术系统和管理框架下，一旦"通借通还"发展一定的规模，图书的查询和追踪将变得何等困难，值得我们关注和吸取教训。

（四）杭州"一证通工程"建设

1. 构建途径

杭州市、县原有两级图书馆的经济实力都比较薄弱，通过"一证通工程"扬长避短，从联合和资源共建共享的角度出发，把原有9个相对"贫困"的图书馆联系在一起，捏成"一把筷子"，形成了整体实力较强的图书馆联盟；然后通过联盟这个平台，吸纳了大量濒临绝境的街道、乡镇图书馆加入，使联盟的规模如同滚雪球一般，越滚越大，并在这个过程中形成了巨大的宣传效应。在"一证通工程"启动之时，成员馆之间的关系十分微妙。首先7个区县馆对杭州图书馆是否会吞并自己颇有顾虑。为此，杭州图书馆一直没有把自己明确定位为中心馆；其次，由于城区六区都没有图书馆，杭州图书馆既是"一证通"网络事实上的中心馆，负责各成员馆的协调，又要作为总馆在市区建设分馆；再次，由于"一证通"网络覆盖市区和所有7个区县，因此网络结构是既包括了城区节点，也包括了乡镇图书馆等农村节点，而通借通还对这两类节点显然具有不同的意义和成本效益。杭州"一证通工程"是图书馆职业自发的创新行为，因而从策划到实施，有一个相对漫长的过程。从一定意义上说，"一证通工程"救活了一批基层图书馆，这是一个了不起的成绩。

鉴于"一证通工程"形成的网络相对松散，杭州图书馆牵头制定并实施了《杭州市公共图书馆服务公约》和《杭州地区公共图书馆"一证能"工程技术手册》，以规范成员馆的服务、技术、管理；并倡议将杭州市图书馆学会改组为协会并启动考核奖励制度，以加强行业管理。杭州图书馆通过为区县图书馆提供图书补贴；将文献资产权与使用权分离（类似于上海的"浮动馆藏"）；以及设立通借通还专架和在九大成员馆、城区中的街道分馆中实行通借通还，暂时放弃需求量不大的乡镇分馆的通借通还等方法保证了"通借通还"的实施。杭州图书馆主导制定了"十二五"杭州市公共图书馆发展规划和服务标准，成立地区采编中心与文献保障中心，设专项经费保障区和建立文献物流中心。推动政府成为公共图书馆服务体系建设的主体。

2011年力促杭州市委、市政府通过行政手段规定了区、县各级政府在"中心馆—总分馆"服务体系建设中各自的角色与担当，也为杭州市公共图书馆服务体系确立了明确的目标、要求、标准与方法，具有较高操作可行性、推广性的"杭州模式"水到渠成。确立杭州图书馆是全市公共图书馆服务网络的中心馆，也是全市公共图书馆服务网络的业务指导中心、文献保障中心、技术支持中心、专业培训中心和信息服务中心。同时明确其主要职能是承担对区、县（市）公共图书馆业务的规划、指导、协调、评估；整合区县（市）公共图书馆资源，建立统一的技术平台、检索平台和服务标准；各区、县（市）图书馆作为当地公共图书馆服务体系的总馆，是区域内公共图书馆服务体系的文献保障中心和业务指导中心，承担对本辖区内所有亚分馆的业务规划、指导、管理、协调、监督和评估等职能，人、财、物统一管理与协调。随后加强与高等院校图书馆、专业性图书馆的资源整合与共建共享服务网络建设等，使杭州公共图书馆建设经历了从通借通还的"一证通"，到城乡一体化建设，再到"中心馆—总分馆"的发展模式。

2. 建设特点

杭州市推行的"一证通"是由杭州市图书馆牵头，依托于文化共享工程，建立以杭州市图书馆为龙头，区县(市)图书馆为分中心，街道乡镇图书馆(室)为基层中心，小区村图书馆(室)为基层服务点的四级图书信息网络体系，利用互联网，采用计算机虚拟专网(VPN)技术，借助于ILASII图书自动化管理软件，在服务网内任何一个点实行一张借书证通借通还的借阅制度，形成公共图书馆服务联盟，达到信息互补和共享[①]。

"一证通工程"为图书馆界提供了探索免费服务的成功案例，证明了图书馆在现有条件下向社会免费服务的可能性和可行性。所有这一切都向社会和政府展示了公共图书馆的职业理念，为今后政府主导服务网络建设奠定了基础。

3. 经验教训

"一证通工程"在缺乏政府主导的前提下，一方面利用原有基层图书馆的资源，包括馆舍、人员、设备等，迅速做大服务网络，产生规模效应，最后赢得社会支持，特别是政府的关心和资助；另一方面针对城区无区级图书馆的状况直接建立街道分馆，使图书馆服务向社区延伸。此外，"一证通工程"还精心策划并公布了《杭州地区公共图书馆服务公约》。"一证通工程"的一个重

---

① 罗京萍,杭州地区公共图书馆"一证通"模式的探讨与实践,图书馆理论与实践,2008(5):129。

大突破是在相对复杂的网络结构和关系中积累了完全通借通还的经验。实践证明，杭州市图书馆作为中心馆运作的以行政村为最基层服务点，用城市带动农村，统筹城乡图书资源的共建共享服务模式，确实是惠及千家万户的民心工程德政工程，开创了公共文化服务新格局，把本地区的文化资源共享建设推上了一个新的台阶。

（五）广东流动图书馆

1. 构建途径

2003年广东流动图书馆建设正式启动，经过6年的发展，广东流动图书馆共建立了67家分馆，接待读者达2 680万人次，阅览总册次达5 039万册，外借总册次达到了304万册。广东流动图书馆已经获得了社会各界的充分肯定，成为一个闪亮的"品牌"，吸引了越来越多的基层图书馆加盟以及有助于争取政府及社会各界更多的支持，这对于流动图书馆建设的后续和长远发展具有十分重要的意义。

2004年起，广东省财政厅每年拨给省馆专项购书费（流动图书馆购书经费）500万元，并在2005年另拨100万元用于购买配套设备与解决运输费、差旅费、人员培训等运作费用。其具体运作模式是：广东省财政每年下拨500万元专项购书经费，由广东省立中山图书馆牵头，购置一定数量适合基层读者阅览的图书，经过分编加工，分别送到符合加盟条件的县级图书馆，设立流动图书馆分馆供读者阅读。除图书外，广东省立中山图书馆还负责书架、电脑、打印机、监测仪等设备的采购和运送，并负责对各分馆工作人员进行业务培训和业务指导。县级图书馆则负责为流动分馆提供场地和阅览桌椅。具体操作上，广东流动图书馆是以物流概念构建图书馆共享和协作网络，即创新的"图书物流模式"，就是省馆与书商、物流公司合作，进行科学规划、管理与控制物流，根据实际需要，物流公司把新书（1.2万册）直接从书商的供应地运输、储存、装卸、搬运、包装、配送到广东流动图书分馆。并且每批新书每半年流动一次，按照预定的流动路线，物流公司把新书物流至本地区的下一个分馆，同时把另一批的新书补充到位，每批流动的图书在流动数次后回流至省馆。其中，根据图书的批次、品种、数量、分布的区域，以及各分馆的距离，进行地级市域之间的"小流动"和在全省范围内的"大流动"，从而将配送成本降到最低。

2. 建设特点

广州市公共图书馆服务体系建设的主要内容是通过市区县的基层服务点和分馆建设延伸到覆盖全市的图书馆服务体系。图书馆从1987年开始汽车图书馆服务，一直坚持走进社区，构建公共服务网络，全市各级图书馆馆外服务点为355个，广泛分布在乡镇、街道、社区、农村、部队、医院、劳教所、住宅小区等地。由广州图书馆按协议与政府部门或其他团体共建小型图书馆——分馆，其面积一般都在200平方米以上，藏书3万册以上，服务人口在5万人左右，达到了一个较为合理的保障水平，分馆和流通点的服务各有特色，受到居民的热烈欢迎。

广东流动图书馆在不改变原有各馆行政隶属、人事和财政关系的情况下，由广东省立中山图书馆牵头主办，与各成员馆在网络基础上开展共建共享，合理配置信息资源，大力拓展服务功能，全面推进全省信息化发展，建立与全省社会经济发展相适应的文献保障体系。广东流动图书馆对于传统图书馆建设体制的突破在于,在欠发达地区,县政府不再是县级图书馆唯一的建设主体,广东省政府与地方县政府共同分担县级图书馆的建设责任。由省财政统一拨款,委托省馆向这些基层流动分馆配置图书、设备等资源,并负责整个流动图书馆服务体系的管理与协调,同时要求地方政府提供人、财、物等配套的投入,保证基层分馆业务的展开。这样省政府与县政府共同构成了县级图书馆的联合建设主体,有效地保障了县级图书馆的各项投入。

3. 经验教训

广东流动图书馆的创新性在于通过契约化管理保障县级政府对图书馆的投入,带动县级图书馆发展起来。由省财政出资保障每一个分馆的图书、设备、培训,当地政府也要有所配套投入,保证提供服务所需的馆舍、人员、专项购书经费等资源,保障县馆的基本业务建设,并通过三方协议形式形成契约化监管。这种契约化管理模式,有效保证了地方政府对图书馆的财政支持。至2010年底,省财政共投入流动图书馆建设经费4 000多万元,这笔只能在欠发达地区建设一个中型图书馆的资金,却建成了69个流动图书馆分馆,基本覆盖了东西两翼和粤北等欠发达地区,产生了接待读者约2 800多万人次,阅览图书5 300多万册次,外借图书达320多万册次,解答咨询38万多件的效益。

广东流动图书馆通过一体化建设,形成了以省馆为中心,理念、资源、服务辐射各个分馆的局面。各个分馆建设,打破了过去作为孤立的文化服务设施的局面,而是作为广东流动图书馆这个服务体系的一个组成部分,统一投入,统一管理,统一服务,形成基本覆盖全省、资源共享、联系紧密的公共图书馆服务体系。基层图书馆一旦成为广东流动图书馆这个服务体系的一部分，就可以分享省馆和其他分馆的资源及服务，使得基层图书馆不仅可以拥有较为丰富的纸质文献资源并定期更新，还可以共享省馆的电子图书、期刊、学位论文数据库等丰富的数字资源，还可以利用省馆的参考咨询、文献检索、文献传递以及全国文化信息资源共享工程的各项服务。与此同时，分馆还必须接受省馆制定的服务规范、质量监督和人员培训，这使得基层图书馆能够保证资源丰富、环境整洁、设施齐全、服务良好，使基层图书馆在文献、人员、技术、管理及服务上均有一个超常规的、跨越式的提升，形成了基层图书馆科学发展的长效机制。

三、我国公共图书馆服务体系建设研究综述

根据我国公共图书馆服务体系建设研究的不同主题，可以将研究文献划分为理论研究、体系模式研究和地区实践研究。理论研究在该领域研究中占了很大的比例，主要包括公共图书馆服务体系建设现状与对策，政策观念诠释，公共图书馆服务体系建设途径、建设主体、治理模式等方面的研究。也有很大一部分理论研究和体系模式研究是以某个地区为例或者基于某一地区的公共图书馆服务体系建设实践来展开的[①]。

广东是全国最早开展公共图书馆服务体系建设的地区之一，形成了深圳模式、佛山模式、东莞模式等在全国都有很大影响的

---

① 韩新峰、杨杰,2002—2011年我国公共图书馆服务体系建设研究综述,图书馆建设,2012(12)：73。

成功范例,相关研究也比较多。如冉文格提出应根据人口分布、行政区划与市、区公共图书馆分布状况,对目前深圳市街道、社区图书馆数量、布局、馆藏以及服务读者方向等进行科学的调整,以市级图书馆全面服务深圳社会经济建设,区级图书馆办成特色馆,区级分馆服务普通市民读者,社区图书馆满足市民休闲娱乐需要为目标,形成市、区及区域、社区馆的三级公共图书馆服务体系;李东来主持的2008年国家社科基金项目《区域图书馆整体协同发展模式及路径研究》,通过总结和理性提升东莞模式,提出了区域图书馆协同发展的论题,梳理了图书馆从印本时代的馆际合作到网络环境下的区域图书馆合作,分析描述了我国图书馆事业从协作、协调到协同的发展演进[①]。

自2001年上海市中心图书馆运行以来,上海公共图书馆服务体系建设蓬勃开展。周德明在分析上海市公共图书馆服务体系现状及其特点的基础上,通过借鉴国际公共图书馆界的经验,提出了有助于完善该体系的新目标和功能,即一个龙头——上海图书馆;两级总分馆业务管理模式——上海图书馆为各区县馆的总馆,各区县馆为本地区街道/社区图书馆的总馆;三个层级——市馆、区县馆和街道/社区图书馆;四大功能目标——布局合理、分工明确、作业规范、服务优良。

浙江的公共图书馆服务体系建设以嘉兴模式和杭州为代表,其成功经验备受业界推崇。例如,章明丽介绍了嘉兴模式的缘由、优势、具体内容和实施效果,并指出嘉兴模式当前的最大问题是在三级政府共同建设,三家主管部门共同主管的情况下产生

---

① 胡洁、申晓娟,2005—2011年我国公共图书馆服务体系研究综述,图书馆,2013(1):84。

的协调成本较高的问题。朱福英介绍分析了嘉兴市突破体制约束，实现各级图书馆"人、财、物"统一管理，统一采购、统一编目、统一配送、通借通还，建立起以"政府主导、多级投入、集中管理、资源共享"为主要特点的城乡一体化公共图书馆服务网络体系的实践经验。叶艳萍分析介绍了杭州市公共图书馆界推出"一证通"工程、创建四级图书信息网络体系的实践经验和存在问题，提出杭州应通过合理布局各图书馆和服务点、多渠道保障基层点经费、联手政府部门管理、统一业务规范、联手省图书馆等多种方式对整个公共图书馆服务体系加以完善。

西南地区图书馆服务体系建设力图在借鉴国外发达国家区域图书馆联盟建设研究的实践与理论经验，结合我国发达地区区域图书馆联盟和西南五省(市)区域图书馆联盟建设现状的基础上，探索建立一个具有开放性的西南地区统一的图书馆服务体系。董渊、程结晶在对西南地区公共图书馆服务体系的基本问题基本素质、服务与管理等方面的内容进行调查与分析，并提出相关存在的问题与解决策略。

近年来，"中部崛起"和"东北振兴"等地区发展战略陆续提出，在拉动中部和东北部的经济、社会等各方面发展的同时，也带动了公共图书馆服务体系建设，形成了一些研究成果。例如，中部地区有王海英、杜占江、刘丹、刘文科等人以郑州、张家口、南昌和山西等地为例，对具有本地区特色的公共图书馆服务体系建设模式进行了探讨。在东北部地区，则有王本欣、李亚军、张成荣、邵宏杰等人对大连、营口、齐齐哈尔和丹东等地区图书馆服务体系建设的思路、运行与管理以及存在的问题进行分析，并提出相应的对策。此外，孙秀萍简要介绍了吉林省公共图书馆服务体系平台的建设原则、资源保障措施和建设构想,并对平台建设过程中可能存在的问题进行了思考。

此外,不少学者对农村图书馆建设与发展、各级公共图书馆建设与发展和公共图书馆服务体系建设与治理模式(总分馆制)等进行了研究,还综合研究了公共图书馆服务体系建设[①]。

参考文献

[1] 邱冠华、于良芝、许晓霞,公共图书馆服务体系:模式、技术支撑与方案,北京图书馆出版社,2008年。

[2] 李国新,东京公共图书馆的布局与服务,山东图书馆学刊,2009年第4期。

[3] 孙慧明、倪晓建,国外城市公共图书馆服务体系建设及其启示,图书馆建设,2011年第3期。

[4] 徐大平,美国公共图书馆发展现状及启示,图书馆建设,2011年第11期。

[5] 高稳潮,美国社区公共图书馆的设置运行特点及其对我国的启示,中国成人教育,2010年第8期。

[6] 卢毅锋,国内外公共图书馆系统发展历程的比较分析,科技情报开发与经济,2012年第13期。

[7] 周世江,《日本公共图书馆的设置和运作规范》的借鉴,图书馆建设,2008年第12期。

---

① 胡洁、申晓娟,2005—2011年我国公共图书馆服务体系研究综述,图书馆,2013(1):84。

[8] 秦淑贞,英国社区图书馆见闻与中国的社区图书馆建设,中国图书馆学报,2003年第3期。

[9] 崔晓文,城市公共图书馆网络建设——发达国家和地区图书馆的经验及启示,图书馆论坛,2004年第6期。

[10] 阿华,世界各国社区图书馆掠影,社区,2005年第3期下。

[11] 王凤娥,国外数字图书馆发展及其启示,情报资料工作,2008年第3期。

[12] 刘亚芹,发达国家图书馆事业的发展及其启示,国际关系学院学报,2004年第3期。

[13] 户万玲,国外数字图书馆的发展趋势及其启示,商丘师范学院学报,2004年第3期。

[14] 王以俭,公共图书馆实行总分馆制管理模式研究,绍兴文理学院学报,2010年第1期。

[15] 李超平,嘉兴模式的延伸与深化：从总分馆体系到图书馆服务体系,中国图书馆学报,2012。

[16] 白冰,佛山禅城区联合图书馆评价,图书馆学研究(应用版),2010年第3期。

[17] 杨丽,佛山禅城区联合图书馆和东莞图书馆总分馆制比较研究,河北科技图苑,2012年第3期。

[18] 余胜,深圳"图书馆之城"建设的成效与发展思考,图书馆论坛,2007年第2期。

[19] 孙慧明,倪晓建,国外城市公共图书馆服务体系建设及其启示,图书馆建设,2011年第3期。

[20] 朱福英,嘉兴市构建城乡一体化新型公共图书馆服务体系的实践和思考,图书馆,2011年第2期。

[21] 罗京萍,杭州地区公共图书馆"一证通"模式的探讨与实践,图书馆理论与实践,2008年第5期。

[22] 韩新峰、杨杰,2002—2011年我国公共图书馆服务体系建设研究综述,图书馆建设,2012年第12期。
[23] 胡洁、申晓娟,2005—2011年我国公共图书馆服务体系研究综述,图书馆,2013年第1期。

第三章 西藏公共图书馆服务体系建设现状及问题分析

第一节 西藏各级公共图书馆发展概述

一、西藏各级公共图书馆发展历程

公共图书馆事业发展在我国已有百余年的历史,"六五"期间国家提出了县县有图书馆的布局标准。这一标准在"六五"至"十一五"之间基本得以实现,县级图书馆数量占全国公共图书馆的86.7%。在西藏地区,1996年6月,作为省级公共馆的西藏自治区图书馆首次开馆接待读者。全自治区7个地市现有公共图书馆3家,能够接待读者的只有2家,4个地市没有公共图书馆,县级公共图书馆建设几乎为零。根据国际图联的推荐标准,公共图书馆藏书量应为人均1.5册至2.5册,2008年我国的人均拥有图书为0.4册,而西藏地区人均拥有图书数量仅为0.17,与满足社会公众读书看报的基本文化需求还有很大的差距。近年来,党中央、国务院高度重视西藏的文化建设,在项目、资金、人才等方面都给予西藏巨大的支持,特别是中央第五次西藏工作座谈会把文化建设作为改善民生、实施惠民工程和提高公共服务能力的重要内容,提出了"健全公共文化服务网络,完善公共文化机构运行保障机制,推进基本文化设施建设,提高精神文化产品供给能力,丰富各族群众精神文化生活"、"使西藏成为重要的中华民族特色文化保护地"等战略要求,使西藏的公共文化事业得到了进一步的提升和发展,尤其是在基层图书服务方面实现了从无到有的历史性转变。

(一)西藏自治区图书馆

1991年5月动工修建的西藏自治区图书馆是自治区的"八五"项目之一,投资1 843万,馆舍面积达11 000平方米,分别开设了中文开架阅览室、藏文阅览室、港台外文阅览室、少儿阅览室和期刊、报纸阅览室。1993年10月落成,1994年国家新闻出版总署要求全国500家大中型出版社向西藏自治区图书馆无偿赠书38万册,价值400万元,这批图书为西藏自治区图书馆的馆藏建设奠定了坚实的基础,1996年6月20日,西藏自治区图书馆正式开放接待读者。它的建成和开馆,结束了西藏无省级公共图书馆的历史,填补了当时在全国范围内仅西藏没有省级公共图书馆的空白。目前,西藏自治区图书馆现有编制55人,内设8个部门,即办公室、典藏部、古籍保护部、图书采编部、阅览部、服务部(培训部)、网络部、资源部。2005年和2011年分别设立了全国文化信息资源共享工程西藏自治区分中心和西藏古籍保护中心,承担起了西藏古籍保护和文化资源共享工程建设的新任务。根据国家图书馆和国家公共文化发展中心的要求,2014年新增设了"西藏自治区藏文古籍修复中心"和"全国文化信息资源共享藏语资源建设中心"职能。2013年西藏自治区图书馆被文化部评为全国省级图书馆三级馆。

开馆初期由于受到条件的限制，西藏自治区图书馆为读者提供的卡片目录还是用钢板刻、蜡纸印出来的纸质卡片。1997年以来先后使用过"文津""丹诚"两种单机编目软件，为西藏自治区图书馆编目自动化向前迈进了一步。1997年西藏自治区图书馆的年购书经费只有十万元，在制定的采访原则中明确了：收藏图书应充分体现和反映民族特色，"藏文和藏学类图书求全，其他方面图书求精"的原则，目标是力争把西藏自治区图书馆建成"藏学研究信息中心"。为此，派出图书采访人员，先后到四川德格印经院、甘肃拉卜楞寺以及西藏各寺庙和私人印经院收集、购买藏文文献，为充实西藏自治区图书馆的馆藏建设打下了一个良好的基础。1998年为了贯彻、落实文化部图书馆司《关于图书馆改进读者服务工作的通知》精神，西藏自治区图书馆从以往的正常上下班，改为每周除周一外，双休日、节假日全天开放。

2000年，西藏自治区图书馆和拉萨市城关区协商，由自治区文化厅出资40万对拉萨市城关区文化馆的馆舍进行改造，西藏自治区图书馆提供图书、期刊、报纸、电脑设备和管理人员进行合作建立了西藏自治区图书馆拉萨市城关区分馆。分馆开设了开架阅览室、期刊阅览室、电子阅览室和少儿阅览室和电子阅览室，电子阅览室内的电脑设备是由国家图书馆和上海图书馆援助的。分馆一直为读者提供借阅服务，直到2008年因城关区文化馆重新改造而无限期闭馆。西藏自治区图书馆自2001年开始利用一辆改装的工具车连续几年到拉萨的各行政单位、社区、工厂、部队进行流动图书借阅服务。"汽车图书馆"每个月流动服务一次，受到了广大读者的欢迎。由于硬件设备条件有限，此项服务也没有能够持续下去。

西藏自治区图书馆到2003年馆藏图书50万册（未登录编目），其中藏文书近10万册。期刊420种，报纸125种，147份。工作人员有38人，其中40岁以下32人，25人具有大专以上学历，有副研究馆员3人，馆员9人，助理馆员8人。年购书经费10万元，培训费5万元。经过十年的发展，截止2013年底，西藏自治区图书馆馆藏图书达到近37万册（以往关于西藏自治区图书馆的报道和论文中对于馆藏有各种不同的数据，原因是西藏自治区图书馆在筹建阶段有馆藏12万册，1994年经过500家出版社38万册图书的捐赠，馆藏一跃达到了50万册，加上近一万函，十万种的藏文古籍图书，因此也有报道称有馆藏60万册，实际上经过西藏自治区图书馆业务人员多年不懈的努力，目前能够从西藏自治区图书馆书目数据库中检索和开借阅览室对外开放的汉文图书达到了20多万册，藏文古籍和新书十万余册，还有部分港台和外文图书，共计37万册）。期刊1 016种，报纸247份，工作人员53人，其中40岁以下27人，34人具有大专以上学历，有副高10人，馆员10人，助理馆员10人。年购书经费100万元，共享工程运行经费8万元。电子阅览室为读者免费提供4万多册电子书，其中藏文电子书300多册、电子图文300 GB以上，在线视频3 000多部，有声读物320部。年均接待读者2.2万余人次，流通书刊近5万册。免费开放后年度增加到3万余人次，网站点击量25万次。

2010年前，西藏自治区图书馆年均接待读者近2万人次，免费开放后年均人数增加到了3.5万余人次，年均流通书刊近5万册，为了加大免费服务的力度，西藏自治区图书馆采用新书推荐、读者座谈、读者一日游等多种形式吸引更多的读者认识图书馆、走进图书馆、利用图书馆。

2011年1月27日，文化部、财政部共同发布《关于推动全国美术馆、公共图书馆、文化馆（站）免费开放工作的意见》就全国美术馆、公共图书馆、文化馆（站）免费开放进行总体部署，明确指导思想、工作原则、主要目标、基本内容、实施步骤和具体举措。这是继2008年博物馆、纪念馆实现全面免费开放后的保障广大人民群众基本文化、提高公民鉴赏能力、推进公共文化服务建设的又一重要举措。

西藏自治区图书馆在以往免费开放的基础上延长开放时间，做到全天候免费开放。2013年1月1日起，西藏自治区图书馆通过招收部分公益性岗位人员，补充一线服务力量，延长了服务时间，除每周一闭馆一天外，全天免费开放。所有基本服务完全免费提供。完成了馆藏汉文与藏文新书机读编目，读者可得到藏、汉两种文字的检索服务；利用文化共建共享工程平台，通过网络、多媒体设备、光盘等媒介向基层农牧民、未成年人、老年人、农民工、部队官兵、寺庙僧众、大专院校师生免费提供畜牧业、法律、医疗保健、娱乐体育类节目，播放爱国教育电影，举办普及知识的公益培训，免费提供资源利用、上网指导、资源建设等培训；阅览区域实现免费网络全覆盖。取消了借书证工本费，完善了阅览环境。取消了原有的各种收费项目，通过完善服务设备，为读者提供了各项免费服务活动，改善了服务质量，延伸了免费服务。西藏自治区图书馆还丰富了社会教育活动的内容和形式，着重加强全民阅读推广工作。制作了包括"藏文字母树状图海报"（20种）、自制特色书签（5种）、"四种藏文字母树状图海报"、《阅读文化》、《亲子阅读》、《呼唤阅读》、《阅读快乐成长》、《图书馆宣传册》等共31种，并免费发放到城市乡村。同时，开展了"西藏作家助推全民阅读"、"共享阅读，分享知识"、"书香中国——阅读引领未来"等各项活动，基本做到了月月有活动，拓展了阅读推广的范围。

（二）昌都图书馆

藏东昌都图书馆是重庆市贯彻中央第四次西藏工作座谈会精神，对口援助昌都的援藏项目，建筑面积4 124平方米，总投资1 000万元。2001年7月18日开工建设，2002年9月3日竣工。馆内设有书库5个、图书阅览室1个、报刊阅览室1个、电子阅览室（88个机位）1个、多功能报告厅（164座）1个、音像阅览室1个、会议室1个、办公室等若干。

2007年被昌都精神文明办公室命名为绿色上网单位，青少年指定上网单位。2010年获得国家文化部颁发的三级图书馆称号，是当时西藏自治区内唯一获得国家级别的图书馆。2012年，全国文化信息资源共享工程昌都支中心建设完成，昌都图书馆有了自己的门户网站。2013年7月，昌都图书馆改扩建工程开工，总投资1 420万元，改扩建后，将建设1 000多平方米的书吧；180平方米的儿童娱乐室；100平方米的美术之家；100平方米的藏文阅览室；电子阅览室面积将达到600平方米，拥有电脑120台。图书馆总面积将达到6 000多平方米。昌都图书馆还开展形象标识征集活动，以扩大影响。2013年9月至12月，昌都图书馆面向社会征集形象标识，活动共收到来自全国23个省、直辖市、自治区，194位作者创作的306件作品。2013年总流通人次3.5万次，书刊文献外借册次5万次，为读者举办11场次各种活动（其中组织各类讲座8次，举办展览3场）。流动书刊借阅数500人次，流动书刊借阅量达3 000册次。同年获得国家二级图书馆称号，也是西藏自治区内唯一获得国家二级的图书馆。2014年新购报刊种类530种，电子阅览室终端数120个，阅览室座席总数增至192个，其中图书阅览室座席数64个，报刊阅览室座席数64个，电子阅览室座席数64个。发放借书证1 520个。2014年还将完成昌都数字图书馆建设，积极实施公共文化服务体系示范项目——昌都公共图书馆服务拓展与创新项目。

昌都图书馆为了贯彻落实昌都文化发展大会和自治区文化厅、财政厅《关于推进全区公共图书馆、群艺馆、县综合文化活动中心和乡镇文化站免费开放工作的意见》的精神，积极开展各类活动，推动公共图书馆在昌都的发展。首先积极组织开展了读书活动。2011年开展了"读书日"系列活动，6月开始，8月结束。2012年、2013年组织开展了读书周活动。在活动中通过发放《倡议书》、赠阅图书等形式吸引读者读书，通过电视、报纸和悬挂横幅等方式大力宣传读书乐趣，通过举办"影响我一生的一本书"有奖征文活动唤起广大市民读书的热情。

从2011年开始，昌都图书馆先后帮助建成了2个军营书屋、2个机关书屋、45个便民书窗。向地委党校、地区职业学校、地区一高、二高、三高，昌都县初级中学、二中，实验小学、第一小学，地区福利院、驻昌部队、地区商务局以及边坝县、洛隆县、贡觉县等县和单位,广大市民捐赠图书近10万余册。2012年起与地区群艺馆联合举办了"庆七一"书美影唐卡展活动。2012年9月,全国文化信息资源共享工程昌都支中心建成。昌都图书馆以此为契机进一步加大了电子阅览室的设备配置,共配备电脑70台,购买数字资源1 000 G,同时实现了与国家图书馆、重庆市图书馆和少儿图书馆、天津市图书馆和少儿图书馆的资源共享,让读者在电子阅览室方便快捷获得所需知识,尽情享受上网冲浪的快乐。昌都图书馆还与驻昌部队联系,定期组织部队官兵上网与家人上网见面,解决了他们想家和与家人难见面的难题。2013年还组织开展了首届"康巴少年"讲故事活动。2013年6月1日,昌都图书馆将多功能报告厅改建成数字电影院,免费为广大市民播放电影,截止7月1日,观众已达4 000余人次。此外,还通过印发图书袋和赠送电子图书让读者享受读书的快乐,宣传读好书、好读书,共发放图书袋5 000个,赠送电子图书300万册。

为了做好公共图书馆的延伸服务,昌都图书馆还计划建立10个分馆,50个自动图书馆,50个便民书窗。目前,昌都市图书馆藏书总量165 000册(件),包括图书110 000册、报刊5 000册、电子图书50 000册。

(三)林芝图书馆

林芝图书馆是由福建省第三批援建项目建设,于2002年开工建设,2004年7月完工,总投资700万元。2005年7月1日正式向读者开放。图书馆大楼建筑面积3 104.4平方米,馆内设有图书编目室、办证室、综合阅览室、青少年阅览室、报刊期刊阅览室、社会科学书库、自然科学书库、新书编目书库、藏文图书室和地方文献室，藏书3万余种，61 000余册，工作人员7人（大专以上学历5人，中专1人，高中1人），年业务经费为20万元，年购书量约3 000—5 000册。累计办理借阅证1 544个，年到馆7 000多人次，年借阅7 000多册次。

林芝地区在2004年以前没有一座公共图书馆，这在公共文化事业建设中是一个空白。因此广大农牧民群众对"图书馆"三个字基本上是没有什么概念的，更谈不上了解图书馆、利用图书馆了。2005年7月林芝图书馆开馆之际，前来馆内的读者寥寥无几。针对这一现象，林芝图书馆毅然决定从宣传入手，让广大农牧民群众先认识图书馆、了解图书馆。在随后的几年来，林芝图书馆通过林芝电视台等新闻媒体进行宣传，并以分发宣传单等方式不断向农牧民群众介绍图书馆，通过"世界阅读日"举办各类活动、延长开馆时间等形式吸引广大农牧民群众前来图书馆参加阅读活动。并通过大力宣传，增强图书馆在广大农牧民群众中的影响力，使他们开始走进图书馆、认识图书馆、了解图书馆和利用图书馆。通过不断的努力，林芝图书馆的年接待读者人次明显上升。

林芝图书馆自开馆以来，始终坚持"读者第一，服务至上，以人为本"的服务理念，积极开拓业务，以传统服务模式为依托，不断创新服务方式和方法，在免费开放和免费服务中，使广大农牧民群众共享文化资源，在保障其文化公平及文化权益方面积极行动。在上级部门的领导和支持下，逐步推进免费开放，实现无障碍、零门槛进入，使人民群众共享文化资源，在实现和保障基本文化权益和享受文化公平方面做出了积极行动。

自2005年7月1日开馆以来，综合阅览室、青少年阅览室、期刊阅览室、藏文室、地方文献室、VIP室等公共空间已实行了全面免费开放，全面免费提供文献资源借阅、检索与咨询、公益性讲座和展览、基层辅导、流动服务等基本服务，免费提供验证、存包、停车、饮水等辅助性服务。林芝图书馆坚持节假日、双休日均对外开放，每周开放48个小时。在做好日常服务和每年"世界读书日"活动的基础上，免费开展了形式多样、寓教于乐的读书活动，突出图书馆公益性与专业性，帮助各阶层群众享受公共文化的资源，从中引导社会崇尚书香，形成浓郁的文化氛围。

为丰富基层农牧区的群众文化生活，林芝图书馆在克服资金紧缺和图书资料有限的情况下，先后向林芝市创建的"新农村、新文化"图书室16个点配备图书4 000册，价值60 000多元，并于每年的三下乡活动中，向家村和基层捐赠图书。通过一系列的工作，初步实现了从坐等读者上门的被动服务向走出去主动服务的转变，为传播先进文化起到了积极的作用。

（四）西藏自治区县、乡镇公共图书馆发展

西藏的县综合文化活动中心、乡镇文化站的工作职责是集书报借阅、广播影视、宣传教育、科普培训、体育健身和青少年校外活动于一体，服务于当地群众的综合性公共文化设施。乡镇文化站是基层精神文明建设的主要窗口，是密切联系广大农村、城镇人民文化生活的重要纽带，是宣传党的方针政策、弘扬先进文化的最前沿阵地。

"十五"以来，特别是"十一五"以来，西藏通过实施"县乡文化设施建设工程"、"文化信息资源共享工程"等文化设施建设项目，有力加快了西藏农牧区文化设施建设的步伐。据统计，2000年以来，国家和自治区对县综合文化活动中心、乡镇综合文化站建设累计投入11 933万元，对文化信息共享工程建设累计投入4 520余万元。

2009年，西藏落实资金3 365万元，新建了13个县综合文化活动中心和81个乡镇综合文化站建设项目。到2009年末，西藏共有县级综合文化活动中心64座、乡镇综合文化站81座、行政村文化室300余座；文化信息资源共享工程自治区中心1座，县支分中心44座；初步形成了地、县、乡、村四级基层文化设施网络。截止2010年7月，已建成71座县级综合文化活动中心、81个乡镇文化站，300余个村文化室。到2010年底，西藏基本实现了县县有综合文化活动中心的目标，乡镇综合文化站的数量也达到了149个，占全区乡镇22%。2010年，西藏完成了全自治区42个县综合文化活动中心、3个地区图书馆、10个民间艺术团、74个乡镇综合文化站内部设备配备工作。

2012年，西藏自治区进一步加快推进文化惠民，提升公共文化服务的辐射能力，已开工建设了317个乡镇综合文化站、3个县民间艺术团排练场所。乡镇文化站覆盖率将达到80%，公共文化设施免费开房率达到100%。并对已建的40多个乡镇综合文化站配备了必需设备，将近年创作推出的优秀文艺作品制成6万余张DVD光盘，发放到了各个县乡，制作了新旧西藏对比展览挂图5 451套发放到西藏各县乡村。在拉萨市192个便民警务站还设立了"便民书窗"，配送书籍2万余册，安排免费开放资金3 000余万元。昌都的昌都镇、阿里的狮泉河镇也在便民警务站设立了

"便民书窗"。

2013年西藏"十二五"重点文化建设项目全面开工建设，总投资达到15亿元。全自治区543个乡（镇）综合文化站、39个民间艺术团排练场所工程扎实推进，安排实施了山南、那曲和日喀则地区图书馆建设项目。全面启动了图书馆、群艺馆、县综合文化中心、乡镇文化站免费开放工作。这些文化设施已经成为融宣传教育、信息服务、科学普及、文化娱乐、体育活动等于一体的"文化大舞台"，让广大群众特别是基层农牧区群众致富有信息、学习有书屋、活动有中心、娱乐有舞台。2014年，林芝市文广局、图书馆共同投资34万元，在林芝市米林县德吉新村、玉松村、甲帮村建设3个全自治区首批村级图书室，结合农牧民的要求为每个图书室配备图书6类1 600余册图书，供村民免费阅读。村图书室的设立对于开展全民阅读活动，提高农牧民文化素质具有重要意义。

二、西藏各级公共图书馆建设发展与服务现状综述

近年来，在党中央、国务院的亲切关怀和全国人民的无私援助下，紧紧围绕丰富各族群众精神文化生活、切实加强公共文化服务体系建设，大力实施文化惠民工程，全力保障人民群众基本文化权益，让各族群众共享文化发展的成果。"十一五"期间，国家和自治区对于基层文化建设的投入大幅增长，先后投入3.4亿元用于基层文化建设，是"十五"期间的6.9倍，基层公共文化服务设施建设取得进展；实施了广播电视"村村通"、农牧区电影放映、文化信息资源共享、农家书屋等惠民工程，已初步建成

了覆盖城乡、比较完善的基层公共文化服务体系。目前，西藏已实现了县县有综合文化活动中心，543个乡镇建成了乡镇综合文化站，并建成了一批村级文化活动室。除西藏自治区图书馆之外，林芝、昌都、阿里三个地区的图书馆建成投入使用；日喀则、那曲、山南三个地区的图书馆也将相继建成。重点文化工程全面推进，文化信息资源共享工程已实现73个县支中心全覆盖、乡镇基层点78个、村基层点2 000多个，并开通了藏汉双语版网站。"以藏文为主，以普及通俗为主，以农牧民为主，以实用效益为主"的西藏农家书屋建设实现了全覆盖，为农牧民提供"一看就懂、一点就通、一学就会、一用就灵"的优秀出版物。2014年西藏文化设施建设主要目标是692个乡（镇）综合文化站、74个县级民族艺术团排练场所和新（改扩）建地（市）图书馆、群艺馆、博物馆项目。这些发展建设将为构建公共图书服务体系探索路径、积累经验、提供示范，推动公共图书馆服务体系的科学建设和发展。

（一）西藏公共图书馆的建设主体与管理机构设置

1. **公共图书馆的建设主体**

公共图书馆服务体系的建设主体是负责设置图书馆并维持其运行的责任主体，是图书馆设置经费、人员经费、文献与设备购置以及其他运行经费的基本来源。按照我国现有公共图书馆的建设体制，各级政府都是公共图书馆的建设主体。公共图书馆服务体系作为文化领域的社会公益性服务体系，成为政府公共服务体系的组成部分，是旨在实现和维护公民基本文化权利、保障文化发展的社会主义方向，满足公民阅读图书的需求和公共图书馆服务体系。近年来,随着政府行政理念的创新和政府职能的转变,"社会治理"、"公共服务"在政府职能定位中日益突出,基层政府尤其如此。十八届三中全会《决定》中也指出:要明确不同文化事业单位功能定位,建立法人治理结构,完善绩效考核机制。推动公共图书馆、博物馆、文化馆、科技馆等组建理事会,吸纳有关方面代表、专业人士、各界群众参与管理;但目前公共图书馆服务体系构建的核心主体及其建设职责是政府的重要职责。西藏的公共图书馆也在积极在这转型阶段尝试管理机构设置和管理模式的转变,注重向均等化、全覆盖、免费服务为主的管理模式调整,对公共图书馆的管理机构设置和管理模式进行一定的调整以适应现时代和新形势下公共图书馆服务体系的建设目标和要求。

2. 管理机构设置的变化

西藏公共图书馆的人员编制较少,因此所设置的机构也相应较少。如西藏自治区图书馆1996年开馆之时,根据藏机编(1996)44号文件规定编制为50人;下设机构设置为5个部门,即办公室、阅览部、典藏部、图书采编部和信息资源部。随着文化部文化信息资源共享工程的建设,2005年全国文化信息资源共享工程西藏分中心办公室设在西藏自治区图书馆,中心承担国家中心分配到西藏的各项工作任务和西藏文化信息共享工程基层服务点的建设工作。近年来,随着图书馆业务量的不断增加,根据藏机编(2011)19号文件,在编人数增至55人。2011年西藏古籍保护中心,承担起了西藏古籍的保护工作。2012年6月西藏自治区图书馆机构设置增加到了8个部门,即办公室、阅览部、典藏部、图书采编部、服务部(辅导部)、古籍保护部、网络部、资源部（具体见下图示）。根据国家图书馆和国家公共文化发展中心的要求，2014年又新增了"西藏自治区藏文古籍修复中心"和"全国文化信息资源共享工程藏语资源建设中心"两个部门，承担起了藏文古籍修复和文化信息资源共享工程藏语资源建设职能。

西藏自治区图书馆2013年在职工作人员54人，其中高职10人，馆长1人，副馆长4人（其中援藏副馆长1人）。西藏自治区图书馆建馆以来历年工作人员变动情况见表3-1。

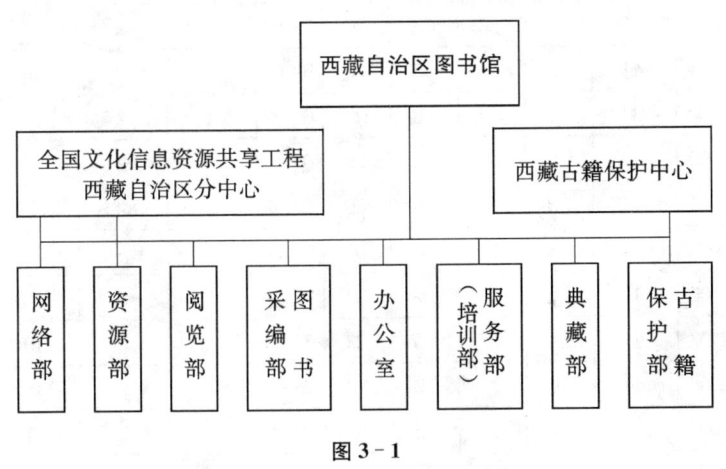

图 3-1

昌都图书馆2002年地区机构改革核定为独立区级单位，编制12人（正副馆长各1名；现有在编人员12人，其中本科3人，专科4人，其他学历5人），为事业全额拨款单位。下设采编部、流通部、期刊部和技术部四个部门。林芝图书馆现有编制5人；实际工作人员11人，其中6人为正式员工、3人为临时工、2人为公益性岗位；也以阅览室为主，没有下设其他部门。

表3-1 西藏自治区图书馆工作人员情况统计表

年份	工作人员（人数）	其中：职称状况			其中：大专以上学历		其中：管理人员		其他人员（人数）
		高职	中职	初职	人数	比重（%）	馆长（人数）	副馆长（人数）	
1996	40	1	3	28	25	62.50	1	2	8
1997	40	2	3	26	25	62.50	1	2	9
1998	43	2	3	25	27	62.79	1	2	13
1999	43	3	3	24	26	60.47	1	2	13
2000	44	3	6	21	26	59.09	1	2	14
2001	44	2	9	18	26	59.09	1	2	15
2002	38	3	9	8	25	65.79	1	2	18
2003	39	3	9	8	25	64.10	1	2	19
2004	42	3	11	8	25	59.52	1	2	20
2005	43	3	11	8	30	69.77	1	3	21
2006	45	4	16	7	32	71.11	1	3	18
2007	45	4	17	5	33	73.33	1	3	19
2008	44	4	17	5	33	75.00	1	2	18
2009	39	7	16	5	32	82.05	1	2	11
2010	39	5	16	3	32	82.05	1	3	15
2011	42	7	14	4	32	76.19	1	3	17
2012	49	6	14	8	37	75.51	1	4	21
2013	54	10	10	9	41	75.93	1	4	25

3. 管理模式的转变

西藏的公共图书馆均为传统的单体图书馆管理运行模式。如西藏自治区图书馆建馆时就开始实行传统单体图书馆的管理模式。2000—2008年和拉萨市城关区合作在城关区文化局建立了西藏自治区图书馆分馆，由拉萨市城关区提供场地，由西藏自治区文化厅出资40万用于装修、购置设备，由西藏自治区图书馆提供图书并派出工作人员，负责分馆的日常管理工作。2011年以来随着国家图书馆免费服务政策和经费的落实，西藏自治区图书馆通过延伸服务的方式又分别在拉萨市区的学校、监狱、书吧等建立了分馆，在咖啡厅、藏餐休闲娱乐厅等处建立了图书服务点；并通过馆校联合建立了校园图书角。对于这些分馆和服务点，西藏自治区图书馆仅负责提供图书和业务指导，图书室设施、室内的设备以及管理人员均由筹建一方出资建设并进行日常管理和提供图书借阅服务。

（二）西藏公共图书馆的服务和运行模式

西藏的公共馆图书馆起步较晚，基础薄弱，为读者提供的服务也相对比较单一。目前自治区内三家公共图书馆主要以提供传统的借阅服务为主，包括期刊报纸的阅览，藏文古籍的阅览，少儿图书的外借，藏汉文图书的外借，以及电子阅览室服务。延伸服务主要通过建立分馆、服务点和流动图书车的服务，开展阅读推广活动、培训和讲座等。报刊只能在馆内阅览，期刊根据各馆具体情况而定。西藏自治区图书馆的各类报刊杂志目前只能在馆内阅览，林芝图书馆和昌都图书馆的期刊杂志可外借，但借期要比图书外借的时间要短，以便于缩短循环周期。西藏自治区图书馆的图书借期为1个月，可以续借15天。而自治区内的三家公共图书馆目前只有西藏自治区图书馆收藏有藏文古籍，本着从保护古籍的角度出发，目前来西藏自治区图书馆查阅古籍的读者只能在馆内阅读，不可外借。此外，依托全国文化信息资源共享工程的建设，西藏自治区馆、林芝图书馆、昌都图书馆均建有电子阅览室，可以在馆域网范围内查阅"清华同方"、"超星"、"万方"以及文化信息资源共享工程和国家图书馆数字推广工程的数字资源。西藏各公共图书馆在做好馆内阵地服务的同时，近年来随着免费服务政策的落实和免费服务经费的不断增加，自治区内三个公共图书馆均在不断加大公共图书馆的延伸服务。如西藏自治区图书馆和拉萨外语学校率先合作建起了西藏自治区图书馆拉萨外语学校分馆。学校与图书馆双方签订协约，拉萨外语学校在为本校教职员工提供图书服务的同时，每天为周边的群众免费开放相应的时段，以扩大图书资料的使用率，扩大服务范围，提高图书的社会效益。西藏自治区图书馆还结合拉萨人的茶馆休闲文化，在部分咖啡厅、藏餐娱乐厅等休闲场所开设了图书服务点和图书漂流站。林芝图书馆、昌都图书馆还在所辖地区的部队、学校、村庄等地建立了分馆和服务点。2012年，西藏自治区图书馆又率先在拉萨市区的153个便民警务站设立了"便民书窗"。随后，林芝、昌都、阿里地区等地也纷纷效仿，陆续在本地区便民警务站设立了形式不同的"便民书窗"。2014年，政府为西藏自治区图书馆配备了第一辆能放置2 000册左右图书的流动图书车，图书馆计划利用这辆流动图书车为拉萨城区的机关事业单位、部队、学校、社区、企业、寺庙等提供服务。目前已通过西藏自治区图书馆的微信公众平台向社会征集需要提供服务的单位，并根据被征集单位的情况每月在固定的时间里定期上门提供免费服务。国家文化部下一步也将向西藏配备38辆流动图书车，自治区文化厅计划将把这38辆流动图书车配备给各地区图书馆，以减少图书服务盲区，扩大图书服务的覆盖面。为了开展阅读推广活动，西藏各公共图书馆还根据各自地区的特点开发出了一些适合西藏各类读者群的阅读产品，并免费发放到学校、乡村和寺庙；与此同时组织各类阅读推广的相关活动，并开办"西图讲坛"；还利用假期免费举办藏文文法培训、藏文书法培训等，扩大公共图书馆的社会影响力。

公共图书馆最重要的服务对象是读者，对读者的人性化服务也是必要和必然的。以服务读者和用户为中心，以提高用户的科学文化素质、技能和思想道德素养，推动科技、教育发展和社会发展进步是公共图书馆的根本宗旨和主要任务。西藏自治区图书馆1996年开馆接待读者以来，累计接待各类读者267 975人，办理各类证书20 208个，流通图书525 534册次。昌都图书馆和林芝图书馆自建馆以来，尤其是自公共图书馆实行免费开放以来积极为读者服务，积极开展阅读推广服务，取得了较好的社会效益。具体读者服务情况见表3-2、3-3、3-4。

表3-2 西藏自治区图书馆读者服务情况统计表

年份	接待各类读者（人）	各类证办证（个）	流通图书（册次）	对外捐赠图书		流动图书服务			
				册数	价值（元）	接待读者（人）	借阅图书（册）	各类证办证（个）	服务单位（个）
1996	8 673	1 700	24 325						
1997	22 887	2 947	79 065	1 660					
1998	23 646	1 000	87 977						
1999	23 569	3 410	73 603	1 035	3 016				
2000	21 670	738	37 401						

续 表

年份	接待各类读者（人）	各类证办证（个）	流通图书（册次）	对外捐赠图书		流动图书服务			
				册数	价值（元）	接待读者（人）	借阅图书（册）	各类证办证（个）	服务单位（个）
2001	20 538	1 056	35 395						
2002	20 000	950	40 000						
2003	12 000	400	36 000	11 642	10.5万	393	1 179	40	21
2004	11 000	500	22 000	3 000					28
2005	8 359	570	8 000	1 029	2.09万				
2006	15 000	800	50 000	4 600					
2007	15 000	1 450	9 643	21 115					
2008	20 000	1 000	40 000	15 300					
2009	15 909	640	10 285	1 600					
2010	16 678	680	10 400	600	12 000				
2011	19 813	1 400	11 189	8 400					
2012	24 635	1 681	12 088	144 950					
2013	19 479	1 080	10 959	16 510					
合计	267 975	20 208	525 534	231 441	15 016	393	1 179	40	49

表 3-3　昌都图书馆读者服务情况统计表

年份	接待各类读者（人）	各类证办证（个）	流通图书（册次）	对外捐赠图书		流动图书服务			
				册数	价值（元）	接待读者（人）	借阅图书（册）	各类证办证（个）	服务单位（个）
2003	2 000	100	5 000	2 000	2				
2004	2 000	200	5 000						

续 表

年份	接待各类读者（人）	各类证办证（个）	流通图书（册次）	对外捐赠图书		流动图书服务			
				册数	价值（元）	接待读者（人）	借阅图书（册）	各类证办证（个）	服务单位（个）
2005	5 000	300	6 000						
2006	5 000	50	6 000						
2007	4 000	40	5 000						
2008	3 600	60	5 000			1 000	3 000		3
2009	4 000	50	5 000			1 000	3 000		3
2010	4 000	50	4 000			1 000	3 000		3
2011	4 500	50	6 000			1 000	3 000		3
2012	12 000	300	12 000	8 000	18	20 000	8 000		48
2013	15 000	120	32 000	2 000	3	4 500	9 000		45
合计	61 100	1 320	91 000	12 000	23	28 500	29 000		105

表3-4 林芝图书馆读者服务情况统计表

年份	接待各类读者（人）	各类证办证（个）	流通图书（册次）	对外捐赠图书		流动图书服务			
				册数	价值（元）	接待读者（人）	借阅图书（册）	各类证办证（个）	服务单位（个）
2005	1 400	102	3 000						
2006	2 190	213	6 570						
2007	5 470	273	16 410				1 000		1
2008	8 500	357	7 600	5 261	24 000	600	1 891	20	3
2009	9 188	237	6 428	2 821	45 680	200	1 875	5	4
2010	6 316	280	6 095	986	6 154.7	400	1 892	10	4

续 表

年份	接待各类读者（人）	各类证办证（个）	流通图书（册次）	对外捐赠图书		流动图书服务			
				册数	价值（元）	接待读者（人）	借阅图书（册）	各类证办证（个）	服务单位（个）
2011	6 040	124	6 150	4 410	74 050	600	1 263	4	3
2012	5 314	119	5 726	100	684		4 350		30
2013	6 034	208	6 381	1 818	18 819.48	4 520	6 584		31
合计	50 452	1 913	64 360	15 396	169 388.2	6 320	18 855	39	76

（三）西藏公共图书馆的财政投入及分配情况、日常经费支出情况

西藏公共图书馆的投入建设主体为政府，包括政府财政投入和援藏资金投入建设。1991年5月动工修建的西藏自治区图书馆总投资1 843万，馆舍面积达11 000平方米；1993年10月落成。昌都图书馆是重庆市对口援助昌都的援藏项目，2001年7月18日开工建设，2002年9月3日竣工，总投资1 000万元，建筑面积4 124平方米；2013年7月，昌都图书馆改扩建工程开工，总投资1 420万元，改扩建后图书馆总面积将达到了6 000多平方米。林芝图书馆是由福建省第三批援建项目建设，于2002年开工建设，2004年7月完工，总投资700万元；图书馆大楼建筑面积3 104.4平方米。

西藏自治区图书馆在建馆初期年专项购书经费只有10万元，因为报刊、杂志有信息传送快的优势，很受广大读者的青睐，每年便分配3—4万元用于选购各类期刊和报纸；余下的6万余元只在拉萨市区内的各类书店中选购。西藏自治区图书馆自建馆以来

就制定了"区内求全,区外求精"即关于西藏和藏学类的汉、藏文图书要收藏全,其他类的图书以精为主的图书采购标准。随着国家对文化的重视程度不断加大,西藏自治区图书馆的购书经费也进行了几次上调,从2008年开始每年的专项购书经费达到了100万元。此外,人员经费和公用经费也有了显著的增长。昌都图书馆和林芝图书馆的专项购书经费、人员经费和公用经费也有了持续的增长。昌都图书馆的专项购书经费也由建馆初期的2万元增长到了2013年的9万元,该年财政实际拨款达到了142万元。林芝图书馆的专项购书经费由15万元增长到了20万元,2013年财政拨款的购书经费、人员经费和公用经费总额达到了85万元。具体财政拨款情况见表3-5、表3-6、表3-7。

表3-5 西藏自治区图书馆开馆以来财政拨款经费拨款情况

单位:万元

年份	人员经费	公用经费	专项购书经费	合计	备注
1996	64.2	14	10	88.2	
1997	51.26	25	15	91.26	追加维修10万元
1998	58.56	15	20	93.56	购书追加5万元
1999	71	17	15	103	
2000	74.23	20	15	109	公用经费维修5万元
2001	97.9	15	15	236.9	
2002	159.96	15	15	189.96	
2003	123.3	15	20	158	
2004	114.77	15	25	154.77	
2005	155.28	73.24	35	263.52	专项维修40万元
2006	170.36	40	40	513.88	

续 表

年份	人员经费	公用经费	专项购书经费	合计	备注
2007	295.1	40	40	375.1	
2008	309.3	40	100	449.3	
2009	316.89	34	100	450.69	
2010	339.64	43.7	100	483.34	
2011	377.87	43.7	100	521.57	
2012	325	48.51	100	473.51	
2013	468.85	72.18	100	641.03	项目支出 669.69 万元中图书购置 100 万元
合计	3573.47	586.33	865	5396.59	

表 3-6　西藏昌都图书馆开馆以来财政拨款经费拨款情况

单位：万元

年份	人员经费	公用经费	专项购书经费	合计	备注
2002	29	5	2	36	
2003	31	6	2	39	
2004	32	9	2	45	
2005	32	10	2	44	
2006	61	12	2	75	
2007	64	14	2	80	
2008	65	13	2	80	
2009	54	26	2	82	
2010	71	83	2	156	
2011	60	77	2	139	

续 表

年份	人员经费	公用经费	专项购书经费	合计	备 注
2012	74	59	9	142	
2013	74	59	9	142	
合计	647	373	38	1 060	

表 3-7　西藏林芝图书馆开馆以来财政拨款经费拨款情况

单位：万元

年份	人员经费	公用经费	专项购书经费	合计	备 注
2004		2			9月份批准成立
2005	8	2	47	57	47万，其中购置设备30万元，书17万元
2006	24	21	15	60	21万，其中维修费18万元
2007	38	11	15	64	11万，其中则东7万元
2008	40	24	15	79	24万，其中20万元图书馆改建经费
2009	42	3	15	62	
2010	55	63	15	133	63万，其中购置电子阅览室设备，由政府采购
2011	46.24	6	20	72.4	
2012	44.8	11.52	20	76.32	
2013	53	12	20	85	
合计	351.04	155.52	182	688.72	

从公共图书馆的图书采购经费分配情况来看,西藏自治区图书馆每年除了预留20万选购来年报纸、期刊外,40万—50万用于采购汉文、藏文新书。根据图书馆"藏文和藏学求全"的新的采访原则,与国内8家民族出版社取得了联系,这些出版社不定期的发出新书书目,采编部门根据需要进行选订;其他汉文图书采购与内地出版商签订协约,从内地购进一些读者喜爱的畅销书。近年来西藏自治区图书馆还推出了读者点餐制,读者在外借窗口可以将自己需要但图书馆又没有采购的图书写在图书馆事先准备好的点餐单上,由外借工作人员定期交给采编部,再由采编部负责购进。一些读者急需,而又不能马上购进的图书,采编部工作人员还会通过网购的渠道购进。西藏自治区图书馆每年还根据一些专家、学者提供的信息会购进一些藏文古籍(这里所指的古籍大多数是藏传佛教各教派从保护的角度出发印制的古籍新印藏文经书)。昌都图书馆和林芝图书馆也将报刊杂志的征订作为一项重要内容,每年都要预留一定的资金进行订购,剩余的经费再酌情根据需求状况进行调配。具体图书采购情况见表3-8、表3-9、表3-10。

西藏自治区图书馆1996年开馆初期设备采购是政府下拨资金,馆里组织人员到内地各地集中采购设备并发往拉萨。实行政府采购制度以来,上级下发设备购置专项经费通知,图书馆根据需要组织人员进行设备预算,经过各相关部门审核通过后,进行政府采购。昌都图书馆投资70多万元建设了网络系统、电子图书馆;电子图书馆网络系统所配置的电脑、服务器等网络设备,制作电子图书的专用扫描仪等仪器、北大方正电子图书产品,均为目前国内较为先进的设备;多功能会议厅内所采用的音响设备为国内外的中高档产品,投影机与150寸超大屏幕均为遥控升降式。

表3-8 西藏自治区图书馆图书采购情况统计表

年份	购书经费（万元）	汉文新书 种	汉文新书 册	藏文新书 种	藏文新书 册	藏文古籍（函）	征订报纸（种）	各类杂志（种）	编目加工图书（册）
1995					500		100	500	53 000
1996	10						165	550	220 000
1997	15			1 150		480	100	500	5 785
1998	20		9 901	3	9	448	198	514	18 025
1999	15	476	1 305	39	117	1 090	198	500	13 094
2000	15	968	2 715			358	198	500	11 490
2001	15	986	2 730			30	198	500	12 915
2002	15	618	1 324	98	284	40	198	500	3 020
2003	20	633	1 899	330	990		170	500	3 500
2004	25	593	1 780	173	520		200	500	3 715
2005	35	1 111	3 334	462	1 387	230	200	500	4 516
2006	40		4 559	330	1 000	600	200	500	1 435
2007	40	336	4 288	500	1 500	900	220	786	2 650
2008	100	333	4 000	166	500	320	228	766	2 300
2009	100	1 263	3 789	80	400	120	230	800	4 000
2010	100	1 660	5 000	80	400	100	230	1 000	7 800
2011	100	3 809	13 130	200	1 000	187	230	1 000	10 065
2012	100	13 228	41 611	177	1 580		245	1 016	10 597
2013	100	2 748	9 324	531	2 957		245	1 016	15 671

表 3-9 昌都图书馆图书采购及受捐情况统计表

年份	采购图书 汉文新书 种	采购图书 汉文新书 册	采购图书 藏文新书 种	采购图书 藏文新书 册	藏文古籍（函）	征订报纸（种）	各类杂志（种）	编目加工图书（册）	接受捐赠图书 册数	接受捐赠图书 价值（元）
2001										
2002										
2003						12	120			
2004						12	120			
2005						12	120			
2006						12	120		2 000	6万
2007						12	120		3 000	7万
2008						12	120			
2009	5 000		1 500	7 500		15	150		5 000	10万
2010						15	150	5 000		
2011						15	150			
2012	50 000	10万				15	150	70 000	10万	234万
2013	1 000	3 000				24	546	2 000	3万	30万

表 3-10 林芝图书馆图书采购及受捐情况统计表

年份	采购图书 汉文新书 种	采购图书 汉文新书 册	采购图书 藏文新书 种	采购图书 藏文新书 册	藏文古籍（函）	征订报纸（种）	各类杂志（种）	编目加工图书（册）	接受捐赠图书 册数	接受捐赠图书 价值（元）
2005	951	5 771				10	195	37 740	31 969	658 144
2006	480	1 442	605	206		15	260	4 277		
2007	321	965				15	260	965		
2008	435	1 305				11	169	1 305	10 000	

续 表

年份	采购图书				藏文古籍（函）	征订报纸（种）	各类杂志（种）	编目加工图书（册）	接受捐赠图书	
	汉文新书		藏文新书						册数	价值（元）
	种	册	种	册						
2009	821	2 574	31	117		8	187	2 574		
2010	648	1 043	204	416		16	209	1 043	2 363	30 570
2011	1 425	4 298	104	454		19	250	4 298		
2012	2 479	5 723				19	250	888		
2013	2 268	7 210				19	250	2 631		

（四）西藏公共图书馆的物流、信息流的流动模式

西藏的公共图书馆由于未能实现图书的通借通还，加之地区内本身的物流基础环境较差，难以支撑起馆际之间的图书物流，而物流管理是实现图书通借通还的技术保障，因此成为西藏建设通借通还的总分馆公共图书服务体系的一大屏障。目前，西藏各公共图书馆除采购图书的物流管理外，基本不存在借助于物流的图书流通形式。

全国文化信息资源共享信息在西藏的主要覆盖模式有互联网模式、卫星接收模式、软件推送模式、移动硬盘、光盘等可移动存储介质传输模式。目前我国电子信息传递方式主要有数据通信网络、互联门户网站、移动互联网、广播电视和电子媒介五种。而在西藏自治区内的基本采用的信息传递方式主要是互联门户网站、移动互联网和电子媒介。互联网站成为目前西藏自治区内主流的信息传递方式之一，人们可以通过网站发布、传递、获取相应的网络服务，包括政府信息公开、便民服务、信息查询、公积

金信息查询、视频节目、网络购物、求职就业、网上支付、网上银行等。移动互联网，包括短信、微信、微话、QQ、支付宝等作为平台进行传递。而电子媒介传递主要用于电子信息的存储和交换，包括电子光盘、移动硬盘、U盘、多媒体终端等。

第二节　西藏公共图书馆服务体系建设的探索与实践

我国国内各省区公共图书馆多则有一百多年，少则也有五六十年的历史。特别是近年来，在我国政府和图书馆界同仁的不懈努力下，已经基本统一将其表述为"普遍均等服务"；各省区公共图书馆不仅是馆舍面积建得越来越大，人员的素质也在不断提高，更重要的是各地在借鉴国内外不同管理经验的同时摸索出了一套适合自己所在省区的建设发展和管理模式，并在全国以示范效应慢慢得到推广。在"十五"末期全国范围内就已基本实现了县县有公共图书馆的目标，但西藏大部分人口仍处在公共图书馆服务的覆盖范围之外，除个别县外，西藏绝大部分县事实上仍然没有真正意义上的公共图书馆。目前，国内外公共图书馆的设置与体系建设研究，以及建设覆盖全民的公共图书馆服务体系已成为构建和谐社会的重要内容，也成为构建公共文化服务体系的重要内容。公共图书馆作为社会公共服务的重要基础性服务，可以为公共教育、公共医疗以及其他公共福利机构提供必要的辅助服务，提供参考咨询服务。随着数字时代的到来，公共图书馆的管理和服务也发生着深刻变革，其管理从基础业务管理重心向服务的管理重心转移，服务理念也提升到了公共图书馆必须为所有公民提供全覆盖的服务，提出"普遍、均等、公益"；图书馆服务技术也正随着时代的发展而不断进步，国内外公共图书馆服务领域正进行着各种新的探索和研究，尤其是以用户为中心提供个性化的数字图书服务已成为公共图书馆服务能力提升和服务领域的拓展的重要探索方向。2014年西藏自治区政府工作报告中就提出了要加强西藏基层文化建设，开展综合性文化服务中心建设试点，以此来探索公共文化服务体系建设途径和方式。因此，西藏各级公共图书馆（室）也结合实际积极进行探索和尝试，不断总结经验教训，探寻构建西藏公共图书馆服务体系的建设方向和路径。

一、西藏省级、地区级公共图书馆构建公共图书馆服务体系的探索与尝试

（一）西藏自治区图书馆构建公共图书馆服务体系的探索与尝试

近年来，西藏自治区图书馆在建立城市公共图书馆服务点的基础上，积极探索实践公共图书馆总分馆发展建设模式，率先以图书流通服务点的形式在拉萨市的153家便民警务站设立了"便民书窗"，并在较短的时间内建立了100多处馆外流通服务点，初步确定了5个示范分馆。2014年开始，西藏自治区图书馆还积极尝试开展流动图书服务，将流动图书车开到繁华市区开展图书借阅和阅读推广活动，拓宽了图书馆的服务辐射面，为更多的人提供了阅读平台；与此同时还借助"流动图书车"为多个驻藏部队提供定期图书借阅服务，探索军民共建合作模式，为此西藏自治区图书馆获得了国家级群众文化最高奖项——"群星奖"。同时

还积极与社会有识之士合作共建馆外服务点。借助具有阅读氛围的公共环境和社会有识之士的大力协助，从2012年开始共建德洛咖啡吧、爵士岛咖啡屋、拉萨监狱、拉萨市一中、卓玛峡谷度假村等各个公共图书馆服务点，在这些服务点为更多读者开辟了开放、免费的阅览区域。

1. 警务站设立"便民书窗"的尝试

（1）基本情况

西藏是国家的安全屏障，拉萨是反分裂的前沿阵地。为进一步加强拉萨的维稳工作，为安民、便民提供便捷服务，自治区在2011年底在拉萨市区设立了135家警务便民站，2013年又增设了18家。

西藏自治区图书馆作为公益性文化服务单位，紧紧围绕自治区党委和政府这项重大决策服务，从公共图书馆总分馆制度及公共图书服务网点的未来战略发展出发，以自治区文化厅和西藏自治区图书馆名义，在拉萨市135个警务便民站设立了"便民书窗"，为每个警务便民站免费配备了1个书柜，无偿提供了藏、汉工具书和包括政治、经济、文学、科普及少儿图书在内的100册书籍（其中10本为工具书，90本为藏汉文书籍），图书目录、图书借阅登记册等总价值约50万元。为进一步完善"便民书窗"和实现可持续的图书服务，西藏自治区图书馆还定期为拉萨市区内的92个"便民书窗"更新了图书。这些服务点不仅为便民警务站工作人员提供了精神食粮，还为周边居民提供了就近的公共图书阅读服务。与此同时，还将"便民书窗"纳入到了西藏自治区图书馆图书网点服务管理系统中，除工具书外，将所有书籍每半年更新一次，以确保公共图书服务的公益性、均等性和便利性。

"便民书窗"的设立是西藏自治区图书馆的一大创意,它能为拉萨市5 000多名警务人员和广大群众提供免费图书阅览环境,极大地扩大了西藏自治区图书馆的服务覆盖范围。

(2)发展规划和措施

进入21世纪以来,我国公共图书馆服务体系建设致力于基层图书馆、总分馆和区域性服务网络的建设。特别是"十一五"时期提出了建立普遍均等、覆盖全社会的公共图书服务体系。在《西藏自治区文化发展"十二五"规划》(征求意见稿)中提出要建立健全五级公共文化设施网络,形成覆盖城乡、结构合理、功能健全、实用高效的公共文化设施体系。

西藏自治区图书馆设立"便民书窗"是借用便民警务站已有的网络化服务格局,尝试开展公共图书馆延伸服务体系建设。运行两年多以来在受到社会各界广泛好评的同时,西藏自治区图书馆通过召开便民警务站负责人座谈会以及调研等形式,不断再调整管理模式,构想和规划了"便民书窗"未来的可持续发展。

(3)主要措施

① 每一个阶段根据已建"便民书窗"反馈的信息,以及"便民书窗"所处地理位置周边读者群的需要,分别配送不同内容和语种的书籍,以满足广大警务人员和周边群众的需要;

② 配备"图书借阅登记册"以便进一步了解借阅倾向,统计借阅册次;

③ 每年邀请具有代表性的便民警务站站长收集反馈意见,从而进一步完善服务内容和手段;

④ 通过发放调查问卷表来调研"便民书窗"运行情况。

在拉萨市便民警务站"便民书窗"运行有效的前提下摸索更多

途径来拓展服务网点,以便提高西藏自治区图书馆服务的覆盖率。

2. 总分馆与公共图书服务点的试点建设

(1)基本情况

一个覆盖全社会的公共图书馆服务体系不仅可以就近满足公众的阅读需要,而且可以满足他们对信息、知识和文化资源的其他需求,同时可以在公众的日常生活环境中提供社会交往和文化活动的平台。2011年,免费服务政策和经费力度不断加大,西藏自治区图书馆在做好图书馆内阵地服务的同时开始尝试延伸服务。位于拉萨东南方向蔡公堂乡的拉萨外语学校是西藏自治区图书馆计划建立的第一个图书馆分馆,西藏自治区图书馆配备了2000册不同内容的图书,今后每年还将添加一些书籍。学校距离市区较远,校领导提出建立分馆时主动提出愿意在服务学校教职员工的同时,愿意每天向周边群众开放一个时间段。西藏自治区图书馆唐卡画院分馆是西藏自治区图书馆建立的第一家专业分馆,图书馆主要负责为这家分馆配送以绘画艺术为主的各类图书,同时也会在这家分馆不定期举办一些专题讲座;2014年,西藏自治区图书馆还在盲龟浮木书吧、拉萨监狱两个点设立了分馆。为了开拓西藏自治区图书馆服务的辐射面,针对广大人民群众的阅读需求,努力将服务点办成人民群众阅读活动的阵地书西藏自治区图书馆在德珞咖啡、爵士岛咖啡、卓玛峡谷和拉萨市一中建立了图书服务点和漂流书站,用不同的形式积极推广公共图书馆的延伸服务。

(2)发展规划和措施

公共文化服务体系建设是我国"十二五"规划的题中要义,在党的十八届三中全会《中共中央关于全面深化改革若干重大问题的决定》中提出了"构建现代公共文化服务体系"。建立现代公共文化服务体系建设就是要协调机制，统筹服务设施网络建设，促进基本公共文化服务标准化、均等化。加强文化基础设施建设，完善公共文化服务网络，构建覆盖城乡、结构合理、功能健全、实用高效的公共文化服务体系，让群众广泛享有免费或优惠的基本公共文化服务。

西藏自治区图书馆分馆、服务点建设在试点和尝试阶段。图书馆和每个分馆之间签订了三年的合作协议，西藏自治区图书馆作为甲方每年负责提供适量的图书资料，为分馆、服务点等培训工作人员等工作；分馆、服务点作为乙方负责提供设施、设备以及工作人员，配合总馆阅读推广的相关活动；西藏自治区图书馆不定期召集分馆、服务点相关负责人座谈，不断完善分馆和服务点的建设。

要建立可持续发展的模式，必须确保长效机制；要在借鉴先进经验的同时因地制宜地建设一个具有标准化、规范化公共图书馆服务体系。以城市半径或人口为依据，建立分馆的社区、企业、学校、部队等需要具备一定条件的硬件设施，这些机构的管理者热爱阅读，对阅读推广有一定的积极性。政府主导是公共文化发展的前提，尤其像西藏这样欠发达地区，没有了政府投入的公共图书馆事业根本谈不上发展，因此，要有计划可持续的发展分馆、服务点的建设，要争取以政府文件的形式，每建一个分馆或服务点，政府投入适当的启动资金和每年固定的购书经费，才能保证分馆健康、持续的发展。

（3）主要目标

① 西藏自治区图书馆作为省级图书馆，在实现覆盖全区的公

共图书馆体系建设中要起到领头羊和示范性作用。

② 实现文献资源统一采购和配置，加强总分馆和服务网点特色资源建设，优化西藏文献资源布局。

③ 发挥西藏自治区图书馆已建成的数目数据库作用，逐步实现文献编目标准化，避免机构的重复设置和人员的重复劳动，提高办馆效率。

④ 逐步共建、共享各类型数字资源，加快实现全覆盖、普遍均等的公共图书馆体系建设。

⑤ 通过加强业务培训，共同提高全自治区公共图书馆从业人员的能力和素质。

表3-11 西藏自治区图书馆各分馆、服务点、漂流站统计表

序号	分馆、服务点、漂流站	地　　址	创建时间
分馆5个			
1	拉萨市外语学校分馆	拉萨市蔡公堂路22号	2013
2	唐卡画院分馆	拉萨市北京东路7号	2014
3	拉萨市公安局监所管理支队分馆	拉萨市纳金东路	2014
4	西藏自治区歌舞团分馆	拉萨市北京中路165号	2015
5	桑耶寺分馆	西藏山南地区扎朗县	2015
服务点166个			
1	153个便民警务站"便民书窗"图书服务点	拉萨市	2012
2	盲龟浮木书吧图书服务点	拉萨市八一路世邦金色时代6楼	2013
3	爵士岛咖啡分店图书服务点	拉萨市罗布林卡路25号	2013

续 表

序号	分馆、服务点、漂流站	地　址	创建时间
服务点 166 个			
4	德珞咖啡图书服务点	拉萨市雪域旅游商场 2 楼	2013
5	卓玛峡谷藏家宴图书服务点	拉萨城关区当热东路	2014
6	西藏公安边防总队侦查支队图书服务点	拉萨市德吉北路 78 号	2014
7	堆龙德庆县昂嘎村图书服务点	拉萨市堆龙德庆县	2015
8	西藏自治区话剧团图书服务点	拉萨市北京西路 42 号	2015
9	娘热乡嘎拉巴民俗餐饮风情园图书服务点	拉萨市城关区娘热乡娘热路 47 号	2015
10	电信拉萨分公司工会服务点		2015
11	西藏自治区政府 4 号院图书服务点		2015
12	西藏牦牛乳液图书服务点	拉萨经济技术开发区林琼岗路东一路 6 号	2015
13	金珠西路社区 5 个"温馨文化书屋"服务点	拉萨市金珠西路街道	2015
14	西藏自治区文化厅图书服务点	拉萨市夺底南路 2 号	2015
漂流站 2 个			
1	拉萨市一中图书漂流站	拉萨市城关区林廓东路 21 号	2013
2	卓玛峡谷藏家宴图书漂流站	拉萨城关区当热东路	2014

(二) 西藏昌都图书馆构建公共图书馆服务体系的探索与尝试

昌都地理位置偏远，因地域限制交通十分不便，文化发展面临着诸多瓶颈制约。近年来，随着全国援藏力度的不断加大，昌都图书馆积极借鉴兄弟图书馆的活动开展方式方法和相关内容，变被动为主动拓展服务内容和方式，积极探索公共图书服务体系的建设途径；特别是2013年昌都公共图书馆服务拓展和创新项目列入第二批国家公共文化服务体系示范项目以来，紧紧围绕国家公共文化服务体系示范项目，在示范项目创建工作中，努力推动公共图书馆事业开放性发展，积极开展"全民阅读"活动，创新服务方式和内容，不断提高公共文化服务效能，探索和实践了符合西藏实际、具有昌都特色的公共图书馆事业发展新途径和新措施。

昌都图书馆在推进免费开放服务工作的同时积极尝试公共图书服务体系的建设，先后在军营、机关、便民警务站建设了45个便民书窗；2014年7月7日，昌都图书馆主导建设的昌都红岩文化室正式对外开放；在此基础上，立足健全完善公共图书馆服务网络，结合昌都人口分布分散的实际，实施了分馆和流动图书室的建设。分馆建设的做法就是对于具有100平方米读书室的单位建立分馆，由昌都图书馆负责配送图书1 000—2 000册，并定期对图书进行更换；对于达不到此标准的，就在会议室等处，配送200—500册图书，设立流动图书室，图书由本单位人员负责管理，并定期到图书馆来借阅更换图书。此外，昌都图书馆虽然没有自己的流动图书车，但是通过与卡若区图书馆的馆际联系，两家图书馆积极配合，把图书送到企业、学校、部队、社区、机关；2015年共送图书5 000余册，出动车辆5台次，人员30人，受益群体3 000多人次；真正做到"足不出户，送书上门"，有力提升了昌都的全民阅读氛围。昌都图书馆还围绕阅读推广和"书香昌都"建设，认真开展品牌读书活动的组织和实施，积极借鉴兄弟图书馆的有益做法，进一步加强与周边兄弟地州的联系，积极开展读书联动活动，让更多的人养成阅读的习惯，让读书愉悦身心，让读书成为一种新风尚。

近年来，昌都图书馆认识到图书馆发展环境的变化和自身转变、未来图书馆新业态的发展特点、构建新业态的提升要素和借助数字图书馆推广工程开创新业态；实现从传统图书馆向数字化、信息化图书馆转变是时代发展的趋势，移动终端、新媒体等信息技术为图书馆发展带来的新机遇与新挑战，在公共数字图书馆服务体系的建设中进行了诸多有益的尝试，具体在以下几方面进行了探索与尝试：

1. **实现与内地图书馆的数字资源共享**：在已建成的文化信息资源共享工程昌都支中心的基础上，实现了与重庆少儿图书馆、天津图书馆的数字资源共享。

2. **联合建设基层数字图书馆**：昌都图书馆积极联合天津图书馆，建立天津图书馆昌都数字图书馆分馆、丁青县数字图书馆；通过发展建设数字图书馆，正努力在昌都基层尝试构建公共数字图书公共服体系。

3. **通过各种途径大力倡导数字阅读**：为了顺应数字阅读的大势，四川人民出版社和昌都文化局为了更好地落实国家新闻出版广电总局关于开展全民数字阅读专题活动的有关要求，四川人民出版社此次还特别向昌都图书馆捐赠了下载有"党政图书馆（藏语语音版）APP"的手持阅读器，四川人民出版社还向藏族家庭赠送了手持阅读器，使读者从有声读物中感受到阅读的魅力。昌都图书馆还通过制作和赠送电子图书U盘、发放读书宣传袋等形式，吸引读者走进图书馆，参与全民阅读活动。

4. 建设微信公众平台，助推数字阅读：2015年9月昌都图书馆开通了微信公众平台，该微信公众号中设立了读者指南、昌图在线和历史信息三个栏目。读者指南向广大用户介绍昌都图书馆各阅览室、电影放映开放时间以及楼层分布平面图，让读者了解图书馆。"昌图在线"主要发布活动内容、昌都图书馆图书查询平台以及读者对图书馆工作的信息反馈，读者足不出户就可以了解馆藏图书。历史信息，主要是让读者了解昌都图书馆以往发送的消息，回味图书馆活动内容。昌都图书馆自开通以来，向关注人群发送信息3万条次，阅读达6000多人次。目前，昌都图书馆通过继续学习借鉴兄弟图书馆建设微信平台的好的经验，充分挖掘馆藏资源，补充数字图书资源等方式让更多的市民能够方便的阅读到数字图书，为传统阅读插上翅膀，让藏族同胞也能感受数字阅读的魅力，受到了广大读者的青睐。

（三）西藏林芝图书馆构建公共图书馆服务体系的探索与尝试

林芝图书馆是福建省援建项目，自建馆十多年来始终坚持"读者第一、服务至上、以人为本"的服务理念，发挥集体团队的实干精神，团结一致，克服困难，解放思想，开拓进取。为进一步推动"全民阅读"，林芝图书馆创新方式方法，充分发挥图书馆的文化传播、社会教育职能，积极开展了丰富多彩的活动，扎实推进全民阅读工作，为群众服务，让群众受益。2015年相继建设了林芝数字图书馆、文化信息资源共享工程林芝支中心、电子阅览室、24小时自助图书馆、林芝图书馆网站等等，更换了新的图书馆自动化集群管理系统；并以每年4月23日"世界读者书日"和林芝图书馆开馆周年纪念为契机，开展了"超级读者"评选活动、"我与林芝图书馆"征文活动、"村级阅读之星"评选活动、"春色藏南、书香林芝"读书月活动，书画展、小学生集中接待读书日等一系列丰富多彩的读书活动。2016年来还举办了4期"林芝讲坛"，每次参与人数超过了200人次。林芝图书馆已逐渐发展成为集纸质图书、电子图书、数字图书等等各种资源丰富的现代化图书馆，并在倡导全民阅读和服务农牧民群众、服务基层的文化活动中发挥了积极作用，受到了广大读者和社会的好评，也多次受到了自治区的奖励。2015年还被评为全国最美基层图书馆。

近年来，林芝图书馆也积极探索建设公共图书馆服务体系，具体实施了以下举措：

1. **设立图书漂流服务点**：先后在林芝八一镇21个便民警务站，4个派出所和两个维稳指挥中心共27个点设立了图书漂流服务点，每隔半年各警务站、派出所相互交换图书，读者可以随意在各警务站之间交叉借还。

2. **设立流动图书馆**：在林芝消防支队、巴宜区消防大队、林芝组织部、解放军115医院、林芝市委警卫班、林芝看守所、1家建筑监理企业等7家单位设立了7个流动图书馆，图书100至600册不等，并对图书进行不定期更换。

3. **建立村级图书室**：林芝文广局和林芝图书馆派驻的米林县德吉新村工作队充分发挥自身优势，决定以该县为试点建设村级图书室。2014年3月正式在米林县德吉新村、玉松村、甲帮村设立了三个村级图书室，配备藏文图书9 000册（一个村3 000册）；改造、装修阅览室，配备书架、桌椅、借阅登记册等；并且为村级图书室的工作的有序开展提供了资金、人员和制度保障。

村级图书室建设成后,在各村物色了一名初中以上文化程度的妇女对图书室进行管理,工资待遇由市图书馆解决,接受林芝图书馆的直接领导和管理。为了确保图书室"建、管、用"整体工作取得实效,成为"留得住、用得上"的惠民项目。从有条件的德吉新村、甲帮村各选了一名村级图书管理员并签订协议,管理员每月工资为500元,由林芝图书馆进行发放。林芝图书馆还帮助村里建立了村级图书室管理员制度,要求图书室管理员每天对图书室进行打扫和整理,使其保持整洁;并对群众借阅情况进行登记,组织村民在农闲季节开展阅读活动等。为进一步激发村民的读书热情,培养村民的阅读习惯,林芝图书馆决定每年还对阅览较多的读者进行适当奖励。2015年3月评选出了3位"村级阅读之星"和1位优秀管理员并进行了奖励。

4. **建立自助图书馆**：2015年4月在林芝图书馆大门外设立了24小时自助图书馆,藏书为400多册,读者可以通过二代身份证自助办证并自助借还图书,极大地方便了林芝八一镇居民借阅书籍。

5. **设立电子阅读机**：2015年11月林芝图书馆相继购置了5台"歌德电子借阅机",每台歌德电子借阅机存有电子图书3 000多册,每月1—5号更新150余种;除电子图书之外还有少量期刊、报纸和视频,也可供读者下载到手机APP应用上进行阅读。

二、西藏城镇基层公共图书馆(室)服务体系的探索建设

随着我国城市化进程的加快,和谐社会建设,基层文化建设,尤其是基层社区"广覆盖、保基本、可持续、受欢迎"的社

区图书室服务体系建设越来越受到人们的关注,尽快满足社区群众日益增长的物质和文化需求是建设和谐社会、谋求社会稳定的重要内容,这也是被发达国家和地区的成功经验所验证的。在发达国家的城市社区图书馆或称区域图书馆几乎已遍布了城市的各个角落,能够为社区居民提供便捷的公共图书服务,满足社区居民的多元需求。如美国的城市社区公共图书馆系统是一个庞大的社会公益服务体系,遍布全美国,社区图书馆已成为城市社区文化活动的纽带,为城市社区各个层面的人们提供了不同的服务,使城市社区公共图书馆真正成为整个社会的一个有机的细胞,与社区服务和社区人民的生活密切相关[1]。城镇区域内的公共图书馆是公共图书馆服务体系的重要组成部分。它是在一定地域内为所有城镇社区居民提供服务的具有公益性、教育性、休闲性等特征的文献信息集散场所[2]。我国现有公共图书馆大都处在城市的中心区域,除深圳、广州、北京、上海、天津、武汉、大连等大城市的公共图书馆已初具规模外,其他各城市公共图书馆,尤其是社区公共图书馆均处于建设发展的初始阶段,而边远地区的大多数城市社区公共图书馆建设还没有得到当地政府的足够重视,从而造成了城市公共图书馆服务和发展水平在个区域间很不平衡,公共图书馆服务水平和社会效益等与发达国家相比更是相距甚远[3]。

近年来,西藏基层城镇社区和农牧区结合西藏社区网格化管理体制机制的建立和农牧区农家书屋工程建设,为构建公共图

---

[1] 董越超,美国社区公共图书馆对我国的启示,文化发展论坛,2007(3)。
[2] 朱丹,国内外社区图书馆的概览与思考,图书馆论坛,2011(1):161。
[3] 卢毅锋,国内外公共图书馆系统发展历程的比较分析,科技情报开发与经济,2012(13):60。

馆（室）服务体系的建设做了有益的试探性尝试，为构建全覆盖、均等化的新型公共图书馆（室）服务体系奠定了基础。

（一）西藏城镇社区网格化服务管理现状

讨论西藏城镇社区公共图书馆（室）服务的现状，我们必须先要了解图书馆服务所依托的西藏城镇管理的新格局——西藏城镇社区网格化服务管理。西藏城镇社区的网格化服务管理工作是根据中央加强社会建设创新社会管理部署，2011年拉萨市率先在拉萨市城区进行了试点，在取得试点工作初步成效基础上，2012年拉萨市城关区作为西藏自治区和拉萨市社会管理创新综合试点区，全面推进网格化社会服务管理模式的全覆盖。同年年底城镇社区"网格化治理"模式在西藏自治区范围内全面推开，实现了西藏城镇网格化管理全覆盖。据不完全统计，目前在西藏作为推行城镇网格化管理的重要一环，700多个便民警务站遍布于西藏各大小城镇的街头巷尾，成为便民、利民、安民的全天候综合性设施。城镇社区的网格化管理服务，使得社会服务管理力量下沉、职责明确、资源整合、运转高效，实现社会服务"零距离"、社会管理"全覆盖"、社会诉求"全响应"。

以拉萨市为例，拉萨市为加快形成具有时代特征、西藏特点的社会服务管理新格局，于2011年11月开始推进加强和创新社会管理的试点工作。首批129个便民警务站投入使用，在不断提高便民警务站的维护社会稳定能力基础上，不断提高服务群众的效能，全面提升各族群众的安全感和满意度，使便民警务站作为推进城镇网格化管理的重要抓手，发挥最大效能，搭建起便民服务的平台。拉萨市作为西藏城镇社区网格化管理的试点城市，认真借鉴北京市等内地先进城市"网格化"管理的经验,选择一至两个街道为试点,划分若干工作网格,将一定范围内的人、地、物、事、组织、服务资源、管理项目等纳入网格,特别是把教育、就业、医疗、环卫、社会保障、社会救助等纳入"网格化"服务管理平台。2012年4月在拉萨市城关区作为西藏自治区和拉萨市社会管理创新试点工作取得初步成效的基础上,将城关区所有12个乡(街道)、51个村(社区)及相关机构推进网格化的全覆盖。以精细化管理理念,将辖区划分为"住宅类、商住两用类、机关企事业单位类、宗教场所类以及综合类"5个类别的网格。在试点街道网格化社会服务管理各项工作取得初效的基础上,拉萨市城关区结合原有的行政管理体制,科学搭建社会管理的组织层级,将社会管理的重心前移、下移,按照"三级平台、四级管理"即县(区)社会服务管理综合指挥中心、乡(镇、街道)社会服务管理综合指挥分中心和村居社区社会服务管理工作站的三级信息处理平台和以县(区)、乡(镇、街道)、村居社区和网格的"四级管理"管理模式的框架体系进行整合配置。社区以区域地理位置为基础,遵循"完整性、便利性、均衡性、差异性",按照户籍人口、流动人口、管辖面积、居民大院、驻社区单位将社区划分成5个网格状单元,将社区范围内的人、地、物、事、组织、服务资源、管理项目等纳入网格;并以"管理全覆盖、服务零缝隙"为原则,整合各类资源,建立社会管理综合信息系统,社区综合考虑社区"人、地、物、事、情和承担的任务"等实际情况,对原有村(居)社区工作者、各类协管员、街道干部、村(居)民小组长、村(居)社区民警等按网格化服务管理要求进行重新整合与配置,确立"1+5+X"(即在网格中配置网格格长,网格流动人口服务管理员、网格宗教事务管理员、网格居民事务联络员、网格治保员和网格民警6种常态工作力量,再结合区域实际增设网格市场管理员、网格农牧科技员等个性化工作力量)的网格工作力量配置。在城镇区以外的广大农牧区乡村创立了便捷利民的农牧区扁平化服务管理模式。整合原有村组管理资源,对村组内人、地、事、组织、房屋等基础数据进行普查,对收集的民情日志进行归纳整理,协调有关部门开展环境卫生整治、矛盾纠纷排查化等具体工作。整合村党支部、村委会和驻村工作队力量,建立综合服务站,形成"进一个门、找几个人、办所有事"的管理方式,缩减中间环节,提高农牧区服务管理效率。在寺庙创立了职能明确的寺庙综合精细化服务管理模式。在寺庙通过开展"六建"、"六个一"和"9+5"活动,进一步加强寺庙管理队伍,完善寺庙管理组织机构,建立起党委、政府领导下坚强有力、依法高效的寺庙管理体系。目前拉萨市全市所有行政区域共划分工作网格636个,实现网格管理全覆盖。结合城镇社区网格化服务管理模式,现已建成了县级综合文化活动中心8个、乡镇文化站14个、村级文化室228个,14个乡镇文化站已进入正常使用状态,村级文化室暂与农家书屋合并使用。2011年以来,拉萨市建成农(牧)家书屋228个、寺庙书屋231个、社区书屋17个,农家书屋和寺庙书屋建设也已率先实现了全覆盖。

(二)拉萨城区网格化服务管理体制下的公共图书室服务体系建设新特色

为了全面了解拉萨市城关区在网格化的治理条件下社区公共

图书室服务状况，以便总结经验教训，探索构建公共图书馆服务体系的路径和方式，我们于2013年7—8月份深入调查走访了拉萨市城关区下属的街道办事处、乡，以及社区居委会和村委会等63个基层部门，从公共图书服务能力、管理能力和发展能力三个方面16项具体内容展开调研工作，以深入社区图书室实地、与社区图书室负责管理人员深入访谈了解、拍摄图片资料等方式进行调查，获得了大量的图片、访谈录音等第一手资料。

1. 基本情况

拉萨市城关区是西藏自治区唯一的首府城区，拉萨全市总面积（含辖区）近3万平方公里，城关区面积523平方公里，城区面积62.8平方公里。下辖8个街道办事处（八廓街道、吉日街道、吉崩岗街道、扎细街道、公德林街道、嘎玛贡桑街道、两岛街道、金珠西路街道）和4个乡（蔡公堂乡、纳金乡、娘热乡、夺底乡），39个社区居委会和12个村委会。拉萨城区内的社区书屋、农家书屋、寺庙书屋是在自治区新闻出版局、对口援建的北京市新闻出版局，以及各级宣传部门、文化部门的协同努力下，在拉萨市区即拉萨市城关区范围内建起了各类书屋40个（除寺庙书屋），其中社区书屋19个、农家书屋8个、自建图书室13个，此外还有3个乡镇文化活动站、5个村级文化中心。

拉萨市城关区现有的63个村（居）社区和（乡）街道办事处具有公共图书服务能力的图书室48个，占总数的76.2%，而因条件限制目前仍没有图书室的社区或街道办事处15个，占总数的23.8%。48个拥有图书室的社区或街道办事处平均藏书2 136册，图书室最多图书册数1.2万余册，最少50册；图书室平均面积49.67平方米，最大图书室面积110平方米，最小图书室面积

15平方米；其中图书室面积在80平方米以上的有7个，50—79平方米有15个，面积在30—49平方米的有16个，面积在30平方米以下的有10个。平均能够接待读者的阅览室座位数有27位，平均年实际接待人次为356.09人次，年外借图书册数平均为181册。48个各类图书室的性质主要分为五类，社区书屋、农家书屋、自建书屋、乡镇文化站的图书室，以及近几年新建村级文化活动中心的图书室。

各类图书室均制定了相应的书屋管理制度、图书借阅制度和书屋管理员工作制度，并明确规定了图书室开放借阅时间、借阅期限和借阅册数；其中社区书屋、农家书屋均统一制定了相关制度，比较规范和统一；而自定制度大部分仅有阅览室的管理制度，较为笼统。除个别书屋外，均指定了专人负责图书室的日常图书借阅和管理工作。从图书室管理人员的岗位性质来看，绝大部分书屋管理员为兼职，由社区主任、副主任、社区副书记或委员、妇女主任，以及大学生村官等人员兼职。社区书屋、农家书屋的管理人员大多属公益性岗位，自建书屋的管理人员属集体性岗位，而乡镇综合文化站图书阅览室的管理人员为事业型岗位。48个各类书屋管理人员1—3人，平均1.67人。这些管理人员除个别接受过相关培训或参加过参观学习外，绝大多数没有接受过任何岗位培训。

从建设时间来看，绝大部分是在2010年前后相继建设完成。从图书室的投入建设主体来看，各类图书室的馆舍及设备资金投入以政府投资建设为主，其中图书室馆舍建设由政府投资建设的占79.17%；只有少部分是通过集资建设、自筹资金建设或贷款建设的，占20.83%。图书室内的各种设备（包括书架、图书阅览桌、凳等）绝大多数也是通过政府采购或自治区新闻出版局配发,也有部分是上级宣传部门或文化部门购置下发配置的,仅有少部分是通过驻村工作队资助、社会企事业单位资助购置的。从图书来源来看,农家书屋和部分社区书屋内的图书主要是由西藏自治区新闻出版局配送,而部分社区书屋内的图书是由北京新闻出版局援赠;一部分自建书屋的图书是由上级相关部门下发和社会捐赠的,还有一部分自建书屋的图书自购和接受社会捐赠的。

2. 能力评价

近年来,拉萨市城关区在各级政府的大力投入和支持下,注重村(居)社区的文化基础设施建设,通过政府财政投资、接受社会捐资政府补贴,以及集体集资等多种渠道进行文化基础设施建设投入,使文化基础条件有了很大的改善,尤其是乡镇综合文化站和乡村综合文化中心的图书室馆舍条件有了极大的改善。与此同时,绝大多数社区图书室配备了专人管理图书室的各项日常工作,个别社区如河坝林社区图书室还组织相关的阅读推广活动,提高社区居民的阅读兴趣。此外个别图书室的藏书量和种类均较为丰富,如俄杰塘社区图书室虽然馆舍条件较差但藏书丰富,社区负责人也极为重视图书的阅读推广工作,经常组织离退休干部开展读书活动。社区图书室的服务能力、管理能力和发展能力具有了较大的提高。

从总体来看,拉萨市城关区的各类图书室从无到有,结束了村(居)社区没有图书室的历史,方便和丰富了社区群众的文化生活。社区图书室建设取得了一定的成效,76.2%的社区设有图书室,解决了部分城镇社区居民"看书难、借书难"的问题。拉萨市城区的社区图书室初步具备了一定的服务能力、管理能力和发展能力(具体情况见表3-12)。

表3-12 拉萨市城关区网格管理体制下的社区公共图书服务情况调查表

序号	社区名称	服务能力						管理能力					发展能力		
		图书（册数）	图书室面积（m²）	阅览室座位数（人数）	实际接待（年接待人次）	图书外借（年外借册数）	服务覆盖常住人口	服务覆盖流动人口	书屋性质	制度类型	管理人员人数	岗位性质	是否接受培训	建设时间	馆舍来源	设备来源	图书来源
1	公德林办事处	3 800	57	9	274	267	51 509	17 372	社区书屋	统一制定	1	事业性	否	2011年	城关区政府投资	政府采购配发	自治区新闻出版局配发
2	雪社区	无图书室															
3	加措社区	1 800	52	32	175	40	1 792	5 210	社区书屋	统一制定	2	公益性	否	2010年	城关区政府投资	新闻出版局配发	自治区新闻出版局配发
4	拉鲁社区	2 500	80	12	80	43	4 644	12 636	社区书屋	自定	3	集体性	否	2012年	强基办项目自投资	驻村工作队	拉萨市邮政局
5	幸福社区	2 100	40	20	417	—	2 794	4 787	社区书屋	自定	1	公益性	否	2010年	城关区政府投资	政府采购配发	接受捐赠
6	吉崩岗办事处	无图书室															
7	热木其社区	4 000	50	16	320	120	1 859	845	自建书屋	自定	1	委员兼职	否	2011年	城关区政府投资	城关区宣传部配发	自购和捐赠
8	策门林社区	300	50	32	300	120	2 750	1 060	自建书屋	自定	1	委员兼职	接受培训	2011年	自筹建设	城关区宣传部配发	接受捐赠

续表

序号	社区名称	服务能力					管理能力					发展能力			
		图书（册数）	图书室面积（m²）	阅览室座位数（人数）	实际接待（年接待人次）	图书外借（年外借册数）	服务覆盖人口		书屋性质	制度类型	管理人员			建设时间	馆舍来源	设备来源	图书来源
							常住人口	流动人口			人数	岗位性质	是否接受培训				
9	吉崩岗社区	3 200	48	28	480	180	1 561	1 450	社区书屋	统一制定	1	集体性	否	2009年	集资+政府补贴	部分自购、部分配发	自治区新闻出版局配发
10	木如社区	300	36	12	300	180	2 015	1 345	自建书屋	自定	1	集体性	参观培训	2008年	自筹建设	政府采购配发	城关区宣传部、捐赠
11	吉日办事处	2 500	40	26	2 600	380	3 026	1 042	社区书屋	统一制定	1	事业性	接受培训	2006年	城关区政府投资	政府采购配发	北京新闻出版局配发
12	吉日社区	1 500	42	15	500	160	1 526	1 357	社区书屋	统一制定	2	委员、公益性	接受培训	2007年	贷款自建	自购	自购一部分、配发一部分
13	八廓学社区	无图书室															
14	铁崩岗居委会	正在改建															
15	河坝林社区	1 200	60	20	300	220	1 467	1 177	社区书屋	统一制定	1	公益性	否	2009年	民政星光项目	宣传部配发、部分自购	自治区新闻出版局配发

141

续表

序号	社区名称	服务能力							管理能力						发展能力			
		图书(册数)	图书室面积(m²)	阅览室座位数(人数)	实际接待(年接待人次)	图书外借(年外借册数)	服务覆盖人口		书屋性质	制度类型	管理人员			建设时间	馆舍来源	设备来源	图书来源
							常住人口	流动人口			人数	岗位性质	是否接受培训				
16	嘎玛贡桑办事处	600	110	40	32	10	2 943	2 376	社区书屋	统一制定	1	公益性	否	2009年	城关区政府投资	政府采购配发	自治区新闻出版局配发
17	统建社区	1 000	25	30	52	84	2 918	2 369	社区书屋	统一制定	2	公益性	否	2006年	集资建设	政府采购配发	城关区宣传部、北京市捐赠
18	俄杰堂社区	1.2万余	80	40	840	213	1 571	1 824	社区书屋	统一制定	3	副书记村官	否	2002年	城关区政府投资	书架配发、桌椅自购	城关区宣传部、民政局、科技局
19	纳金路社区	1 400	18	8	20	51	1 324	2 500	社区书屋	统一制定	2	委员兼职	否	2009年	城关区政府投资	社会捐助	接受捐赠
20	嘎玛贡桑社区	4 500	25	30	150	150	1 300	2 650	自建书屋	自定	2	妇女主任	否	2010年	城关区政府投资	市妇联、安利资助	办事处配发
21	八廓办事处	无图书室															
22	八廓社区	无图书室															

续表

序号	社区名称	服务能力				服务覆盖人口		管理能力					发展能力			
		图书(册数)	图书室面积(m²)	阅览室座位数(人数)	实际接待(年接待人次)	图书外借(年外借册数)	常住人口	流动人口	书屋性质	制度类型	管理人员		建设时间	馆舍来源	设备来源	图书来源
											人数	岗位性质	是否接受培训				
23	白林社区	无图书室															
24	绕赛社区	1 000	56	12	500	280	1 997	1 546	社区书屋	统一制定	1	公益性	否	2010年	城关区政府投资	新闻出版局配发	自治区新闻出版局配发
25	鲁固社区	50	22	13	—	—	2 229	3 765	社区书屋	统一制定	1	公益性	否	2012年	城关区政府投资	城关区宣传部配发	城关区宣传部配发
26	冲赛康社区	200	25	9	200	不外借	2 407	2 173	社区书屋	统一制定	1	公益性	否	2011年	城关区政府投资	城关区宣传部配发	捐赠、自购
27	丹杰林居委会	180	25	6	—	39	1 608	1 100	社区书屋	统一制定	1	公益性	否	2012年	城关区政府投资	城关区宣传部配发	城关区宣传部
28	夏萨苏社区	400	28	12	100	50	2 068	932	自建书屋	自定	3	1个公益性、2双联户	否	2011年	城关区政府投资	城关区宣传部配发	城关区文联配发
29	扎细办事处	2 000	40	20	910	900	13 375	22 804	自建书屋	自定	1	公益性	否	2009年	城关区政府投资	政府采购配发	团委、文广局、北京捐赠

续表

序号	社区名称	服务能力						管理能力				发展能力			
		图书（册数）	图书室面积（m²）	阅览室座位数（人数）	实际接待（年接待人次）	图书外借（年外借册数）	服务覆盖人口		书屋性质	制度类型	管理人员		建设时间	馆舍来源	设备来源	图书来源
							常住人口	流动人口			人数	岗位性质	是否接受培训			
30	扎细新村社区	2 000	60	40	650	—	2 480	1 680	社区书屋	统一制定	1	公益性	否	2006年	城关区政府投资	自购	文广局等配发
31	扎细社区	4 000	40	45	560	175	3 000	2 000	社区书屋	统一制定	5	公益性轮流	否	2006年	自筹建设	自购书架下发	城关区宣传部、文广局、农牧局
32	团结新村社区	1 000	25	30	600	—	2 984	150	自建书屋	自定	1	公益性	否	2009年	城关区政府投资	自购自购	自购
33	雄嘎社区	1 500	40	20	500	100	1 874	4 833	自建书屋	自定	2	公益性	否	2011年	城关区政府投资	文广局配发	商报捐赠
34	尼帮林社区	200	共用场地60m²	30	20	—	2 120	1 680	自建书屋	自定	2	公益性	否	2010年	城关区政府投资	政府采购配发	工作人员收集（图书欠缺）
35	两岛办事处	1 000	50	30	100	不外借	2 875	9 404	自建书屋	自定	1	事业性	否	2012年	城关区政府投资	办事处	自购
36	仙足岛居委会	500	100	30	100	—	2 365	1 088	自建书屋	自定	1	公益性	否	2009年	城关区政府投资	自购	自购

续表

		服务能力						管理能力				发展能力			
序号	社区名称	图书(册数)	图书室面积(m²)	阅览室座位数(人数)	实际接待(年接待人次)	图书外借(年外借册数)	服务覆盖人口		书屋性质	制度类型	管理人员			建设时间	馆舍来源	设备来源	图书来源
							常住人口	流动人口			人数	岗位性质	是否接受培训				
37	甲玛林卡居委会	无图书室															
38	金珠西路办事处	2 000	44	30	180	80	12 105	11 595	自建书屋	自定	1	事业性	否	2010年	城关区政府投资	政府采购配发	政府投资、北京市捐赠
39	八一社区	1 362	40	20	150	100	1 258	7 080	农家书屋	统一制定	2	书记公益性	否	2010年	城关区政府投资	政府采购配发	政府投资、北京市捐赠
40	当巴社区	4 300	60	50	320	120	1 340	3 400	社区书屋	统一制定	2	副主任公益性	否	2009年	自筹建设	配发、部分自购	配发、部分自购
41	金珠西路社区	无图书室															
42	洛堆社区	无图书室															
43	纳金乡	无图书室															
44	嘎巴村委会	1 000	60	40	150	50	760	540	村级文化中心	统一制定	1	公益性	否	2012年	城关区政府投资	宣传部等配发	自治区新闻出版局配发

续表

序号	社区名称	服务能力					服务覆盖人口		管理能力				发展能力		
		图书（册数）	图书室面积（m²）	阅览室座位数（人数）	实际接待（年接待人次）	图书外借（年外借册数）	常住人口	流动人口	书屋性质	制度类型	管理人员		建设时间	馆舍来源	设备来源	图书来源
											人数	岗位性质	是否接受培训				
45	纳金村委会	1 000	70	20	100	—	888	4 800	村级文化中心	统一制定	1	副主任兼职	否	2002年原有，2012年新建	城关区政府投资	宣传部等配发	自治区新闻出版局配发
46	藏热村委会	无图书室														
47	塔玛村委会	1 000	40	40	1 000	1 000	1 852	3 762	农家书屋	统一制定	2	公益性	否	2011年	集资建设	桌子自购，书架等政府采购	宣传部、文广局，卫生局等
48	纳如社区	无图书室														
49	加荣社区	500	30	否	否	39	581	1 000	农家书屋	统一制定	1	委员兼职	否	2007年底	自筹建设	新闻出版局配发（2011年搬来）	自治区新闻出版局配发

续表

序号	社区名称	服务能力				服务覆盖人口		书屋性质	管理能力				建设时间	发展能力		
		图书（册数）	图书室面积（m²）	阅览室座位数（人数）	实际接待（年接待人次）	图书外借（年外借册数）	常住人口	流动人口		制度类型	人数	岗位性质	是否接受培训		馆舍来源	设备来源	图书来源
50	蔡公堂乡	待配备	100				6774	6600	乡镇文化站	自定	3	事业性	否	2012年投资新建	城关区政府投资	待配备	待配备
51	次角林村委会	5000	45	70	90	—	2050	2070	农家书屋	自定	1	主任兼职	否	2008年	现无房子	政府采购配发	城关区宣传部配发
52	白定村委会	6000	70		179	120	2727	2000	村级文化中心	自定	3	主任1人，其他2人	否	2009年	城关区政府投资	政府采购配发	自治区新闻出版局配发
53	蔡公堂村委会	5000	50		130	130	1997	2530	村级文化中心	自定	2	主任1人，其他1人	否	2009年	城关区政府投资	政府采购配发	自治区新闻出版局配发
54	娘热乡	1000	50	40	400	60	13810	8565	乡镇文化站	统一制定	2	委员公益性	否	2011年	城关区政府投资	政府采购配发	城关区宣传部、文广局配发

续表

序号	社区名称	服务能力					服务覆盖人口		管理能力				发展能力		
		图书(册数)	图书室面积(m²)	阅览室座位数(人数)	实际接待(年接待人次)	图书外借(年外借册数)	常住人口	流动人口	书屋性质	制度类型	管理人员			建设时间	馆舍来源	设备来源	图书来源
											人数	岗位性质	是否接受培训				
55	吉苏村委会	1 000	15	12	300	200	2 594	824	农家书屋	统一制定	1	公益性	否	2007年	城关区政府投资	政府采购配发	自治区新闻出版局配发
56	仁钦蔡村委会	1 000	15	18	285	167	2 324	4 123	农家书屋	统一制定	1	委员兼职	否	2009年	城关区政府投资	政府采购配发	自治区新闻出版局配发
57	加尔西村委会	1 000	40	40	400	300	943	212	农家书屋	统一制定	6	无指定两委班子轮流	否	2008年	城关区政府投资	政府采购配发	城关区宣传部配发
58	阿坝林卡社区	500	85	20	88	50	1 765	1 236	自建书屋	无	2	公益性	否	2010年投资新建	城关区政府投资		城关区宣传部配发
59	蒸松塘社区	无图书室															
60	夺底乡	8 000	80	50	300	300	2 553	7 415	乡镇文化站	统一制定	1	公益性	否	2009年底	城关区政府投资	政府采购配发	城关区宣传部、文广局配发

续表

序号	社区名称	服务能力					服务覆盖人口		管理能力						发展能力		
		图书（册数）	图书室面积（m²）	阅览室座位数（人数）	实际接待（年接待人次）	图书外借（年外借册数）	常住人口	流动人口	书屋性质	制度类型	管理人员			建设时间	宿舍来源	设备来源	图书来源
											人数	岗位性质	是否接受培训				
61	洛欧村委会	2 000	30	20	80	200	1 265	42	农家书屋	统一制定	1	公益性	否	2007年	城关区政府投资	政府采购配发	城关区宣传部、文广局配发
62	维巴村委会	2 000	75	20	80	200	1 288	18	村级文化中心	统一制定	1	公益性	否	2007年原有，2012年新建	城关区政府投资	政府采购配发	城关区宣传部、文广局配发
63	桑伊社区	无图书室															
	平均值	2 136	49.7	27.4	356.1	181											

备注：部分数据有待核查。

(三) 日喀则城区网格化管理体制下的公共图书室服务体系建设

日喀则市是西藏第二大城市，也是后藏的重镇；为了解日喀则市城区社区居委会和村委会的公共图书室服务情况，我们于 2013 年 8 月委托日喀则地区文化局的相关工作人员对日喀则市城区的城北街道、城南街道两个街道办事处下属 10 个社区居委会的社区书屋进行调查，初步掌握了目前日喀则市城区公共图书室服务的现状，这对于进一步全面了解西藏城镇社区公共图书馆（室）服务现状，探索城镇社区公共图书室服务体系建设途径具有重要意义。

1. 基本情况

日喀则市市辖 2 个街道、10 个乡（城北街道、城南街道、曲美乡、聂日雄乡、曲布雄乡、联乡、甲措雄乡、纳尔乡、年木乡、东嘎乡、边雄乡、江当乡），共有 10 个居委会和 170 个村委会。城北街道下辖江罗康莎、岗多、米日、彭确曲美、波姆庆 5 个社区居委会和冲松村委会；城南街道下辖帮佳孔、教武场、曲夏、扎西吉彩、德勒 5 个社区居委会和扎堆、斯玛、夏瑞、桑珠普 4 个村委会。

日喀则市城区内的两个街道办事处 15 个社区和村委会，其中有两个村委，以及 2 个街道办事处没有图书室；其余的 13 个社区和村委会有图书室，占总数的 76.47%。这 13 个图书室均为农家书屋，平均藏书 2 678.8 册，图书室平均面积 36.7 平方米，最大图书室面积 78 平方米，最小图书室面积仅有 15 平方米；平均能够接待读者的阅览室座位数有 22.6 位。图书室均有农家书屋统一制定的相关借阅制度。图书室的管理人员岗位都是兼职性岗位，除江罗康萨社区居委会的管理人员获得相关培训外，其余均没有接受任何图书室管理业务培训。从图书室的建设时间来看，图书室均在2008年至2012年期间由政府财政投资建设，图书也均有自治区新闻出版局农家书屋项目出资配置。

2. 能力评价

在国家新农村村镇建设资金以及乡镇、村居公共文化建设资金的支持下，日喀则市区内的两个办事处和所辖的社区级村委会均建起了文化活动设施；在新闻出版部门社区书屋、农家书屋建设资金的支持下，对日喀则市区内除扎堆村委会、斯玛村委会和两个办事处外的13个社区、村委会建立了书屋，配置了图书和书柜、阅览桌椅等必要的设备；并统一制定了相关的借阅和管理制度。

总体来看，日喀则市区内的各个社区居委会、村委会在国家各个部门资金投入渠道和农家书屋工程建设资金的投入下，社区和村级的图书室从无到有，结束了没有社区、村级图书室的历史，方便了广大城镇居民的读书看报，满足了部分城镇社区、村委会居民看书、借书的需求，日喀则市区的社区居委会、村委会的图书室建设取得了一定的成效；但现有农家书屋的图书服务能力、管理能力和发展能力都非常有限，尤其是训练有素的图书室管理人员的缺乏，削弱的图书阅读推广的能力，削弱了图书室服务的覆盖能力和读者吸引能力（具体情况见表3-13）。

（四）山南泽当镇城镇网格化管理体制下的公共图书室服务体系建设

泽当镇是山南地区行署驻地，地处雅鲁藏布江和雅砻河交汇

表 3-13 日喀则市城区网格管理体制下的社区公共图书服务情况调查表

序号	社区名称	服务能力				管理能力					发展能力		
		图书(册数)	图书室面积(m²)	阅览室座位数(人数)	实际接待(年接待人次)	图书外借(年外借册数)	服务覆盖人口		书屋性质	制度类型	管理人员			建设时间	馆舍来源	设备来源	图书来源
							常住人口	流动人口			人数	岗位性质	是否接受培训				
1	城北办事处	无图书室															
2	米日社区	3 600	24	10	100	100	1 986	300	农家书屋	统一制定	3	兼职性	否	2008年	政府财政投资	地区投资、社区经费	新闻出版局、市宣传部、市文广局
3	江罗康莎社区	3 000	27	22	100	100	2 426	368	农家书屋	统一制定	3	兼职性	是	2009年	政府财政投资	地区投资、社区经费	新闻出版局、市宣传部、市文广局
4	彭错曲美社区	2 640	24	10	60	100	1 429	345	农家书屋	统一制定	2	兼职性	否	2009年	政府财政投资	地区投资、社区经费	新闻出版局、市宣传部、市文广局
5	岗多社区	2 000	32	20	100	100	3 152	300	农家书屋	统一制定	2	兼职性	否	2012年	政府财政投资	地区投资、社区经费	新闻出版局、市宣传部、市文广局
6	波堆庆社区	1 920	24	20	100	100	3 780	500	农家书屋	统一制定	1	兼职性	否	2011年	政府财政投资	地区投资、社区经费	新闻出版局、市宣传部、市文广局

续表

序号	社区名称	服务能力							管理能力					发展能力		
		图书(册数)	图书室面积(m²)	阅览室座位数(人数)	实际接待(年接待人次)	图书外借(年外借册数)	服务覆盖人口		书屋性质	制度类型	管理人员			建设时间	馆舍来源	设备来源	图书来源
							常住人口	流动人口			人数	岗位性质	是否接受培训				
7	冲松村委会	2 900	42	无	100	很少	343	无	农家书屋	统一制定	1	兼职性	否	2011年	政府财政投资	地区投资	新闻出版局、市宣传部、市文广局
8	城南办事处	无图书室															
9	德勒社区	3 582	40	20	800	1 000	9 196	2 000	农家书屋	统一自定	1	兼职性	否	2010年	政府财政投资	地区投资、社区经费	新闻出版局、市宣传部、市文广局
10	扎西吉彩社区	2 020	20	10	120	100	3 245	400	农家书屋	统一制定	1	兼职性	否	2012年	政府财政投资	地区投资、社区经费	新闻出版局、市宣传部、市文广局
11	教武场社区	3 150	38	15	100	100	3 300	1万	农家书屋	统一制定	1	兼职性	否	2010年	政府财政投资	地区投资、社区经费	新闻出版局、市宣传部、市文广局
12	帮佳孔社区	3 520	76	56	100	100	2 027	1 000	农家书屋	统一制定	1	兼职性	否	2008年	政府财政投资	地区投资、社区经费	新闻出版局、市宣传部、市文广局

续表

序号	社区名称	服务能力							管理能力				发展能力			
		图书（册数）	图书室面积（m²）	阅览座位数（人数）	实际接待（年接待人次）	图书外借（年外借册数）	服务覆盖人口		书屋性质	制度类型	管理人员			建设时间	馆舍来源	设备来源	图书来源
							常住人口	流动人口			人数	岗位性质	是否接受培训				
13	曲夏社区	2 400	15	6	50	50	718	300	农家书屋	统一制定	1	兼职性	否	2009年	政府财政投资	地区投资、社区经费	新闻出版局、市宣传部、市文广局
14	扎堆村委会	无图书室															
15	斯玛村委会	无图书室															
16	夏瑞村委会	1 414	78	60	70	50	256	无	农家书屋	统一制定	1	兼职性	否	2012年	政府财政投资	地区投资	新闻出版局、市宣传部、市文广局
17	桑珠普村委会	1 020	78	28	30	50	222	无	农家书屋	统一制定	1	兼职性	否	2009年	政府财政投资	地区投资	新闻出版局、市宣传部、市文广局
	平均值	2 678.8	36.7	22.6	150.0	172.7											

备注：部分数据有待核查。

处。泽当曾译"孜塘",在藏语中,"泽"意为玩耍、嬉戏;"当"意为平滩、平地(川滇等地的方言中作坝子、坪坝)。这个地名,源自当地所传观世音菩萨点化神猴与罗刹女交媾繁衍出人类的神话,这里传为当初其后代下山玩耍嬉戏之地,故名。泽当历史悠久,相传兴建于唐朝以前,被认为是藏族的发源地,已有2000年的历史。公元前200年,雅隆部落的崛起,出现了第一位赞普,第一座宫殿,第一块农田等,是当时的王都。公元7世纪,松赞干布定都拉萨后,这里一度萧条,但到帕木竹巴王朝时期,又成为西藏的政治中心。1959年建泽当区,1987年改镇。泽当是目前西藏唯一的国家级风景名胜区——雅砻河风景名胜区的中心。为此我们于2013年9月委托山南地区文化局的相关工作人员对泽当镇城区的所属6个社区居委会的农家书屋进行调查,初步掌握了泽当城区公共图书馆(室)服务的现状,为构建西藏基层公共图书馆(室)服务体系总结经验。

1. 基本情况

山南泽当镇所辖原有泽当居委会、乃东居委会、结莎居委会3个城区居委会。2003年泽当镇城区辖区内社区居委会扩充到了6个社区居委会,分别是泽当社区、乃东社区、结沙社区、郭沙社区、赞塘社区、金鲁社区。

泽当镇城区内的6个社区居委会均建有农家书屋,平均藏书4849册,图书室平均面积34.5平方米,最大图书室面积40平方米,最小图书室面积仅有25平方米;平均能够接待读者的阅览室座位数有11位。图书室均有农家书屋统一制定的相关借阅制度。从图书室的管理人员岗位性质来看主要是临时性岗位,均接受过农家书屋管理培训。从图书室的建设时间来看,除赞塘社区居委会图书室建于2004年外，其余图书室均在2008年至2010年期间由政府三级财政投资建设，图书也均有自治区新闻出版局农家书屋项目出资配置。

2. 能力评价

在自治区、地区及县级三级公共文化建设资金的支持下，山南泽当镇所辖的6个社区居委会先后建起了文化活动的场所，并配备了相应的设施；在国家农家书屋工程建设资金的支持下，6个社区居委会也建立农家书屋，并配置了图书和书柜、阅览桌椅等必要的设备，统一制定了相关的借阅制度和管理制度。对农家书屋的临时管理人员也进行了相应的培训。

总体来看，山南泽当镇城区内的6个社区居委会在三级财政资金投入下解决了农家书屋的馆舍用房，在农家书屋工程建设资金的投入下解决了图书配备，在山南地区和乃东县政府的地方财政支持下，解决了6个社区的农家书屋内部书柜、阅览桌椅等必要的设备；在各方齐心协力努力下先后完成了农家书屋的建设任务，解决了广大泽当城镇居民的读书看报难的问题，满足了部分城镇社区居民看书、借书的需求，结束了社区没有图书室的历史。但现有农家书屋的图书服务能力、管理能力和发展能力都非常有限（具体情况见表3-14）。

三、西藏农牧区基层公共图书馆（室）服务体系建设实践

由于历史、经济、教育、交通及地理位置等多种原因，西藏基层农牧区的公共文化服务体系建设一直处于滞后的状态。进入21世纪以来，随着西藏社会经济、交通事业的飞速发展，互联网

表3-14 山南泽当城区网格管理体制下的社区公共图书服务情况调查表

序号	社区名称	服务能力					服务覆盖人口		管理能力					发展能力		
		图书（册数）	图书室面积（m²）	阅览室座位数（人数）	实际接待（年接待人次）	图书外借（年外借册数）	常住人口	流动人口	书屋性质	制度类型	管理人员			建设时间	馆舍来源	设备来源	图书来源
											人数	岗位性质	是否接受培训				
1	泽当居委会	5 100	40	15	260	1 100	2 601	3 116	农家书屋	统一制定	1	临时性	是	2008年	其他投资	三级财政投资	自治区新闻出版局配发
2	乃东居委会	5 079	40	12	215	966	1 981	2 200	农家书屋	统一制定	1	临时性	是	2010年	其他投资	三级财政投资	自治区新闻出版局配发
3	赞塘居委会	5 000	25	10	187	670	225	22	农家书屋	统一制定	1	临时性	是	2004年	其他投资	三级财政投资	自治区新闻出版局配发
4	郭沙居委会	4 100	30	10	205	700	502	14	农家书屋	统一制定	1	临时性	是	2010年	其他投资	三级财政投资	自治区新闻出版局配发
5	结东居委会	5 020	40	12	230	860	1 302	547	农家书屋	统一制定	1	临时性	是	2010年	其他投资	三级财政投资	自治区新闻出版局配发
6	金鲁居委会	4 800	32	8	213	798	789	4	农家书屋	统一制定	1	临时性	是	2009年	其他投资	三级财政投资	自治区新闻出版局配发
	平均值	4 849.8	34.5	11.2	218.3	847.3											

备注：部分数据有待核查。

的迅速崛起，以及大量农牧民民工进入城镇参与城镇建设，使新技术和信息的传播变得越来越广泛，也越来越显得重要。虽然西藏公共文化服务体系，尤其是公共图书馆（室）服务体系建设起步晚、基础薄、投入少、欠账多。自2007年全国农家书屋工程建设启动，尤其是2008年农家书屋工程在西藏全面铺开建设以来，以西藏农家书屋建设为主的西藏基层公共图书室建设工作有取得了令人瞩目的成效，开启了西藏基层公共图书馆（室）服务体系建设的探索之路。

1. 农家书屋工程建设为探索构建基层公共图书馆（室）服务体系建设积累了宝贵经验

农家书屋工程的建设，使西藏基层农牧民群众有史以来第一次有机会在书屋内接触并享受到了免费借阅图书的服务，保障了广大群众读书看报的权利，基本实现了西藏农牧区免费图书借阅的全覆盖，结束了西藏农牧区没有公共图书借阅服务的历史，解决了农牧民群众"读书难、看报难"的问题，使这一工程真正成为文化民生工程，成为目前西藏覆盖农牧区基层的唯一的公共图书服务平台。自2007年农家书屋工程启动至2012年4月覆盖全区建设完成5 451个农家书屋；在建设农家书屋的基础上建起了社区书屋和职工书屋，并结合西藏的区域特点建起了牧家书屋和寺庙书屋；1 700多个寺庙建起了寺庙书屋。2012年又开始试点建设卫星数字农家书屋。目前西藏自治区就已全面实现了"所有行政村有农家书屋、寺寺有寺庙书屋"的全覆盖建设目标。[①]

在农家书屋的建设过程中，探索尝试把加强农村文化建设作

---

① 西藏农家书屋和寺庙书屋实现全覆盖 http://news.xinhuanet.com/local/2012-04/25/c_111840470.htm

为全面建设小康社会的重要内容，把农家书屋工程作为政府的民生工程，使得工程建设整体推进有了思想和政策的有力保障。农家书屋建设工程在整体推进的过程中，本着统筹城乡、科学规划，上下联动、统一部署，统一协调、科学实施，使书屋建设工程得以顺利开展并按期完成工程进度，提早实现了农家书屋的全覆盖。依照西藏农牧区的实际制定了农家书屋的建设标准；并以县乡为单位的一次性投入建设，减轻了基层部门的工作压力，使农家书屋、寺庙书屋一次性建成到位，广大农牧民群众和僧尼也一次性全覆盖享受到了免费的公共图书服务，避免了基层农牧民群众的争抢、议论与不满。这种统一思想、统一部署、统一监督、统一验收；统筹城乡发展，科学规划、合理实施，上下联动、整体推进的工程建设探索的经验值得我们认真总结，同时在推进基层农牧区构建公共文化服务体系过程中加以借鉴和推广。

2. 以农家书屋为主的基层公共图书服务尝试，激发了农牧民群众读书看报的热情

虽然西藏拥有历史悠久的传统文化和能歌善舞的民俗文化，但广大农牧民群众长期以来缺乏阅读图书的风趣。究其原因一是由于西藏的传统教育极其落后，文盲半文盲人口达到95％以上，苦于不识字而无法阅读；另一原因是由于受传统木刻印刷出版的限制，限于无书可读。对于传统民间文化和生产工艺技艺等的传承历来多以口传身教的方式进行延续，很少有文字记录并阅读传承的习惯。这种传统惯性一直影响至今，致使农牧民群众缺乏阅读图书的兴趣和热情。西藏和平解放以来，随着教育事业和新闻出版事业的蓬勃发展，人口的受教育水平得到了很大的提高，尤其是自2008年以来由新闻出版系统牵头建设的农家书屋这一公共图书服务平台的建设，把实用急需、群众喜爱的图书送到了村里。如与农牧民务工合同纠纷相关的《合同法案例分析》《常用法律知识读本》《农民工权益保护》等图书极大增强了他们的维权意识；科技实用书籍如《西藏沼气科普知识》《西藏安居工程示意图》《西藏自治区农牧民工建筑实用技术培训系列教材》等，以及基层医务工作者急需的《急症与意外伤害救治问答》《农村常见病与卫生常识问题》等书籍。藏族是个爱听故事的民族，也是个爱讲故事的民族，在基层农牧区农家（牧家）书屋里民间故事类的图书是借阅量较大的图书，如《阿古登巴的故事》《聂曲桑布的故事》等等，尤其是格萨尔说唱类的图书深受牧民群众的青睐。我们在仲巴县农家书屋的调查时发现了书屋内几本已经被翻皱褪色的格萨尔说唱故事书，经进一步了解得知这是牧民去夏季牧场放牧时借去看的，转场时他们也随身带着阅读，久而久之就把书翻阅得变皱退了颜色。这些书屋的读者，他们借书看完后还会把书中阅读到的内容讲给自己的家人和同村的人，有的甚至可以大段大段地背诵出来，这也给他们单调的文化生活增添了几分生机和活力。此外，书屋中配备的报刊就有14种（其中藏文11种，汉文3种），极大方便了广大农牧民的读书看报，长期遗留下来的"读报难、看报难"问题得以解决，农牧民群众不出村就能借阅报刊杂志。这一举措在很大程度上激发了他们的读书热情，对培养阅读兴趣，丰富基层的文化生活，保障作为公民的阅读图书权益起到了积极的作用。许多正在求学的农牧区青少年能够在节假日课余时间来到农家书屋借阅图书，丰富了他们的课外和假期文化生活，也让他们了解和掌握了更多课本之外的知识。而这些年轻的青少年学生必将成为未来农家书屋的忠实读者。这种情况我们在问卷调查数据的统计分析中也得以证实。在西藏70%以上的问卷对象对于阅读图书是有兴趣的，也期望能够阅读图书。在乡村，对于阅读图书最感兴趣的是学生和僧尼，而绝大多数农民、半农半牧民对于阅读图书不感兴趣或持无所谓态度。在西藏农牧区乡村，对于阅读图书非常感兴趣的家庭收藏的图书就较多，也能经常阅读家中的图书，但兴趣对于家庭中是否收藏图书的影响不大，部分文盲家庭或部分对于阅读图书不感兴趣的家庭中仍收藏有图书；这表明是否收藏图书与其对阅读图书是否感兴趣，或者是否自己能够阅读家中藏书并没有直接关联。在西藏，对于图书的收藏纯粹是一种风俗习惯或者是宗教信仰，收藏的图书以教材、经书和历书为主。他们将图书尤其是将经书作为"三宝"之一而加以收藏，这在我们实地乡村入户访谈中也得以证实。

在基层农牧区有看书或借书的地方多于城镇，表明乡村借阅图书的方便程度好于城镇，这是由于近年来乡村农家书屋的普及率好于城镇，极大方便了广大农牧区乡村群众的图书借阅，解决了一部分群众的"看书难、读书难"的问题；但城镇，尤其是县镇由于历史的原因，图书馆建设欠账太多，至今只有个别县城有图书馆外，绝大部分县城和地区城镇仍没有公共图书馆，致使城镇的图书馆中借阅图书的比重低于乡村。

第三节　西藏公共图书馆(室)服务体系探索建设实践中存在的困难与问题

西藏公共文化服务体系建设起步晚、底子薄、基础差、欠账多，相对于教育、卫生等其他公共服务事业，尤其是西藏公共图书馆（室）服务体系建设还十分滞后，公共图书馆（室）服务体系建设现状与提高农牧民群众思想文化素质的要求仍有很大差距；与形成经济建设、政治建设、文化建设、社会建设和生态文明建设全面发展的五位一体总体布局的目标和全面建成小康社会的目标要求不相适应；与西藏经济社会发展水平和人民群众日益增长的精神文化需求不相适应；与全国兄弟省市的发展水平相距甚远，并面临着巨大挑战和发展压力。西藏公共图书馆的建设是西藏公共文化发展中最薄弱的一个环节。长期处于停滞状态的西藏公共图书馆事业，发展距离国内其他省区公共图书馆越来越远。尽管"十二五"期间西藏公共图书馆事业有了一定的起色，但这一点起色仍然很难在短期内赶上其他省区公共图书馆事业迅速发展的步伐。我们通过调查研究认识到在西藏公共图书馆服务体系探索建设中主要面临有以下几个方面的问题：

1. 地市级公共图书馆基础十分薄弱

西藏自治区现有的四座公共图书馆，西藏自治区图书馆属于自治区"八五"项目之一，1996年正式开馆接待读者，近二十年来一直承担着接待拉萨地区各级各类读者服务的任务；但除了2000年到2008年设立了一个分馆外，近年来在拉萨地区尝试建立一些分馆、服务点和流动服务。相比国内其他省区形成体系的各种公共图书馆建设模式，西藏自治区图书馆的建设仍然不够规范化、标准化地为读者提供服务，更谈不上建立长效机制促进图书馆事业的快速发展。2002年建立的昌都图书馆和2005年建立林芝图书馆，都是对口援藏省区援建的结果，可见针对西藏公共图书馆的发展内地援建省区更具前瞻性。这两座图书馆在2011年国家下拨免费服务经费之前每年的购书经费也是非常有限的，需要继续依靠援藏的渠道增加馆藏数量；人员编制也一直得不到解决，林芝图书馆在很长时间人员编制只有3人，经过馆里多次呼吁近两年才增加到了5人，因此馆内也没有设立固定的机构。阿里图书馆虽然经过对口援藏省区的帮助下有了阿里图书馆的馆舍，但因为阿里地区文化局没有办公场所，长期占用图书馆的馆址，只有一间用于电子阅览室和一间图书阅览室。阿里图书馆没有正式人员编制，这两间阅览室对外服务的时间也非常有限。

"十二五"期间西藏力争建立健全自治区、地市、县、乡镇、行政村五级公共文化设施网络。投资建设的三个地区一级公共图书馆，那曲、山南基本已完工，2016年开馆接待读者。日喀则地区公共图书馆也已完成前期准备工作。这将预示着将结束以上三地市没有公共图书馆的历史。但在我们调研时发现：由于西藏社会发展中的特殊性以及长期滞后的经济因素，公共文化长久以来得不到重视，因此在公共图书馆的规划建设过程中有很多欠考虑的地方，例如山南图书馆整体建筑是和山南徽韵文化科技中心、数码影城为一体的，但在区域分配上没有考虑到图书馆采光、供暖等因素，而是把西边阴面的位置留给了图书馆，在整体设计中没有考虑到现代公共图书馆的设置需求，甚至整个图书馆区域内只有一个电梯，这部电梯也是和邻近的商业区域共用的一个电梯，这种设计将给今后的工作带来诸多不便和消防安全隐患。此外，新建公共图书馆前期筹备工作的缺失，必然会影响到今后一个阶段时间这两座图书馆的正常运行和发展，势必会带来诸多重复劳动等问题。

2. 县级公共图书馆事业亟待发展

在我国,"基层图书馆"的概念通常被用来指县级及以下图书馆。从"六五"到"十五"的 25 年间,我国内地基本上实现了"县县有图书馆、文化馆"的目标。近年来,基层文化设施建设的重点已经开始转移到街道/乡镇和社区、村庄两级[①]。而在直到"十二五"期末西藏公共图书馆才会基本覆盖到地市;农牧区基层公共图书馆(室)的职能在实现县级文化活动中心全覆盖后,县级、乡镇级文化活动中心承担起了县级图书馆的一部分职能;仅普兰县等个别边境县之外没有独立建制的县级图书馆。

在国家实施免费开放公共文化服务设施政策以来,西藏各地基层公共文化服务经费得到了落实,按照免费开放专项资金管理暂行办法,国家每年给西藏各县文化馆和图书馆下拨服务经费 16 万元,地方财政再配套补充 4 万。到 2015 年有望争取到国家"两馆"32 万元和地方财政 8 万元的免费服务经费,这将会大大缓解西藏基层苦于没有专项购书经费和文化活动经费的问题。虽然到目前为止西藏没有一家独立建制的县级公共图书馆,更没能为县级以下的乡镇级、村级图书馆下拨专项购书和业务运行经费,但只要合理利用国家每年下拨给县级文化馆的 20 万元的免费开放经费,必将为将来建设独立建制的县级图书馆打下一个坚实的基础。西藏地广人稀,点多面广的特殊区域特点决定了西藏要建立全覆盖的公共图书馆服务体系,其根本解决之道是要加强基层县级公共图书馆的建设,以县级公共图书馆延伸至基层公共图书室实现公共图书服务全覆盖的建设目标。然而目前县级的公共文化

---

① 于良芝、邱冠华、徐晓霞,走进普遍均等服务时代:近年来我国公共图书馆服务体系构建研究,中国图书馆学报,2008(3):31。

基础服务设施、服务人员素质等都不能满足当地实际图书阅读的需要，只有加强县级公共图书馆的建设，才有可能带动乡镇及村级公共图书馆的发展，最终实现全覆盖的公共图书馆服务。

3．乡镇(街道)、村(居)基层图书室建设发展滞后成为实现全覆盖的瓶颈

西藏绝大部分农牧民群众生活在县级以下的基层。据第六次全国人口普查数据，西藏自治区的总人口为300.2166万人，其中藏族人口为271.6389万人，占总人口的90.48%。其中81%人口是生活在乡镇、村级的广大农牧区。推动西藏公共图书馆（室）整体发展的关键问题在于基层，基层公共图书馆（室）建设发展滞后成为实现全覆盖的瓶颈。从行政机构上，街道/乡镇以及社区/乡村一级是公共图书馆服务体系的末梢组织；西藏现有140个镇，543个乡，5261个行政村和190个街道社区居委会；这一级覆盖人口众多，其公共图书馆（室）的发展状况将在很大程度上决定了西藏能否真正实现普遍均等的公共图书馆服务。

西藏农家书屋工程建设虽然结束了广大农牧区基层没有图书室的历史，但通过该工程建设的农家（牧家）书屋、社区书屋和寺庙书屋在管理制度、借阅制度等方面不尽规范，书屋设施条件较差，图书更新没有保障；现有这些图书室的人均拥有藏书量远低于国家标准，图书室的管理人员的岗位设置大多数也是临时性、兼职性的为主，现有绝大多数基层图书室所配的管理人员对图书室的管理能力和对读者的接待服务素质普遍偏低；绝大多数没有接受过任何培训，参加过培训的仅4人；现有图书室管理人员由于缺乏应有的培训，难以变被动服务为主动服务，影响了图书室的服务质量与图书的阅读推广工作。因此基层图书室的图书

服务能力、管理能力和发展能力也非常有限，目前还不能够完全承担起基层农牧区和城镇社区的公共图书服务普遍均等、全覆盖的公共图书馆服务要求。

4. 基层图书室管理服务的理念有待更新，阻碍了图书的阅读推广

"读者第一，服务至上"是公共图书馆服务工作的宗旨，也应是作为公共图书馆延伸的基层公共图书室的服务宗旨。基层图书室为了让更多的读者走进图书室，必须变被动服务为主动服务；积极主动地大力宣传，用口号、标语、展览等活动，向读者介绍图书室丰富的资源和多样的服务。但目前绝大多数社区图书室仍延续传统的被动服务的理念，坐等着读者上门，缺乏对读者必要的引导和培训，缺乏人性化推广阅读的办馆理念。多数基层图书室的开放时间不长，仍实行正常的行政上下班时间。书屋制度规定开放时间上午一个小时，下午一个小时，且中午不开放；一周的开放时间不足 10 小时。在借阅制度中还明文规定每人每次最多只能借阅 2 册；一般杂志、文学类借期 1—3 天，科普类图书借期 10—15 天，逾期不还超时一天罚款 2 元；这种苛刻的借阅制度和过短的开放时间严重影响了图书借阅量的提高，使许多读者望而却步；这也是造成社区图书室无人问津的一大因素，也严重阻碍了阅读推广工作。

5. 基层图书室图书阅览空间或配套设备有限，阅读环境有待进一步改善，影响了接待读者的能力和读者吸引能力

许多基层图书室与乡镇文化活动中心同妇女之家、少年之家、市民学校，以及公民民道德讲堂等共处一室，缺乏相对独立的阅览读书空间；此外部分图书室室内面积仅十几平方米，30 平

方米以下的图书室就占总数的20.83%。个别图书室被村（居）级基层维稳指挥中心所挤占挪用，致使图书室无立足之地，现有图书只得堆放在仓库中。部分基层图书室虽然馆舍条件得到了改善，但由于室内缺乏阅读桌、椅等，偌大的图书室内仅能接待10几位读者同时阅读，严重影响了图书室接待读者的数量。

此外，图书馆（室）应为读者提供一个舒适美观、光线柔和、清雅宁静、空气新鲜的阅读环境，让到馆的读者在享受阅读带来愉快的同时也能享受到环境所带来的舒适感，喜迎读者前来阅读图书。但现有各类基层图书室室内条件普遍较差，未能为读者营造舒适清静的阅读环境，也未能使读者时刻感受到无微不至的服务，这在很大程度上削弱了图书室对农牧民、社区群众读者的吸引能力；这也是造成基层图书室无人问津的又一大因素。

6. 图书馆专业人才严重匮乏，人才队伍不稳定

人才队伍建设是公共图书馆赖以发展诸因素中第一重要的、决定性的因素，是图书馆实践活动的主体。图书馆专业人才队伍建设是长期以来困扰西藏，特别是基层公共图书馆发展建设亟待解决的一个问题。近年来，国家对公共文化投入力度不断加大，以往制约公共图书馆建设的经费问题有所缓解，随之而来的就是人才队伍严重不足的问题。西藏现有3个公共图书馆，自治区图书馆人员编制55人，昌都图书馆12人，林芝图书馆5人；"十二五"期间新建的山南、那曲、日喀则三个地市图书馆目前还没有人员编制。县、乡文化活动中心人才队伍匮乏现象更为严重。针对这一情况，2011年4月区党委宣传部、组织部等6部门联合出台了《关于加强全区县级和城乡宣传文化队伍建设的实施意见》，明确规定县综合文化活动中心3—5个编制，县民间艺术团

2—4个事业编制。这一文件是宣传部直接下发的,却至今没有得到落实。2012年西藏自治区编办《关于印发〈西藏自治区关于开展乡镇机关改革进一步加强乡镇组织和政权建设的意见〉的通知》明确了乡镇综合文化站的5个编制,为加强基层文化队伍建设提供了有力的政策保障。这个文件已在各地区陆续得到了落实。文化队伍编制虽已得到落实,但由于基层工作烦琐,工作人员紧张且流动较大,文化编制人员经常会被抽调到其他部门从事其他工作。频繁地调整和调动使基层文化工作队伍难以得到稳定,严重影响了基层文化事业的发展,影响了公共图书馆(室)服务体系发展建设的基础。

除基层之外,目前西藏仅有的3座公共图书馆也存在严重的人才流失现象和区内外人才交流难的问题。一方面公共图书馆事业发展急需高素质人才,另一方面由于公共图书馆的工作条件较差、社会对其重视不够而缺乏对人才的吸引力。如自治区图书馆好不容易引进的人才,却往往只工作几年就离开了公共图书馆行业。高素质人才的流失更加剧了公共图书馆业务拓展举步维艰、发展缓慢的现实问题。人才匮乏现象不仅普遍,而且人才队伍整体水平低。据统计西藏3座公共图书馆从业人员中受过系统图书馆学教育的人数很少,靠关系进公共图书馆已是业界公开的秘密,图书馆成了"在任何岗位上都不能胜任本职工作"者的最后落脚地。现有从业人员除少数在内地图书馆接受过短时间的培训,大多数从业人员的专业知识是通过平时自学及日常工作的积累。目前3所图书馆馆员中大专学历以上以及中级职称以上的比例与这个要求相比仍然偏低,在为数不多的图书情报专业人员中,专业知识老化也比较严重,对于现代公共图书馆的发展缺乏了解，直接影响到图书馆业务的拓展和个人素质的提高。此外，公共图书馆业务水平的提高和技术创新进展缓慢，造成了西藏信息化与东部地区的巨大差距，出现了数字鸿沟，这种数字鸿沟不仅体现在技术设备的差距，也体现在信息资源的差距，更体现在可获得信息内容的差距；更缺乏既有计算机与信息技术专业知识，又有图书情报知识的复合型人才。建设一个现代化的公共图书馆服务体系，需要图书馆从业人员具备各方面的综合素质，成为通才和专家，这样才能与西藏社会经济发展以及全覆盖、均等化的发展目标相适应；而现有公共图书馆从业人员的业务水平与建设现代化公共图书馆的要求相比尚有不少距离。

7. 馆藏资源总数和种类均偏少、服务模式单一、图书借阅能力有限

西藏自治区图书馆是西藏建立最早也是目前该地区最大的一座公共图书馆，它填补了西藏无省级公共图书馆的空白，虽然目前馆藏图书60余万册，但复本所占比重偏大，真正可进入流通的也仅十几万册。由于受经费短缺的制约，新书的年购进量微乎其微，一大批理应入藏的图书无法及时充实馆藏，使得入藏图书存在严重的老化及断代现象。这种现象也同样出现在援建的昌都图书馆和林芝图书馆；不仅馆藏图书有限，更新也极为缓慢，严重影响了吸引读者的能力。目前的馆藏图书中，除了大众化的社科及自科类图书外，能称得上特色的只有为数不多的藏文古籍图书和藏文铅印本图书及国内出版的报刊、杂志。多数基础图书室允许读者借阅的图书更是偏少，外借图书也主要是故事类、历史类和生活休闲类的图书，其他书籍明显偏少；电子图书阅读设备和资源也明显偏少。个别基层图书室图书仅有几百本，有的甚至仅

有50来本；图书的缺乏，尤其是藏文图书的缺乏，使图书室的借阅能力受到限制，难以满足广大群众的阅读图书的需求。为了使仅有的图书周转流通，而不得不限制图书借阅量和缩短借阅时间。

此外由于现有公共图书馆馆际之间合作意识不强，缺乏行业协会的管理和指导，或者管理指导力度较小；加上计算机、网络设施及现代化技术手段不完备等客观、主观因素的制约；西藏公共图书馆之间的交流与合作还比较缺乏，馆际文献交流、馆际互借等工作开展较少，使得馆藏图书偏少，信息资源缺乏的问题更为突出。这种单一落后的服务模式和有限的图书资料，无法适应西藏公共图书馆发展的需要，也必然会被时代潮流所淘汰，西藏公共图书馆的发展繁荣更是无从谈起。如何充分利用现有资源，发挥现有图书与信息资源的作用就成为一个显著的问题。加强馆际交流与合作，共享稀缺资源，避免重复建设，最大化地利用有限的购书经费已经成为亟待解决的又一大问题。

8. 基础教育滞后，图书阅读需求不足

西藏长期发展滞后的经济、教育、交通等问题，同样也影响了文化的发展和繁荣。虽然藏族是个能歌善舞的民族，在西藏除公共图书馆以外其他的公共文化事业发展有着许多得天独厚的发展优势。然而公共图书馆服务体系建设需要一定的教育基础，西藏基层人口的文化素质普遍偏低，在县级以下的乡村甚至有一定数量的脱盲而又复盲的文盲、半文盲人口，这严重制约了图书阅读人群的数量。由于西藏特殊性地理位置的影响，相对的封闭和落后导致了人们思想的保守和信息意识的淡薄；加之文化知识水平的局限性，使得人们对于图书阅读的需求相对不足。西藏现代

教育发展起步晚,现有师资力量和教学管理水平与社会发展需求相比仍有很大的差距;西藏基层政府部门对信息化的认识、具体政策措施与中央十五届五中全会提出的要求差距较大;西藏绝大部分农牧民群众对推进信息化、网络化的认识也不到位,导致了西藏在整个公共文化建设中,重硬件而轻软件,重建设而轻应用,重实用而轻信息的现象十分普遍,政府和农牧民群众对图书和信息网络资源的使用信心不足,没有重视和积极开展图书阅读和信息传播推广活动,造成了现有公共图书服务设施利用率低,图书和信息资源闲置和浪费现象十分普遍。

参考文献

[1] 胡京波,西藏图书馆事业发展的现状及展望,中国图书馆学报(双月刊),1999年第4期。

[2] 次旺仁钦,西藏图书馆事业及其作用概述,西藏研究,1999年第3期。

[3] 段书蓉,西藏图书馆事业的发展历程及经验,社会,2011年第3期。

[4] 次旺仁钦,西藏图书馆事业的回顾与展望,西藏日报,2006年5月29日,第005版。

[5] 胡京波,西藏图书馆事业的回顾与展望,中国藏学,2011年第2期。

[6] 李子,西藏自治区图书情报业发展研究探析,西藏大学学报,2006年第1期。

[7] 王宗义,世纪之交的中国图书馆活动,上海科学技术文献出版社,2011年。

[8] 彭泽明,重庆公共文化服务体系发展与展望,现代教育出版社,2011年。

[9] 国家图书馆研究院,公共图书馆服务体系的探索与实践——天津调研报告,国家图书馆出版社,2013年。

[10] 陈世海、戴珩,网格化公共文化服务——公共文化服务体系建设"张家港经验",凤凰出版社,2012年。

[11] 李勇、钟刚毅、程孝良等,城乡一体化进程中的图书馆发展模式研究——以成都地区图书馆为例,科学出版社,2013年。

[12] 李聚平、卓嘎,西藏图书馆发展现状分析,图书馆论坛,2001年第1期。

[13] 卓嘎,论西藏图书馆的可持续发展,西藏大学学报,2001年第2期。

[14] 胡京波,西藏图书馆事业发展的现状及展望,中国图书馆学报,1999年第4期。

[15] 李子、张淼、邓玲,西藏自治区图书馆文献信息资源共建共享发展现状及对策研究,西藏民族学院学报(哲学社会科学版),2010年第5期。

[16] 贾会清,西藏基层图书馆建设的几点思考,西藏科技,2007年第7期。

[17] 次仁卓玛,图书馆建设现状分析与对策研究,西藏科技,2012年第11期。

[18] 于良芝、邱冠华、徐晓霞,走进普遍均等服务时代:近年来我国公共图书馆服务体系构建研究,中国图书馆学报,2008年第7期。

第四章 西藏公共图书服务平台建设现状及问题分析

第一节 文化信息资源共享工程建设

文化信息资源共享工程是我国公共文化服务建设工程和重点文化惠民工程，2002年由文化部和财政部共同组织实施。直至今天，全国信息资源共享工程在中华大地已经走过了10年的历程。文化信息资源共享工程（以下简称共享工程）西藏分中心及社科基金课题组对山南地区乃东县、琼结县、浪卡子县、洛扎县，日喀则地区江孜县、白朗县、南木县，拉萨市当雄县、堆龙德庆县，以及拉萨市城关区所属的娘热乡、夺底乡等地进行了专题调研，以此作为我们对近10年来西藏文化信息资源共享工程建设的一个粗浅总结，也希望为未来西藏文化信息资源共享工程建设和发展起到促进作用。

一、西藏文化信息资源共享工程建设综述

西藏文化信息资源共享工程建设自2003年启动以来，尤其是

"十一五"以来,西藏的文化事业有了突飞猛进的发展变化,目前已基本实现了县综合文化活动中心和文化信息资源共享工程县支中心的全覆盖,自治区、地市、县、乡四级公共文化设施网络初步形成。

1. 西藏文化信息资源共享平台已基本建成

2003年,西藏自治区图书馆自筹资金3万元建起了西藏第一个共享工程卫星三级站,主要用于接收国家管理中心发送的数据和进行中广电信远程教育的播放。2005年西藏自治区人民政府下发了《西藏自治区人民政府办公厅关于成立西藏自治区文化信息资源共享工程领导小组的通知》,成立了以自治区副主席、文化厅、发展改革委员会、财政厅、西藏自治区图书馆等为成员单位的领导小组及其办公室,为西藏文化信息资源共享工程的顺利开展提供了有力的组织保证。自2005年,为实现西藏文化信息资源共享工程建设目标,依托地区图书馆、群艺馆、县综合文化活动中心、乡镇文化站等基层文化设施,根据西藏实际情况先后在62个县、乡、社区建立了基层服务点(卫星三级站)。2006年在国家文化部、自治区党委政府的高度重视下,实施了全国文化信息资源共享工程西藏自治区分中心基础设施建设。同年还在拉萨市曲水县、山南地区洛扎县和日喀则地区南木林三个县进行了试点建设。2008年建设了21个县支中心的建设。2009年完成了20个县支中心的建设任务,并对10个县支中心进行培训并安装了"县级数字图书馆推广计划"资源硬盘。2010年又建成了29个县支中心,并对已建好的63个县支中心进行培训,安装了"县级数字图书馆推广计划"资源硬盘。2011年按照"统一领导、统筹规划、分级管理、分级负责"的原则实施文化信息资源共享工程地

(市)中心建设,项目预算各150万元;由各地(市)先行垫支,项目完成后由自治区财政向各地(市)拨付100万元的补助经费,不足部分由各地(市)自行承担的办法先行实施建设项目。2012年6月完成西藏昌都和阿里2个地区文化信息资源共享工程地(市)支中心的建设任务。截止2012年底西藏自治区已先后建成1个自治区分中心、2个(地)市支中心、73个县支中心、103个乡镇服务点、2 400多个村级基层服务点,西藏文化信息资源共享工程五级服务网络体系框架基本建成。

2. 西藏共享信息资源建设初具规模

2007年—2009年期间,文化信息资源共享工程西藏自治区分中心结合现有自身条件,结合地域特色收集整理了藏文电子图书360册、中文电子图书4万余册、本地特色图片600幅、视频100余部、音频500条等共享信息资源,并上传至自己开发制作的数字资源导航页面供读者在局域网内进行资源浏览和查询。2011年西藏文化信息资源共享工程双语网站建成,以内、外网两种不同形式向读者提供服务。内网资源主要有:《CNKI法律数据库》《万方视频数据库》《超星电子图书》《博看期刊数据库》和链接的优秀少儿网站、中国图书馆、世界图书馆、西藏优秀双语网站等近4T的局域网资源;外网通过双语网站发布了电子图文300 GB以上,在线视频3 000多部,有声读物320部等各类双语资源。

2010年—2011年期间,制作完成了由国家文化信息资源共享工程中心安排的,总时长近40个小时的地方资源建设项目《传统八大藏戏》和《西藏舞蹈艺术》资源库建设工作。2011年开始启动了《格萨尔史诗》专题资源库、《西藏红色歌舞》红色资源数据库等资源建设项目,并着手译制300多小时地方特色资源。2012

年申报的《藏医药文化》《西藏抗英历史文化》等资源专题库建设项目也已进入实施前期准备阶段。另外，《藏族手工艺专题资源库》《西藏民主改革第一村克松村》等文化建设项目正在开展紧张的前期调研工作。文化信息资源共享工程西藏分中心筹建的《西藏民俗文化春耕》《西藏民间故事》等视频资源素材收集目前已超过 100 小时。除此之外，针对西藏目前特色资源少、外来资源需译制的现状，每年整理加工一定数量的西藏特色数字文化信息资料，加大了收集、摄录、编辑、译制和传输基层群众喜闻乐见、实用的数字文化共享资源的力度，如高原农牧业科技知识、各类藏语知识讲座和培训、藏语电影、藏文图书等，以发挥信息资源共建共享的作用。西藏公共文化服务能力得到明显增强，文化服务水平有了较大提高，广大农牧民群众的文化生活得到了显著改善。文化信息资源共享工程西藏分中心现有资源 30 TB，自建资源 5 TB。制作发放各类光盘 15 000 多张，展板 60 多块，宣传资料 3 000 余份。为加大宣传，西藏分中心还通过文化厅向各基层发放 8 500 套藏汉双语舞蹈资源光盘。

3. 基层文化信息资源共享工程建设初见成效

基层文化信息资源共享工程建设除加强基层硬件设施的建设之外，人员的培训也是一个极为重要的建设工作内容。自 2005 年以来，文化信息资源共享工程西藏分中心每年都对自治区内县支中心人员进行 1—2 期集中培训，并按照不同层次、服务对象不同分级分批进行培训。西藏文化信息资源共享工程建设在技术、管理人员的培养上已基本实现了制度化和常态化。截至目前西藏分中心共举办各类培训班 12 期，培训技术、管理人员达 420 余人次。被列为全国文化信息资源共享工程基层服务典型的西藏山南洛扎县支中心的技术服务人员就是通过西藏分中心培训上岗的技术人员，他们现已能独自胜任并承担着县支中心的日常运行和基层共享服务工作。

满足人民群众的基本文化需求，是公共文化服务的出发点和落脚点，也是文化信息资源共享工程建设的基石。各基层文化信息资源共享工程县支中心克服人员少、条件差等困难，积极开展多种形式的共享信息服务活动；通过优秀的数字资源，初步满足了基层群众"求知识、求富裕、求健康、求快乐"的基本需求，初步缓解了农牧民群众看书难、看戏难、看电影难的问题。如山南洛扎县针对不同读者群的需求开展了以下服务：一是通过协调组织宣传、农牧、林业、卫生、公安等部门收看各类信息资源，做到信息共享、服务到家。二是为各乡镇文化站、村基层服务点直接提供图书、光盘等信息资源，把信息服务直接送到最基层。三是利用"三下乡"、宣传周、农村集市、节假日等契机，向农牧民群众赠送共享信息资源光盘、实用技术资料，并现场接受咨询服务。四是针对一些养殖户在养殖过程中遇到的实际问题，对症下药，从文化信息资源共享工程网站资源库下载相关内容，刻录成实用光盘，免费赠送给养殖户、种植集中连片的村组或文化中心户。2008年国家中心在颁发给洛扎县支中心锦旗上的题词"扎实服务惠群众，共享文化在基层"就是对他们基层服务工作的最好肯定。山南琼结县利用文化信息资源共享工程县支中心为中学生和当地民间艺术团成员举办电脑培训，还为当地在内地上学的农牧民子女和家长提供网络视频聊天活动，受到了家长群众的普遍好评。日喀则南木林县在全区属人口大县，在此次调研的几个点中也是县、乡镇、村三级机构建设比较完善的一个地区，他们利用人口居住相对集中地优势，积极组织干部、群众观看法律、科技等内容的资源，使他们提高了技能，增长了知识。文化站还利用先进音响设备组织农牧民开展健康的娱乐活动，丰富了基层群众的文化生活。初步建成的设备较为完善的文化信息资源共享工程基层县支中心均已能为广大群众提供文化信息资源共享服务，并赢得了广大群众的普遍欢迎。

二、西藏文化信息资源共享工程建设过程中存在的问题及困难

西藏文化信息资源共享工程整体建设已近10年，文化信息资源共享工程西藏自治区分中心、地（市）支中心、县支中心、乡镇服务站、村级基层服务点五级服务网络的软硬件建设总体投入已近亿元，在各级共享网络服务体系建设和服务宣传方面也取得了一定的建设成就，但跟基层群众的实际文化需求和把西藏建设成为文化强区的工作要求相比仍差距甚远。通过实地调研，我们发现目前在共享工程建设过程中存在以下问题及困难：

1. 文化信息资源共享运行机制、体制没有理顺

我国的文化信息资源共享工程建设管理模式是以国家中心—省级分中心—市级支中心—县支中心—乡镇基层服务点—村级服务点6级框架构建而成的。然而目前在西藏，地市、县、乡镇、村4级建设架构尚未完备，这使得文化信息资源共享工程基层服务点难于完全覆盖，部分已建基层服务店也很难做到责任到人、管理到人。目前虽然各县结合本县实际情况制定了一些文化信息资源共享工程县支中心及其电子阅览室管理办法等制度性文件，

但具有全区指导意义的政策性法规，规章制度，日常管理及奖惩办法等极不健全。在业务推广、联系工作、项目管理、业务管理等方面没有形成具有统一标准的章程制度、管理办法等参照标准，日常服务和免费服务等活动的每个环节都存在着许多不合理因素，亟待理顺。

2. 对文化信息资源共享工程的认识不足，工程建设目标不明确

西藏文化信息资源共享工程实施10年来，西藏也和全国一道同步在全区范围内举办多次内容各异，形式多样的服务宣传活动，但负责文化信息资源共享工程的基层管理人员对文化信息资源共享工程的运作方式、服务宗旨和理念不甚了解，有的甚至连文化信息资源共享工程的具体概念也是模糊不清，造成服务对象和服务目的不明确，致使服务活动没有发挥出应有的社会效益。许多服务活动似乎只是为了应付上级部门的检查或者只是供媒体宣传，而没有从实际出发考虑基层群众实际需要。文化信息资源共享工程服务脱离群众、脱离形势的现象十分严重。

3. 偏远地区文化信息资源共享工程基础条件滞后，制约文化信息资源共享发展

2006年率先建设的曲水县、洛扎县、南木林县三个试点县文化信息资源共享工程县支中心的计算机等设备严重老化，远远超过3到5年的更换期限。目前这些设备出现了配置低、开机启动迟缓、软件运行异常迟钝的现象，难以为读者提供更好服务，急需更换用户电脑终端。部分地区乡镇、村一级由于电力、网络等基础条件的限制，配发的设备尚未打开包装安装使用，致使硬件资源造成了极大的浪费，形成了电力、网络正常地区与经常断电

或尚未开通网络地区共享工程配发设备使用率的鲜明反差。

4. 文化信息资源共享工程基层管理人员流动大,技术培训难见真效用

基层文化队伍是组织实施农牧区基层公共文化服务体系建设的主要力量,也是文化部门面向农牧区、面向基层群众开展文化服务,进行基层文化信息资源共享工程管理和服务的直接承担者。目前,文化信息资源共享工程西藏分中心举办的全区各类培训已达12次,然而各县支中心派来参加培训的管理技术人员经过培训回去之后,大多调离到其他地方或其他部门工作,致使共享工程前后工作无法衔接。经过培训的管理技术人员的频繁变动导致国家花费巨额投资建立起来的文化信息资源共享工程的软硬件设施因缺乏专业的管理技术人员而难于发挥其应有的作用,共享工程相关工作难于常态化,甚至导致服务活动无法开展。

5. 受技术条件的限制,许多县支中心难以提供正常的文化信息资源共享工程信息服务

文化信息资源共享工程各县支中心管理人员由于对软件系统的维护意识不强或限于日常维护技术不熟练,当服务器出现了被病毒、木马等攻击时难于及时进行处理,从而导致整个系统运行缓慢,甚至出现系统崩溃的现象,难于提供正常的共享信息服务。通过调研我们还发现,很大一部分村级基层文化信息资源共享工程服务点配发的设备内并没有安装接收软件,致使这些村级基层文化信息资源共享工程服务点难以接受资源信息,文化信息资源共享工程信息服务也就形同虚设,难以发挥服务信息功能。

6. 文化信息资源共享工程资源利用率低,设备闲置浪费严重,社会效益低

文化信息资源共享工程配备的设备安装到位后,由于供货商难于提供后续服务,致使设备的日常维护重担落在了本来并不太胜任此项技术的基层管理技术人员身上。现有的基层文化信息资源共享工程管理人员由于技术难以达到要求,接受过培训的仅有技术人员又时常出现调离岗位的现象,导致现有绝大多数文化信息资源共享工程县支中心、乡镇基层点、村级服务点没有能力承担过多的设备后续维护与管理工作。此外,由于基层人员自身技术的限制,对已经配备的服务器等专业设备的使用率较低。有些地方甚至出现了服务器长时间开启运行,但服务器系统内部却没有安装应有的文化信息资源共享服务内容,这种做法既缩短了设备的使用寿命,又浪费电源。

三、西藏文化信息资源共享工程建设发展对策与建议

目前在新任务和新形势下,文化信息资源共享工程建设急需解决的新问题就是要努力实现三大转变: 一是工作重点从侧重设施建设向侧重管理服务转变;二是建设方式从铺摊建点的规模化建设向专业化和品牌化转变;三是发展模式从单一化向社会化转变。这些转变指明了资源建设是共享工程建设的核心,而数字文化资源是国家宝贵的战略资源,对于满足人民群众基本文化权益,传承优秀传统文化,促进知识传播,增强国家的文化软实力,均具有重要意义。因此,西藏文化信息资源共享工程必须结合本地实际制定相应措施,使文化信息资源共享工程能够发挥出

实效。为此我们提出以下建议和对策：

1. 立足长远，推动体制、机制建设

体制机制上的不合理、不灵活、不适应的问题必将制约文化信息资源共享工程项目的正常运转和效力的发挥，理顺工作体制，建立顺畅机制是处理文化信息资源共享工程建设问题的关键。建议在各县文化局设立公共文化服务机构，专门负责公共文化服务的相关工作。加强西藏文化信息资源共享工程各级组织建设，理顺运行体制，因地制宜加快制定一系列适合西藏，并对全自治区文化信息资源共享工程具有指导意义的管理办法、规章制度、指导意见，进一步完善文化信息资源共享工程组织协调能力，确保西藏文化信息资源共享工程建设健康快速的发展。

2. 提高基层管理人员素质，建立一支稳定的人才队伍

文化信息资源共享工程基层管理服务人才队伍的建设和培养，是公共文化服务体系建设的重要组成部分。西藏文化信息资源共享工程整体技术和管理力量十分薄弱，需要大力培养和引进技术和管理人才。应切实落实国家六部委《关于加强地方县级和县镇宣传文化队伍建设的若干意见》，根据实际情况制定定编定岗制度，或统一考核招收当地具有一定文化层次人员作为公益性岗位担任公职技术管理人员，并对他们定期进行技术轮训，使他们能够胜任日常设备的技术维护和资源管理发布。对于管理水平好、经验丰富的技术人员，及时逐级调整到更高级别的文化信息资源共享工程点，这种激励机制有利于稳定文化信息资源共享工程专业管理技术人才队伍。

3. 加强数字资源建设，更好的为基层服务

依托文化信息资源共享工程的海量资源和完善的网络服务体

系，建立起西藏文化信息资源共享工程培训数据库。较为全面的整理录制适合西藏本地实际的各类实用技术讲座、培训内容，并提供配套的课件和相关培训材料。各级支中心技术人员通过网络在文化信息资源共享工程西藏自治区分中心平台上能够根据自身所需下载、观看学习，同时以多种联系方式获取自治区分中心的技术支持、信息沟通和解答疑问，逐步实现网络培训和实地培训相结合的培训模式，从而真正满足各级支中心的技术服务和管理的需求，最终达到提升整体技能的目的。

4. 加大译制或藏语资源加工建设，服务于基层农牧民群众

西藏地处边疆少数民族地区，90%的人口又是生活在基层的农牧民群众。文化信息资源共享工程在农牧区服务过程中遇到的最大困难除了亟待改进落后的基础设施之外，就是语言上的障碍。全国文化信息资源共享工程中心下发的很多资源在西藏地区很难直接利用，或者说很难被广大的农牧民群众所理解和接受。因此，必须运用文化信息资源共享工程西藏分中心的力量，加大文化信息资源共享工程资源的译制和本地藏语资源的建设力度，让更多的农牧民群众享有均等、便捷的公共文化信息服务。

5. 加强基础硬件设施建设，保障基层服务的可持续发展

针对文化信息资源共享工程设备老化亟待更新的现状，为了更好地满足基层农牧民群众的实际文化需求，文化信息资源共享工程西藏自治区分中心应在进一步深入基层进行调研统计，了解基层的实际现状，积极向有关部门提交专项经费申请，争取早日更换这批老旧设备；并在今后工作形成一种长效机制，定期升级或更换基层服务点面临淘汰的硬件设备，保障基层文化信息资源共享工程建设持续健康的发挥效力。

第二节 农家书屋工程建设

《国家"十一五"时期文化发展规划纲要》提出:"以实现和保障公民基本文化权益,满足广大人民群众基本文化需求为目标,坚持公共服务普遍均等原则,兼顾城乡之间、地区之间的协调发展,形成实用、便捷、高效的公共文化服务网络。"构建西藏公共图书馆服务体系既是当前基层文化服务的现实课题,更维系着中国当代图书馆服务体系的健康发展,也反映了社会管理体制变革进程中的思维方式的更新。农家书屋工程是党中央、国务院从全面建设小康社会的全局出发,以统筹城乡经济社会发展、推动社会主义新农村文化建设为着眼点的基础性工程。在西藏,农家书屋工程建设作为一项政府主导的基础公益项目、民生工程、惠民工程和德政工程,得到的党中央、国务院,各级地方党委、各级新闻出版部门,以及各级财政部门的高度重视,使这一公共文化惠民工程建设得到了快速发展,规模不断得到扩大,内涵进一步深化,成为西藏目前唯一的基层文化宣传平台和公共图书服务平台。党的十七届六中全会就明确提出,加强城乡文化一体化建设,增加农村文化服务的总量,缩小城乡文化发展的差距。国家"十二五"时期文化改革发展规划纲要中指出:按照公益性、基本性、均等性、便利性的要求,以公共财政为支撑,以公益性文化单位为骨干,以全体人民为服务对象,以保障人民群众看电视、听广播、读书看报、进行公共文化鉴赏、参与公共文化活动等基本文化权益为主要内容,完善覆盖城乡、结构合理、功能健全、实用高效的公共文化服务体系。十八大报告中也指出：要围绕构建中国特色社会主义社会管理体系，加快形成政府主导、覆盖城乡、可持续的基本公共服务体系。覆盖城乡就是要打破行业分割和地区分割，加快城乡基本公共服务制度一体化建设，大力推进区域间制度统筹衔接，加大公共服务资源向农村和贫困地区倾斜力度，实现基本公共服务制度覆盖全民。

一、西藏基层农家书屋服务平台的建设成就

由于历史、经济、教育、交通及地理位置等多种原因，西藏农牧区基层的公共文化服务体系建设一直处于滞后的状态。进入21世纪以来，随着西藏社会经济、交通事业的飞速发展，互联网的迅速崛起，以及大量农牧民民工进入城市参与城市建设，使新技术和信息的传播变得越来越广泛，也越来越显得重要。农家书屋这一新型的农村文化服务事业也在这种形势下孕育并得到飞速发展。农家书屋工程的建设基本覆盖了广大基层农牧区，实现了农牧区借阅图书服务的全覆盖，结束了西藏没有基层图书服务的历史。自2007年全国农家书屋工程建设启动，尤其是2008年农家书屋工程在西藏全面铺开建设以来，西藏自治区党委、政府十分重视，为保证工程建设顺利开展，自治区人民政府专门成立农家书屋工程建设领导小组和办公室，制定了《西藏自治区农家书屋工程实施方案》《西藏自治区农家书屋工程建设目标责任书》《农家书屋建设检查验收办法》等，确保了西藏农家书屋[①]建设工作的有效开展，取得了令人瞩目的成效。

---

① 在西藏,农家书屋主要分为三类：农家书屋、牧家书屋和寺庙书屋。

1. 农家书屋工程建设结束了西藏乡村没有公共图书服务的历史

农家书屋工程的建设,使西藏基层农牧民群众有史以来第一次有机会接触并享受到了免费借阅图书的服务,保障了广大群众读书看报的权利,基本实现了西藏农牧区乡村免费图书借阅的全覆盖,结束了西藏农牧区乡村没有借阅图书的历史,解决了农牧民群众"读书难、看报难"的问题,使这一工程真正成为文化民生工程,成为目前西藏覆盖农牧区基层的唯一的公共图书服务平台。自2007年农家书屋工程启动至2012年4月覆盖全区建设完成5 451个农家书屋;中央和西藏地方财政累计投入建设资金1.090 6亿元,为1 700多个寺庙书屋工程建设投入资金3 752万元。在建设农家书屋的基础上建起了社区书屋和职工书屋,并结合西藏的区域特点建起了牧家书屋和寺庙书屋;2012年开始又试点建起了卫星数字农家书屋,2013年计划建设完成990个;历年建设进度见表4-1。目前西藏自治区就已全面实现了"所有行政村有农家书屋、寺寺有寺庙书屋"的全覆盖建设目标[①]。

表4-1 西藏农家书屋历年建设进度统计表

年 份	农家书屋建设(个数)	寺庙书屋建设(个数)	卫星数字农家书屋建设(个数)	备 注
2008年	20(试点)			
2009年	660			
2010年	1 320			
2011年	3 331	480		建设了17个职工书屋和18个社区书屋

---

① 西藏农家书屋和寺庙书屋实现全覆盖 http://news.xinhuanet.com/local/2012-04/25/c_111840470.htm

续 表

年份	农家书屋建设（个数）	寺庙书屋建设（个数）	卫星数字农家书屋建设（个数）	备注
2012年	120	1 220	10（试点）	
2013年			990	
合计	5 451	1 700	1 000	

数据来源：2009年—2011年历年西藏自治区农家书屋（寺庙书屋）工程建设工作材料汇编

2. 统筹城乡发展，统一部署，科学编制实施方案，整体推进使农家书屋工程建设初见成效

在农家书屋的建设过程中，把加强农村文化建设作为全面建设小康社会的重要内容，把农家书屋工程作为政府的民生工程，使得工程建设整体推进有了思想和政策的有力保障。农家书屋建设工程在整体推进的过程中，本着统筹城乡、科学规划，上下联动、统一部署，统一协调、科学实施，使书屋建设工程得以顺利开展并按期完成工程进度，提早实现了农家书屋的全覆盖，如仅2011年一年就建设完成了3 331个农家书屋，480个寺庙书屋的建设任务。统一组织配发和统一标准使农家书屋建设得以规范；西藏依据农家书屋建设标准，每个农家书屋选配了844种、2 462册（盘）出版物，总价值达到31 333.6元；每个寺庙书屋选配了472种、1 052册（盘）出版物和10个书架，总价值达到21 956.6元。此外，以县乡为单位的一次性投入建设，减轻了基层部门的工作压力，使农家书屋、寺庙书屋一次性建成到位，广大农牧民群众和僧尼也一次性全覆盖享受到了免费的公共图书服务，避免了基层农牧民群众的争抢、议论与不满。这种统一思想、统一部署、统一监督、统一验收；统筹城乡发展，科学规划、合理实施，上

下联动、整体推进的工程建设经验值得我们认真总结和借鉴,尤其是在推进公共文化服务体系建设过程中加以借鉴和推广。

3. 立足本地,深入调研,精心组织出版物,使农家书屋、寺庙书屋建设质量得到了保证

在内地部分省区农家书屋建设过程中出现了出版商将一些无法出售、长期积压、库存的图书下发到各书屋,以次充好应付书屋建设,使农家书屋的图书质量受到了严重的影响①。西藏农家书屋的建设过程中,西藏各级新闻出版部门和出版印刷企业本着高度的责任感和使命感,针对西藏90%以上的农牧民群众和僧尼只懂藏文,且藏文出版物数量有限而供给不足的实际问题,确定了"以农牧民为主,以藏文读物为主,以普及通俗读物为主,以实用效益为主"的指导思想,最大限度地努力为农牧民群众提供"一读就懂、一点就通、一学就会、一用就灵"的优秀出版物为出发点,除精心征订优秀图书外,还组织自治区农牧厅、科技厅、财政厅、农科院等单位翻译和编辑符合西藏实际的选题素材图书和音像制品。被列为农家书屋书目的组织编辑的藏文图书就有218种,翻译成藏文图书就有269种,对照翻译图书有30种。针对农牧民文化水平有限,喜欢声像制品的特点,还组织了18种农牧民急需的有声音像制品,如绵羊、山羊的养殖技术,宾馆服务员、餐厅服务员培训指导等。配备的出版物涉及党的理论路线方针和富民惠民政策、法律法规、文化教育、科学技术、文学艺术、医疗保健、青少年教育等诸多方面。我们在2013年为期半年的基层乡村实地调查中也发现,西藏新闻出版总局下配给各村农

---

① 王宗义,世纪之交的中国图书活动,上海科学技术文献出版社,2011年:254—274。

家书屋的图书，无论从图书装帧质量和图书内容，还是图书的种类和册数方面都是在认真基层调研的基础上精心组织，这些图书自然也就得到了广大农牧民群众和寺庙僧尼的普遍好评。

表4-2 西藏农(牧)家书屋图书选配统计表

类　别	藏　文	汉　文	音像制品	其　他
政经类	142	10	3	
科技类	142	85	15	
生活类	2	0		
文教类	168	8		
少儿类	63	2		
综合类	0	0		
合　计	517	105	18	

数据来源：西藏自治区农（牧）家书屋出版物目录（2010年）

二、西藏农家书屋建设、管理与服务中存在的问题

农家书屋建设工程作为西藏基层公共文化服务的重要组成部分和德政惠民工程，虽然取得了可喜的建设成就，但是在建设和管理使用过程中也存在不少问题，尤其是公共图书服务体系建设起步晚、基础薄、投入少、欠账多，具体体现在以下几个方面：

1. 各级部门对农家书屋的定位和认识不足

农家书屋的建设是党和国家的一项重点文化工程，也是一项基础工程、民生工程、德政工程；同时也是公共文化服务体系建设重要组成部分。农家书屋作为最基层的公共图书服务机构理应承担与基层公共图书馆一样的职能和作用，但各级部门往往不能

认识到这一点。"对农家书屋认识深度不够,把农家书屋看成是单一的、物质的书刊资料储藏室,不能认识到它是一个乡村图书室,是公共图书馆的一个缩微,其生存与发展的持续动力不容乐观。①"甚至有的基层政府根本不重视农家书屋在公共文化服务体系中的重要作用,不能从民生工程保障公民权益的高度定位和认识农家书屋,对于农家书屋的建设进行应付敷衍。我们在调研过程发现有的村的农家书屋基层政府根本就没有配发书架等最基本的设施,新闻出版部门下配的图书一部分摊在了村会议桌上,还有部分书屋甚至连包装都没有拆开垒在角落,这种书屋还能发挥效益吗? 更谈不上通过农家书屋这一平台,组织农牧民群众开展读书文化活动,真正把农家书屋建成宣传党的路线方针政策、传播科学文化知识、丰富农牧民精神文化生活的主阵地。

2."重建轻管,重建轻用"现象严重,农家书屋缺乏长远发展规划

西藏农家书屋自 2007 年启动以来,属铺摊建点的规模化建设,截止 2012 年底全区所有行政村都已建成农家书屋,但在我们实地调查过程中发现"重建设、轻管理,重建设、轻使用"的现象比较普遍。按照国家新闻出版总署的建设要求,农家书屋是由农牧民自行管理,多以兼职人员为主;但农牧民群众大多家中有许多农活要干,加上书屋管理人员没有相应的误工补贴,对书屋的兼职管理也就很难做到尽职尽责,建设初期由村委会成员义务管理的良好初衷在现实面前难以实现! 现部分村里分配有大学生村官的大多数由村官负责管理书屋,但村官工作流动性很大,书

---

① 李华,公共图书馆与"农家书屋"工程——营口市图书馆参与"农家书屋"建设的实践与思考,图书馆学刊,2011(6): 99。

屋管理也就很难做到持久。近年来，随着万民干部驻村活动的展开，有驻村工作队的行政村均由驻村干部来管理，暂缓了书屋无人管理的现实问题，但这仍不是长久之计。由于没有专人管理书屋，国家投入巨资兴建的农家书屋难以发挥它应有的作用，经常出现闭门、无人整理、登记图书的现象。从近20个县30多个行政村的农家书屋图书借阅情况实地调查情况来看，书屋借阅登记本中登记的图书借阅情况在建立初期还算不错，但随着时间的推移，借阅人数越来越少；有些书屋甚至一年内只能借出十几册图书。从书屋的开放情况来看，除部分书屋写明了开放时间外，大多数农家书屋并没有写明开放时间。据了解，在农家书屋开放初期大多都能正常开放，但由于前去借阅的人数越来越少，久而久之书屋开放的时间也就不太固定，基本是采取随叫随开的开放原则。有一部分村，当我们到村里提出要看看书屋时，需要费一番周折才能找人前来开门，这一切都表明书屋的开放很不正常。

随着国家对"三农问题"的重视力度加大，不同的公共服务项目不断地向农牧区倾斜，但各行业都存在一个共同的问题就是铺点，而对前期基础设施和后期的可持续发展考虑不多。农家书屋建设同样也存在类似的问题。由于西藏的农家书屋建设发展没有明确的长远规划，基层乡村干部群众心里也就没有了主心骨，担心是"一阵风"建设，因而大多数农家书屋处在走一步、看一步、想一步的状态；由于缺乏持续的投入和发展动力，图书更新也较为缓慢，虽然早期建设的书屋近年来增添过一些新书，但没有任何定期的更新计划，因此严重影响了书屋的可持续发展。

3. 农家书屋门庭冷落，图书利用状况不容乐观

西藏属经济欠发达地区，在历史、地域等诸多影响下人们对

于读书习惯的养成，还需要有一个培养的过程。目前，广大农牧区已基本完成了扫盲任务，但许多农牧民群众由于基础文化知识的缺乏，许多人因不会阅读或能读但难于理解书中的内容而对借阅图书望而却步，也就失去了阅读图书的兴趣和乐趣。随着国家对于西藏经济发展的投入力度不断加大，大量受过教育的农牧区年轻人进城务工，家中剩余人口又忙着料理家务为生活而忙碌；这些也成为农家书屋图书无人问津、门庭冷落的原因之一。在我们组织的问卷调查中，当问及"您不常去书屋的原因"时，在乡村有近30%的选择了"没有时间去"，在城镇选择"没有时间去"的比例竟高达43.3%，均列为该原因的首位。此外选择"从没有想过要去书屋"或"没有想要看的图书"两项原因的也占一定的比例。农家书屋内的许多图书崭新如初没有被翻阅的迹象，偶见几本格萨尔故事书和民间故事有翻阅的痕迹。这种情况在文化教育发达的上海等沿海周边郊区也极为普遍[1]。虽然在国家新闻出版总署制定的《农家书屋工程建设管理暂行办法》第三十四条规定：农家书屋应利用自身优势，大力开展读书征文、知识讲座、科技培训等形式多样的读书学习活动，不断丰富服务手段，拓宽服务范围，充分发挥农家书屋的作用。但在我们走访基层农家书屋的过程中发现，基本没有按照此项要求针对西藏农牧区的实际情况开展相关活动。

4. 农家书屋管理难于监督落实，管理人员亟待进行职能业务培训

自2007年农家书屋建立以来，西藏自治区新闻出版局每年都

---

[1] 王宗义，农家书屋建设与图书馆社会服务体系研究，上海科学技术文献出版社，2011年：54。

举办书屋管理人员培训班，为书屋的建设、管理和长远发展奠定了一定的基础。但前来参加培训的人员大多为各地区及县文化局的干部，而不是真正具体负责农家书屋的管理人员；这些经过培训的管理干部目前大多已调离了文化管理部门，离开了他们熟悉农家书屋管理指导岗位。我们此次调研中也发现，几年前接受过书屋管理业务培训的很少有人仍留在管理书屋的岗位上。由于现有的许多书屋管理员没有接受过书屋管理的培训，有的甚至弄不清楚农家书屋所应发挥的职能和书屋管理员所应尽的职责，书屋远远没有发挥建设初期预期的作用。在农家书屋的建设过程中始终未能将西藏农家书屋管理人员的工资纳入到书屋的建设规划中，这也是农家书屋建设发展到今天走入了一个尴尬的阶段，造成越走越艰难的主要问题之一。许多乡村的书屋管理员由于管理人员没有工资而多属兼职，因此难以尽心尽职管理书屋，出现了借阅图书不登记，不进行定期顺架。随意混乱摆放的图书很难满足读者的需求，加之书屋难以保证正常开放和举办读书活动，致使书屋难以发挥效益。基层文化管理部门也由于缺乏对书屋管理的抓手，因此日常的管理指导和监督难以得到有效的落实。专业性管理的缺失和持续性的监督与投入的不足严重制约了农家书屋健康有序的正常运转。

5. 农家书屋被挤占或挪作他用的现象十分普遍

农家书屋工程建设初期，在各级政府部门的高度重视下，农家书屋的房屋、书架、阅览桌椅等设施得到了有效的保障；但近两年来，基层农家书屋常常出现被其他项目挤占挪用的现象。课题组在此次调研期间，发现部分村里由于房屋等村里设施有限，农家书屋不得不与卫生部门设立的公共卫生服务项目挤在同一房间内，个别农家书屋成为驻村工作队的临时办公场所；有的已建好的农家书屋甚至被一些新增公共项目挪用挤占，被挤占他用的现象在城区基层社区尤为严重。由于村里房屋有限，有些农家书屋不得不又将图书重新装箱后躺进村委会的仓库或角落里。村委会负责人无奈地告诉我们，现在村里实在是挤不出更多的房屋了，只好先委屈一下农家书屋，等将来村委会扩建了基础设施，一定腾出一间房屋重新恢复农家书屋。如今，西藏的农家书屋自启动至今已经走过了6个年头，上述情况虽然也属个别现象，但我们还是不得不为农家书屋的前途捏一把汗，毕竟这样的先例不是没有过的。

三、依托农家书屋构建农牧区基层公共图书馆服务体系的对策建议

1. 农家书屋是基层公共文化服务体系的重要组成部分

新中国成立后，我国内陆地区特别是中东部地区的农村基层图书馆建设与服务，至少有过二到三次的投入，虽然每一次都是无疾而终，但仍有着一定的基础。西藏五市两地目前只有省级公共图书馆一座，地市公共图书馆三座，县级公共图书馆建设为零。因此，在农牧区公共图书馆建设和服务可以说是一片空白，农家书屋的建设无疑填补了这块空白。国家新闻出版署印刷发行管理司司长、农家书屋办公室主任王岩镔指出，"建设农家书屋是为了解决农村的公共文化服务问题"。西藏的农家书屋建设同样也是为了解决农牧区乡村的公共文化服务问题，西藏农家书屋工程的建设开创了基层图书服务的先河，为构建西藏公共文化服务

尤其是构建公共图书馆服务体系奠定了基础。

2. 立足农家书屋建设基层公共图书馆服务体系，避免重复建设

西藏公共文化服务体系建设尤其是西藏公共图书馆服务体系的建设面临着底子薄，服务需求弱，图书阅读热情和兴趣极其缺乏，农牧民缺乏阅读习惯的问题。这就需要立足农家书屋构建基层图书馆服务网络，与新闻出版部门通力协作，找准西藏农村公共图书馆服务体系建设与农家书屋建设和持续发展相结合的切入点，共同开展基层公共图书服务，避免重复建设。在我们基层的调研访谈过程中了解到，为建设公共图书馆服务体系而在基层再重复兴建图书馆是完全没有必要的，只要充分发挥现有农家书屋作用，将基层图书馆和农家书屋整合在一起，与文化信息资源共享工程基层服务点一道共同担当起基层公共图书服务的职责，为广大农牧民群众及僧尼提供更好的公共文化免费服务。国家也正是本着这个出发点，将农家书屋的建设任务赋予给了新闻出版部门，而将全国文化信息资源共享工程的建设任务赋予给了图书馆，通过协作共同打造公共文化服务体系。目前，西藏覆盖全自治区的农家书屋已基本建成，但建成后的持续发展有赖于现有图书馆体系的通力协作，提升农家书屋的管理和服务质量，积极争取政府提供的公共文化免费服务资金，解决农家书屋日常管理和开展图书阅读推广的经费；通过新闻出版部门组织优秀图书出版和图书推广经费，结合农牧区新华书店建设计划为基层农家书屋送入更多被农牧民群众喜爱的实用图书，农家书屋图书的持续更新，必将增强农家书屋的活力，从而吸引更多的农牧民群众到农家书屋，满足农牧民群众日益增长的文化生活需求，提升他们的文化生活质量。

3. 公共图书馆服务体系建设可借鉴农家书屋的建设经验

在农家书屋建设上政府投入了大量的人力、物力，并取得了可喜的成绩，这些成绩的取得有赖于农家书屋工程建设中采取了"五个统一"（即统一政府采购、统一资金管理、统一目录挑选、统一图书配送、统一管理使用）的原则，使工程建设进度和质量得到了保证。同样的例证也在大别山革命老区，欠发达地区公共图书馆服务体系建设过程中得以应用。这种以政府为主导、城乡统筹，按照"统一规划、统一图纸、统一标准、统一验收"的原则，统一建设乡镇图书馆，形成以图书馆建设为中心整合农村公共文化服务的"平桥模式"，为欠发达地区公共图书馆服务体系建设进行了有益的尝试，并得到了较好的成效。[①]这种建设模式在西藏公共图书馆服务体系建设过程中也同样值得借鉴。这种以统一标准建设的模式虽然失去了建设个性，难于因地制宜地发挥优势建出特色，但在建设初期能够有效地建立起标准化的建设、管理和服务目标并尽早发挥效用，也有利于保障建设标准并按期完成建设任务。

4. 以农家书屋为支馆构建城乡公共图书馆服务体系

"平桥模式"以社区街道图书室、农家书屋为支馆，以乡镇图书馆为分馆，以平桥图书馆为总馆，以图书流动车为补充，形成了触角延伸到千家万户的区域图书馆网络服务体系[②]。为欠发达地区构建公共图书馆服务体系进行了有益的尝试。目前我国基层公共文化服务地分散投入，难以形成资源优势，需要通过整合

---

① 王宏鑫等，走向农村公共图书馆服务的整体化平台——河南信阳"平桥模式"研究，中国图书馆学刊，2013(4)：4。

② 孙小丰，平桥区图书馆总/分馆管理模式实践探讨，河南图书馆学刊，2012(2)：35。

现有基层公共文化服务资源，把现有的党员现代远程教育中心、共享工程基层服务点、农家书屋的资源整合到一起，形成"三位一体"，用较低的投入实现原来由多家渠道提供的公共文化服务，从而使服务更为经济而高效，实现可持续发展。西藏地处边疆少数民族地区，由于历史、经济等原因公共图书馆发展一直滞后于全国，除省级西藏自治区图书馆之外，到目前为止全自治区无一家严格意义上的县级图书馆，各地区中也只有昌都和林芝两个地区在援藏资金的投入下建起了地区图书馆。因此，要建设西藏公共图书馆服务体系就必须立足农家书屋，以农家书屋和乡镇、城区办事处文化馆站作为县级图书馆的支馆；以地区图书馆为总馆，县级图书馆分馆；由自治区图书馆在业务上起到沟通联络，建立起图书馆联盟；构建自治区级、地区和县级图书馆三级公共图书馆服务体系，并通过县级图书馆将服务延伸至各支馆，以分散的流动服务作为必要的补充，实现西藏公共图书服务的全覆盖。

第三节　数字图书馆推广工程建设

数字图书馆推广工程是 2011 年 5 月文化部、财政部联合推出的。是继全国文化信息资源共享工程、公共电子阅览室建设计划后，在"十二五"时期组织实施的又一项数字文化建设工程，也是一项重大的文化惠民工程。其建设的目的是繁荣发展社会主义先进文化、提高全民族素质、提升国家文化软实力，维护文化安全、积极抢占网络文化阵地，加快公共文化服务体系建设、提高公共文化服务能力，从而把握信息技术环境下文化发展主导权，推动覆盖城乡的公共文化服务体系建设。

数字图书馆推广工程将构建以国家数字图书馆为中心、以各级数字图书馆为节点、覆盖全国的数字图书馆虚拟网，建设分级分布式数字图书馆资源库群、在全国范围内形成有效的数字资源保障体系，以互联网、移动通信网、广电网为通道，借助各级公共图书馆和手机、数字电视、移动电视等新兴媒体，向公众提供多层次、多样化、专业化的数字图书馆服务，从整体上提升全国公共图书馆服务能力，打造基于新媒体的图书馆服务新业态。最终实现数字图书馆的服务惠及全民，切实保障公共文化服务的公益性、基本性、均等性、便利性，最大限度地发挥数字图书馆在文化建设中引导社会、教育人民和推动发展的功能①。

一、西藏数字图书馆推广工程概述

2012年8月，在第四次全国文化文物援藏工作会议上，国家图书馆和西藏自治区文化厅签订关于开展数字图书馆推广工程的战略合作框架协议，在西藏全自治区正式启动并开始实施数字图书馆推广工程，自此揭开了西藏数字图书馆建设的新篇章。截止2016年7月，西藏全自治区共有4家公共图书馆参与数字图书馆推广工程建设，包括西藏自治区图书馆，林芝市、昌都市和阿里地区等地市级图书馆设立数字图书馆。山南市图书馆预计2017年开展数字图书馆推广工程建设工作。日喀则、那曲和拉萨等三个地市由于图书馆本身尚未建设完成，因此尚未开展数字图书馆推

---

① 文化部、财政部关于实施"数字图书馆推广工程"的通知，2011年5月。

广工程的相关建设工作。西藏在基础平台建设、资源建设与服务提供等方面取得了一定的成绩，在促进西藏公共文化服务体系建设，保障人民群众的基本文化权益，发挥了预期的效益。

二、西藏数字图书馆推广工程发展现状

随着数字图书馆推广工程的顺利实施，西藏公共图书馆在经费投入、推广工程软硬件平台、数字资源建设与服务、网络、新媒体、人才队伍和宣传服务推广等方面发展迅速，取得了较好的成绩。

1. 数字图书馆推广工程开局良好

自2012年至2016年7月，用于西藏全自治区数字图书馆硬件平台建设和数字资源建设的中央转移支付资金总计915万元，地方配套资金总计20万元（其中昌都财政局配套10万元、西藏自治区财政厅配套10万元），数字图书馆建设资金投入大幅增加。依据西藏省市级数字图书馆推广工程的硬件建设标准要求，上述4家图书馆均借助该项推广工程专项经费完成了硬件设施的采购工作，林芝市图书馆、昌都市图书馆和阿里地区图书馆相继完成硬件集成工作，使全自治区4家公共图书馆的硬件条件得到了极大的提升。西藏自治区图书馆在机房硬件设备的集成建设工作完成后将开展数字图书馆推广工程相关业务系统的平台部署和整合。

2013年底，西藏自治区图书馆开通了数字图书馆推广工程建设的移动阅读平台。昌都市图书馆还与天津图书馆联合建立了天津图书馆昌都市数字图书馆分馆和丁青县数字图书馆。2015年9

月，林芝市图书馆率先完成数字图书馆推广工程运行管理平台和唯一标示符系统软件平台的部署。同年，昌都市图书馆也开通了微信公众平台，提供数字服务。

2. 基础专网和虚拟网建设初具规模

2014年9月，西藏自治区图书馆到国家数字图书馆独享网络155M专线联网开通，这一直通联网后为西藏数字图书馆提供一个强大的网络设施平台，也为西藏自治区图书馆读者提供了近150 T的专网数字资源。林芝市、阿里和昌都市图书馆相继完成了与国家图书馆虚拟网络的连接工作，为西藏的数字图书馆读者提供推广工程的数字资源。

3. 数字资源建设和服务稳步推进

目前，西藏公共图书馆先后通过国家图书馆、兄弟省市图书馆援助和自购等多种途径，已拥有近175 T的数字资源（其中包括专网资源），能够为读者提供数字图书服务的数字资源包括电子图书、电子期刊、工具书、学位论文和地方特色音视频等资源。

西藏自治区图书馆和各地市级公共图书馆还通过移动阅读平台、实地硬盘部署、提供网络连接和发送光盘、U盘等多种形式多次为驻藏部队、学校、社区和基层文化单位免费提供数字资源服务，极大地延伸了数字图书馆的资源服务范围。此外，通过数字图书馆推广工程数字资源联建工作，与政府的信息联合建设先后完成48 000条政府公开信息采集与建设任务，并在政府公开信息整合服务平台"西藏分站"（包括政府便民服务中心和图书馆的政府公开信息触摸屏系统）上发布；与此同时，元数据仓储建设、地方文献数字化、国图公开课和唯一标识等项目也已稳步实施；51 000万页方志和地方文史资料纸质文献的数字化加工的数字资源也通过互联网为公众提供服务。

4. 人才队伍建设初见成效

西藏各级公共图书馆借助数字图书馆推广工程举办的培训班，面向数字图书馆管理人员开展了数字资源联合建设、基层文化队伍建设、基础软件系统和馆员研修班等培训班，对加强和提升西藏数字图书馆推广工程业务人员的思想和技术水平起到积极作用。同时还借助国家图书馆按月推出的数字图书馆推广工程"网络书香讲坛"在线培训和数字图书馆推广工程西藏自治区区域培训班，对西藏自治区图书馆、林芝市图书馆、阿里地区图书馆、昌都市图书馆和山南市图书馆的从业人员提供了近20期的培训机会，总共受训人员多达400人次，以确保图书馆从业人员能跟上时代步伐适应万物互联背景下的图书馆业务，为西藏数字图书馆推广工程的实施提供了人才保障。

5. 宣传推广活动成效显著

借助"网络书香过大年"和世界阅读日"网络书香飘雪域"为主题的多期数字图书馆推广活动，同时通过人民网、央广新闻网、西藏新闻网、西藏商报、西藏日报和西藏电视台等主流媒体，对数字图书馆推广工程成功举办的各项推广活动进行了全方位的宣传报道，收到了良好的社会效果。2014年国家图书馆特为西藏自治区图书馆颁发了"数字图书馆推广工程优秀宣传单位"称号。

为拓展数字图书馆推广工程的数字资源服务空间，西藏还借助推广工程服务推广活动和基层图书馆数字资源提升活动，开展了数字资源进基层图书馆、进校园、进军营和寺庙等活动，把经过精心筛选的优质数字资源通过大容量的移动硬盘封装后，分发部署到了合作单位的电子阅览室，使读者能够用上便捷的数字图书资源。

三、 西藏数字图书馆推广工程的发展展望

新媒体时代的到来和新媒体在图书馆领域中的广泛应用,将会给信息时代的图书馆带来发展机遇和挑战。西藏将以数字图书馆推广工程为契机,打造具有西藏地方特点的数字图书馆。首先,陆续将拉萨市、山南市、日喀则市和那曲地区等地市级公共图书馆纳入到推广工程建设队伍中,进一步提升西藏公共图书馆的信息技术基础设施水平,并完成全自治区公共图书馆虚拟网的建设和推广工程虚拟网络接入工作。其次,加大数字图书馆推广工程资源联合建设力度,完成地方特色自建资源的"共建共享共知"工作,并加大藏文纸质文献的数字化工作力度。充分利用推广工程移动阅读平台、微信公众平台、应用程序和网站等信息技术手段为读者提供海量的数字图书馆推广工程数字资源,并采用封装精品数字资源的方式提升对基层图书馆和特殊人群的数字资源服务水平。再次,进一步加大全自治区公共数字图书馆从业人员的培训力度,在为推广工程顺利实施提供人才保障的同时加大数字图书馆推广工程的宣传力度,为西藏数字图书馆推广工程的顺利开展提供良好氛围。

第四节 公共电子阅览室建设计划

为适应信息化、数字化、网络化的发展要求,进一步加强公共数字文化建设,提高公共文化服务能力,推动覆盖城乡的公共文化服务体系建设,保障数字化、信息化、网络化环境下,公共

文化服务的公益性、基本性、均等性、便利性，满足人民群众日益增长的精神文化需求和基本网络文化需求，切实保障人民群众的基本文化权益，提高公民的思想道德素质和科学文化素质，在"全国文化信息资源共享工程"、"数字图书馆推广工程"取得积极进展的基础上，文化部、财政部决定"十二五"期间在全国实施"公共电子阅览室建设计划"。

公共电子阅览室是以计算机技术、网络通信技术为基础，依托文化共享工程各级服务点、图书馆、文化馆，以及具备条件的工人文化宫、少年宫、妇女儿童活动中心、乡镇文化站、社区文化中心、学校、工业园区等，提供集互联网信息查询、文化共享工程信息资源服务、数字图书馆服务、素质培训、网络通信、休闲娱乐为一体的现代化多功能公共文化服务场所。公共电子阅览室建设也是在公共数字文化建设发展到新的阶段，为保障基层广大群众的基本文化权益，而推出的一种创新服务模式[①]。

一、西藏公共电子阅览室建设计划概述

自西藏公共电子阅览室建设计划实施以来，全国文化信息资源共享工程西藏分中心在公共电子阅览室建设方案制定、省级分中心平台建设、各级支中心硬件建设和服务点硬件建设方面取得可喜成绩。2013年底，制定了西藏公共电子阅览室省级分中心平台建设方案与各级公共电子阅览室建设方案，为西藏地区公共电子阅览室建设作了系统规划。2014年底完成了全国文化信息资源

---

① 文化部、财政部关于印发"公共电子阅览室建设计划"实施方案的通知，文化部文社文发〔2012〕5号。

共享工程国家中心下发的免费公共电子阅览室管理信息系统平台部署任务。先后完成了西藏自治区分中心、昌都市支中心、林芝市支中心和日喀则地区15个乡镇的公共电子阅览室管理软件的部署与省中心平台的入网对接。到2015年底,完成了全国文化信息资源共享工程西藏分中心省级公共电子阅览室管理系统软硬件平台招标工作;目前该招标项目正依据合同有序的完成西藏分中心省级软硬件平台系统的集成工作。

二、西藏公共电子阅览室建设计划发展现状

近年来,西藏公共电子阅览室建设计划在经费投入、体系建设、基层服务和队伍培养方面取得了可喜的成绩。

1. 经费投入持续增长

从2011年至2014年,中央财政共支持1 182万元用于西藏自治区公共电子阅览室建设计划。其中,632万元用于394个乡镇街道社区公共电子阅览室的建设,550万元用于公共电子阅览室管理信息系统平台的建设。

2. 服务体系初具规模

西藏全自治区7个地市级支中心和74个区县级支中心已建设完成,394个乡镇、街道和社区服务点已经建成并将部署公共电子阅览室管理软件系统,实现了县县有支中心和电子阅览室的建设目标,五级公共电子阅览室服务体系已初具规模。

3. 基层服务队伍不断壮大

文化信息资源共享工程西藏分中心借助多期"春雨工程—文化共享志愿者西藏行"培训班,对各地市基层文化骨干进行了公

共电子阅览室管理信息系统和基层服务培训，全面提升了基层文化服务者的业务技能和服务水平，从而为公共电子阅览室建设计划的实施提供了人才保障。

三、西藏公共电子阅览室建设计划未来发展的展望

为进一步完善西藏公共文化服务体系，稳步推进西藏公共电子阅览室建设计划，还须从支撑平台、服务体系、人才队伍、服务方式和宣传推广等多方面着手推进。

1. 建立和完善西藏公共电子阅览室技术支撑平台

在完善文化信息资源共享工程西藏分中心省级公共电子阅览室技术软硬件系统平台的基础上，为西藏各级已投入运行的基层服务点部署公共电子阅览室管理信息系统软件，并完成每个终端与省中心系统的入网对接。同时在现有技术管理平台基础上，利用信息新技术，建设先进实用、安全可靠、传输通畅、开放互联的公共电子阅览室技术平台。

2. 推进西藏各级公共电子阅览室服务体系建设

依据文化部、财政部关于公共电子阅览室建设计划相关文件精神和西藏各级公共电子阅览室建设方案，建设标准化的市级、县级公共电子阅览室，有重点地加以推进。在"十三五"期间，制定符合西藏实际的公共电子阅览室硬件设备更新和增补计划，重点完成乡镇和街道、社区公共电子阅览室硬件设施设备的更新和设备增补。

3. 加强从业人员的业务培训

以公共电子阅览室建设计划人才培训和西藏自治区"三区人

才"培养为契机，按照《文化部关于开展全国基层文化队伍培训工作的意见》要求，加强对西藏全自治区内公共电子阅览室工作人员进行培训，确实培养一批熟悉和掌握信息技术的业务骨干，提高他们的公共电子阅览室服务工作水准，为西藏公共电子阅览室建设计划的顺利实施，提供人才保障。

4. 创新服务方式和加强推广宣传

依托文化信息资源共享工程、数字图书馆推广工程和西藏地方特色优质数字资源等，探索开展更加便捷、更加丰富的公共电子阅览室数字资源服务的多种渠道和多种方式，把更多适应农牧民群众需求的数字资源传送到基层群众身边，确实为保障基层广大群众的基本文化权益作应有的贡献。同时，对公共电子阅览室数字资源服务和公共电子阅览室建设计划进行积极、广泛的宣传，为西藏公共电子阅览室建设计划的实施营造良好的舆论氛围，吸引更多的社会公众到公共电子阅览室享受公益性数字文化服务。

参考文献

［1］胡京波、阿华，西藏实施文化信息资源共享工程的现状与对策，中国藏学，2007年第4期。
［2］西藏自治区"十二五"时期公共文化服务体系建设规划，2012年。
［3］全国文化信息资源共享工程"十二五"规划纲要，2012年。
［4］全国文化信息资源共享工程2012年资源建设工作会议资料，2012年。

[5] 王宗义,世纪之交的中国图书活动,上海科学技术文献出版社,2011年。
[6] 李华,公共图书馆与"农家书屋"工程——营口市图书馆参与"农家书屋"建设的实践与思考,图书馆学刊,2011年第6期。
[7] 王宗义,农家书屋建设与图书馆社会服务体系研究,上海科学技术文献出版社,2011年。
[8] 王宏鑫等,走向农村公共图书馆服务的整体化平台——河南信阳"平桥模式"研究,中国图书馆学刊,2013年第4期。
[9] 孙小丰,平桥区图书馆总/分馆管理模式实践探讨,河南图书馆学刊,2012年第2期。
[10] 赵艳萍、赵晓红,西藏地区数字图书馆建设思考,新西部,2014年第29期。
[11] 文化部、财政部关于印发"公共电子阅览室建设计划"实施方案的通知,文化部文社文发〔2012〕5号。

第五章 西藏公共图书馆服务体系的设置与构建

党的十七届六中全会就明确提出，加强城乡文化一体化建设，增加农村文化服务的总量，缩小城乡文化发展的差距。国家"十二五"时期文化改革发展规划纲要中指出：按照公益性、基本性、均等性、便利性的要求，以公共财政为支撑，以公益性文化单位为骨干，以全体人民为服务对象，以保障人民群众看电视、听广播、读书看报、进行公共文化鉴赏、参与公共文化活动等基本文化权益为主要内容，完善覆盖城乡、结构合理、功能健全、实用高效的公共文化服务体系。十八大报告中也指出：要围绕构建中国特色社会主义社会管理体系，加快形成政府主导、覆盖城乡、可持续的基本公共服务体系。覆盖城乡就是要打破行业分割和地区分割，加快城乡基本公共服务制度一体化建设，大力推进区域间制度统筹衔接，加大公共服务资源向农村和贫困地区倾斜力度，实现基本公共服务制度覆盖全民。

第一节 西藏构建公共图书馆服务体系的总体构想

"十二五"时期，我国公共文化服务体系建设仍处于可以大有作为的重要战略机遇期。公共图书馆服务体系的概念是随着公共文化服务体系的提出而进入图书馆职业话语的。公共图书馆作为公共文化服务体系的重要组成部分，机遇与挑战并存。在这一阶段我国公共图书馆服务体系的发展目标是：逐步建立覆盖城乡、结构合理、功能健全、实用高效的服务网络，进一步增强活力，提高效能，服务能力、服务水平与服务效益明显提升，部分地区图书馆接近或达到国际先进水平。加强公共图书馆与其他系统图书馆的共建共享，带动全国图书馆事业发展，从而使公共图书馆在公共文化服务体系和公共数字文化建设中发挥主体作用，使公共图书馆成为满足人民群众基本文化需求的重要阵地，为提高全民族素质，全面建成小康社会做出应有的共享[①]。

西藏自治区作为占全国国土总面积的 1/8，总人口只有 300.2166 万人，其中 81.1% 人口的是生活在基层的农牧民群众。地广人稀，经济、交通、教育、文化等发展滞后的现状，给西藏实现均等化、全覆盖公共图书馆服务体系带来了一定的难度。西藏仍然处于社会主义初级阶段低层次的发展阶段这一区情使得西藏诸多的公共事业发展处在起步阶段，公共图书馆服务体系建设也同样处于起步阶段。我国大部分省区"十一五"之前公共图书馆就已覆盖到了县，"十二五"之后便开始覆盖全民。而西藏公共图书馆服务体系建设在"十二五"期间才刚刚起步，3 个地市级公共图书馆还处在建设阶段；并不乐观的服务效果和缺乏科学、合理、完善的长远发展规划的文化信息资源共享工程和"农（牧）家书屋"工程未能发挥有效的作用；在努力扭转和缩短西

---

① 文化部关于印发《全国公共图书馆事业发展"十二五"规划》的通知，2013 年 1 月 30 日公布。http://zwgk.mcprc.gov.cn/auto255/201302/t20130205_29554.html

藏与其他省区公共图书馆服务体系建设发展差距过程中仍显现出差距变大的趋势。因此，必须加大公共图书馆服务体系的建设力度，在不浪费公共资源的前提下，适度加大投入，加快发展，构建适合西藏实际的公共图书馆服务体系。

一、指导思想

科学地规划和建设完善的西藏公共图书馆服务体系，关键在于因地制宜地从宏观到微观层面进行以实现基本公共服务普遍均等化为核心目标的制度创新，优化顶层设计，理顺管理体制，完善运行机制，强化保障和监督评估。在制定西藏公共图书馆服务体系建设发展战略时，首先要贯彻十七届六中全会《决议》中提出的"公益性、基本性、均等性、便利性"的要求建立和完善公共文化服务网络；其次要考虑到西藏落后的公共图书馆事业发展现状，着力培育的西藏基层农牧民群众中的阅读人群，不断协同和完善虽已覆盖建设到乡镇及村（居）委会一级"农（牧）家书屋"工程，整合现有资源，实现共建共享。在建立西藏公共图书馆服务体系过程中，国家和政府应当担当并发挥主导作用，从政策制度上给予扶持，从建设资金上给予倾斜和保障；这是建设西藏公共图书馆服务体系，实现公共图书馆服务全覆盖的关键和重要保证；如果离开了国家在政策和资金上的倾斜和支持，构建西藏公共图书馆服务体系的宏伟目标是难以实现的。除此之外，搭建公共图书馆服务网络的数字化图书馆管理平台是实现中心馆、总馆、分馆业务自动化管理的基础，只有各级公共图书馆选用统一的数字管理和信息平台，并通过联网工程建设才能在保证在同一技术平台上资源统一调配，共享互通，实现"一证通"和"通借通还"等功能。因此，数字化信息技术的普及和迅捷畅通的网络基础条件是构筑公共图书馆服务体系的基础；缺乏这一基础，公共图书馆服务体系建设将难以完成。西藏公共图书馆服务体系建设要与西藏社会、经济和城镇发展相协调，以城镇改造和文化场馆建设为契机，根据西藏的现实基础和条件，遵循公共图书馆建设和发展规律，完善基础服务设施，丰富服务内容，规范服务标准，提高服务水平，以均等化、全覆盖的理念和要求，统筹规划，优化设置，实现公共图书馆事业的稳步发展和可持续发展。

二、战略目标

西藏自治区在"十二五"规划中提出的公共文化服务体系建设总体目标是：按照"结构合理、发展均衡、网络健全、运行有效、惠及全民"的原则，努力建设以公共文化产品生产供给，设施网络和资金人才得以保障，组织支撑和运行可靠为基本框架的覆盖全社会的公共文化服务体系，切实保障人民群众读书看报、进行公共文化鉴赏、参加大众文化活动等基本文化权益，切实实现到 2015 年公共文化服务能力显著提高，到 2020 年实现公共文化服务能力接近全国水平。

公共图书馆服务体系从基础设施架构的角度来看，包括所有实体图书馆、流动图书馆以及它们建立的馆外服务点、图书馆联盟、总分馆系统、区域性服务网络等服务平台[①]。从建立西藏公

---

① 于良芝、邱冠华、李超平、王素芳，公共图书馆建设主体研究——全覆盖目标下的选择，国家图书馆出版社，2011 年。

共图书馆服务体系角度来看,要通过"中心馆—总馆—分馆"的混合式建设发展模式,将公共图书馆服务体系打造成具有社会教育功能,能够在传播优秀文化和先进思想,促进文化交流,普及科学文化知识,提高全民文化素质等方面发挥巨大的作用;省馆和地市中心馆兼负保存、保护和研究民族文化遗产、提供民族文献信息的基地。力争在"十二五"期间建立覆盖西藏全区的地市级公共图书馆,在建立地市级单馆运行的图书馆基础上从构建公共图书馆服务体系的战略高度去考虑制定地市级公共图书馆长远发展规划。到"十三五"期间建立起西藏地市级公共图书馆服务体系,把地市级公共图书馆设立为中心图书馆,条件成熟的城镇或县可以规划建设城镇社区公共图书馆(室)或县级公共图书馆;到"十四五"期间逐步建设并完善城镇社区公共图书馆(室)和县级公共图书馆,把城镇社区公共图书馆(室)或县级公共图书馆建设成为本区域的总馆,在条件成熟的社区或乡镇文化馆站建立分馆;力争到2025年西藏地区所有的城镇完成城镇社区公共图书馆(室)的建设和90%的县级公共图书馆建设,并逐步建立乡镇分馆延伸服务到村级的服务点,并以全面展开流动图书服务作为必要的补充;到2030实现西藏地区公共图书馆服务的全覆盖,实现基本公共文化服务的均等化。

三、发展模式

纵观我国公共图书馆服务体系建设的发展,建设以普遍均等服务、覆盖全社会为目标的公共图书馆服务体系,对当前的政府和公共图书馆界来说,都是无史可鉴。这就需要吸取过去半个世纪遗留的历史教训，要求今天的公共图书馆服务体系建设者们边探索，边实践。进入新世纪以来，在北京、上海、天津、江浙及广东等地，政府和图书馆职业都率先开展了一系列开创性的公共图书馆服务体系建设工作，为其他地区积累了宝贵经验。然而，由于每个地区的经验都产生于特定的社会、经济及职业背景，给已有经验的跨地区借鉴增加了诸多困难①。加上我国现行的行政体制是"一级政府建设、管理一级图书馆"，形成了条块分割，各自为政，分散管理、分灶吃饭的管理体制。公共图书馆的建设主体行政级别越低，其作为建设主体投入建设公共图书馆服务体系的能力就越弱；每一级政府都投资和拨款建设本级政府所辖的图书馆，又导致部分图书资源建设重复投入。鉴于西藏地区特殊的地域和发展基础，社会、经济、文化和教育发展滞后，同级政府难以承担起基层公共图书馆服务体系的建设资金。因此，西藏的公共图书馆服务体系建设离不开国家的扶持和建设资金投入，以及当地政府的政策支持和发挥建设主导作用，通过顶层制度设计、建设模式的选择和实施建设才能最终完成体系的建设目标和任务。

我们通过问卷调查、访谈、实地调查等形式对西藏六地一市构建公共图书馆服务体系的现实基础和条件进行调研结果发现：西藏不同地区之间，城乡之间以及农牧不同区域之间，政府对公共图书馆建设发展的重视程度不同，广大农牧民群众对于图书的认识、对于图书阅读的需求也有所不同，各地区的公共文化基础设施状况也不尽相同；这些都为西藏地区构建公共图书馆服务体

---

① 邱冠华、于良芝、许晓霞，覆盖全社会的公共图书馆服务体系——模式、技术支撑与方案，北京图书馆出版社，2008年。

系带来了一定的难度。从区域角度西藏大致可以分为城镇、农区、牧区三个地域单元，且城乡二元结构较为突出；为此我们选择了城镇、农区、牧区三种设置方案和发展模式来建设西藏公共图书馆服务体系，实现公共图书服务的均等化、全覆盖。在运行模式的选择上我们根据这三个区域的地域特点和服务人群的生产、生活习性的不同，有侧重点地选择了中心图书馆、总馆、分馆、服务点、流动服务等多种模式，提出这些模式的混合体来作为建设西藏公共图书馆服务体系运行和发展模式。

第二节　西藏城镇公共图书馆服务体系的建设规划与实现路径

城镇公共图书馆是保障市民基本文化权益的重要阵地，是开展城镇社会教育活动的终身课堂，是国家公共文化服务体系的重要组成部分，是城市文明进步的标志。城镇公共图书馆服务体系在整个公共图书馆服务体系建设中具有引领和示范作用。

一、西藏城镇公共图书馆服务体系建设目标

西藏城镇公共图书馆服务体系建设发展目标就是要根据西藏城镇面积小、人口居住集中的特点搭建起一个组织结构科学合理、文献资源统一调配、服务质量及规格标准基本一致、服务网络覆盖城镇街道社区、符合西藏城镇居民实际阅读需求并运行有效的公共图书服务体系框架，借鉴国内外通行的"中心馆—总分

馆"运营模式,将现有的西藏自治区图书馆以及各地市级图书馆打造成为中心馆,建设城镇公共图书馆总馆和以街道、社区图书室为分馆的公共图书服务网络,建立以城镇公共图书馆总馆为核心的统一技术的管理平台、检索平台和服务标准。总分馆接受中心馆的业务指导和培训,并联合高校及专业图书馆形成共建共享的公共图书服务体系,使之能够发挥社会教育功能。位于城镇的省馆和地市馆作为中心馆还应肩负起保存、保护和研究民族文化遗产、提供民族文献信息的重任。城镇的公共图书馆服务体系要在传播优秀文化和先进思想,促进文化交流,普及科学文化知识,提高全民文化素质等方面发挥巨大的作用。力争到2025年在西藏所有地市中心城镇实现以省馆、地市馆作为中心馆,以城镇图书馆作为总馆,以社区图书室为分馆的三级公共图书馆服务网络全覆盖,城镇人均拥有的公共图书馆建筑面积、藏书量和服务水平接近全国平均水平。力争到2030年实现城镇全覆盖、均等化公共图书服务和稳定、可持续发展的公共图书馆服务体系。

二、西藏城镇公共图书馆服务体系建设规划

西藏未来城镇公共图书馆体系建设将处在实施国家图书馆"十二五"规划和3个地区图书馆新馆建设完成,城镇社区图书室或城镇农家书屋工程建设实现全覆盖的建设发展阶段;也处在国内各省市已经基本摸索出了适合本地区的公共图书馆体系建设发展道路,取得一系列可借鉴的成功经验的历史机遇期。

从西藏城镇公共图书馆体系建设标准上,西藏自治区居住在城镇的城镇人口只占全自治区总人口的20%,西藏目前现有的3

座公共图书馆和3座正在建设中的地市公共图书馆均属于城镇范围。在西藏,城镇也是机关、企事业单位最集中,受教育人群最为密集、阅读人群最多的一个区域,也是构建西藏公共图书馆服务体系的核心地带。按照国际图联/联合国教科文组织于2001年修订的《公共图书馆发展指南》建议: 在城镇和近郊,利用私人交通工具到达最近的图书馆的时间不超过15分钟[①]。根据我国《公共图书馆建设用地指标》规定: 服务人口20万以下设置1所小型图书馆;服务人口20万—150万设置1所中型图书馆,同时每20万人设置1所小型图书馆;服务人口150万以上,设置1—2所大型图书馆,同时每20万人设置1所小型图书馆,每50万人设置1所中型图书馆。但同时认为,一个城镇只有一所公共图书馆,不论这所图书馆的规模有多大,藏书有多少,服务能力有多强,都无法形成服务体系,都不能实现图书馆服务的普遍均等,惠及全民[②]。

从建设发展模式选择上,西藏属西部欠发达地区,地方经济落后,发展公共图书馆事业主要依靠国家投资和援藏经费支持。图书馆是一种较为昂贵的事业,建设覆盖全社会的公共图书馆服务体系,公共图书馆要结束各自为政的状况,走资源共享之路,从而以最小的成本最大的限度实现普遍均等的公共图书馆服务[③]。因此,在西藏城镇选择国内外图书馆界得到广泛认可的

[①] 邱冠华、于良芝、许晓霞,覆盖全社会的公共图书馆服务体系——模式、技术支撑与方案,北京图书馆出版社,2008年。

[②] 李国新、冯守仁、鹿勤,公共图书馆规划与建设标准解析,国家图书馆出版社,2009年。

[③] 邱冠华、于良芝、许晓霞,覆盖全社会的公共图书馆服务体系——模式、技术支撑与方案,北京图书馆出版社,2008年。

"中心馆—总分馆"体系,既可促进公共图书馆事业的整体发展,又可摆脱城镇街道、社区公共图书馆事业长期困于无人从事图书室业务管理和出现无法可持续发展等问题。发源于英美等发达国家的总分馆制,作为一种较为先进的图书馆管理制度,是以有效利用资源、提高服务效益为目的,通过一体化和专业化管理,实现体系内各级图书馆之间的资源共享和服务的互动,充分体现了管理机制和运行机制的合理性和实用性[①]。"中心馆—总分馆"建设模式同时也是一个管办分离的运营模式,理清了地市中心城镇和城镇内部社区三级政府的角色地位和职责,明确了在国家建设资金的支持下各级政府为本地区总分馆服务体系建设的责任主体,明确了作为中心馆的地市图书馆和作为总馆的所在城镇图书馆,以及社区图书室的职能和定位。以拉萨市为例,拉萨市作为西藏自治区的首府城市,是西藏经济、文化、教育、旅游的中心城市,常住人口279 074人,流动人口30多万;目前只有一座省级馆——西藏自治区图书馆,从建筑面积、座位数计算属中型馆,需要再建一座中型馆——拉萨市图书馆,将其作为构建拉萨城市公共图书馆服务体系中的"中心馆";在体系过程中还需建一座小型馆——拉萨城市图书馆(即拉萨市城关区图书馆)。其他六个地区城镇日喀则地区日喀则市常住人口为9万,昌都市昌都镇常住人口9万,那曲地区那曲镇常住人口8万,山南地区泽当镇常住人口近6万,林芝市八一镇常住人口5万,阿里地区狮泉河镇常住人口2万(虽然只有2万,但因该地区属边境地区,还有一定数量的驻军部队需要服务)。这些地区行政中心所在地的中心城镇都需要建设一座中型图书馆馆作为中心馆和一座

---

① 何立芳,刍议总分馆制在国内图书馆的实现,图书馆情报工作,2009(7):59。

小型图书馆作为城镇公共图书馆服务体系中的总馆。在建设中心馆和总馆的基础上，整合城镇内的社区书屋和农家书屋，建立城镇网格化服务体系下的社区（村）室作为分馆，并以流动图书车流动服务的形式补充服务盲区，逐步实现全覆盖的城镇公共图书馆服务体系建设。

从服务定位上，遵循以读者需求为本，以方便获取为原则，以免费开放利用为宗旨，科学合理的进行资源和信息的调配和布局，形成多载体、多元化的文献信息服务格局，使读者能够在任何区域都可以方便地进行文献信息的阅读、资源检索和信息查询；在本城域范围内实现"一证通"和"通借通还"。拉萨城作为西藏境内人口最多，城镇下属街道办事处、社区和流动人口最多首府城市，也可以说是公共图书馆服务需求量最大、服务内容需求最丰富、服务质量要求最高的一个城市。因此在服务职能定位上，根据需求状况在不断扩大馆舍及资源的基础上，将传统图书馆的功能和数字图书馆的功能融合在一起，以文献信息服务为基础，积极拓展服务内容，侧重为青少年和弱势群体提供学习机会，搭建社会素质教育平台，建立亲子教育和青少年素质教育培训基地；积极开展全民阅读推广，培育阅读人群，用大服务追求社会效益最大化。

从技术平台上，选择国内成熟并符合西藏城镇公共图书馆服务体系建设实际的融公共图书馆联网服务管理平台、统一文献信息检索平台、计算机云服务平台、基于"三网融合"的多终端数字服务平台为一体的信息共建共享平台。利用数字化、自动化和网络化技术的优势，拓展信息服务空间和覆盖范围，大力加强地方民族特色数字资源的建设，实现城域内数字资源共建共享。

从服务理念上,坚持均等化、公益性的免费服务。中心馆和总馆实现零门槛、免费服务、公益讲座和培训,以及阅读推广工作的常态化,创造良好的基础条件和社会环境,以不断创新的思路和优化的管理打造西藏城镇公共图书馆服务体系。

三、西藏城镇公共图书馆服务体系建设方案

西藏的各级城镇大都具有城市面积较小,人口少而居住集中的特点,因而公共图书服务的覆盖面也较小;但各个地市级行政中心所在地的城镇都是该区域内的政治、经济、文化、教育和旅客集散中心,不仅人口聚集居住而且文化基础好、人口素质高;这无疑在城镇建设普遍均等、覆盖全社会的公共图书馆服务体系提供了一个很好的前提条件。同时我们也应面对由于西藏公共图书馆事业起步晚、发展滞后、欠账多使得城镇公共图书馆服务体系建设基础几乎为零,给建设公共图书馆服务体系带来了一定难度的客观现实。设置和建设西藏城镇公共图书馆服务体系,要在借鉴国内外成功经验的同时结合西藏自身的实际,在制定科学合理的建设规划基础上制定可行的实施方案也是极为重要的。

(一)实施策略

1. 政府主导,国家资金支持

由自治区和各级地方政府出台专门的"中心馆—总分馆"建设的政策性文件,确定建设的总体目标、工作任务和要求,并在国家的资金投入下,以专项经费拨款的形式每建一个总馆或分馆下拨启动资金和每年所需的运行及购书经费,以保障各总馆、分

馆的持续发展。所有建设、运行经费统一由城镇公共图书馆总馆统一支配,进行统一采购并统一进行配送;确立城镇总馆的管理主体地位,对各个社区分馆实施规划、指导、协调、评估,但实际不参与下属城镇社区分馆的具体业务工作。

2. 实行人力资源集中管理模式,稳定馆员队伍

在城镇公共图书馆服务体系建设初期实行"自上而下的全委托管理模式",社区分管的服务人员由分馆所属的机构选派,人员必须固定,但原则上要根据总馆要求,由总馆统一培训、统一考核、统一管理,对表现优秀的给予表扬和奖励。待实现"完全总分馆制体系"后,社区分馆工作人员由该城镇总馆派出,负责分馆的日常业务管理,聘用工同样要参加总馆的统一培训、统一考核、对表现优秀者给予表扬和奖励,对连续两年考核不合格的,总馆不再续聘。

3. 建立统一编目、统一配送的文献资源配置模式

采用统一的"图书馆集群管理系统",通过互联网技术,实现所属城镇公共图书馆书目检索、数字资源的共建、共享和共用。城镇总馆与分馆建立统一的网络及自动化技术平台,运用计算机网络化管理,实行"一卡通"。纸质图书能够在城镇总分馆体系内进行"通借",对于所在地域内物流条件成熟的城镇,还可实行"通借通还"。在建设初期"自上而下的全委托管理模式"阶段,图书、报刊按协议中的比例分配和分别给予配置;到了"完全的总分馆体系"建设阶段,分馆的图书、报刊资料由总馆统一配置,图书至少半年更换一次,期刊至少两个月更换一次,数字资源实现与城镇中心馆和总馆共享。读者无论是在中心馆、总馆还是分馆,均可以通过统一的检索平台,检索本城域范

围服务网络内的全部文献资源。读者在不同分馆还可检索到全国文化信息资源共享工程的数据资源。

（二）实施步骤

根据西藏城镇公共图书馆建设目标，需要分三个阶段、有重点地实施推进。才能实现最终完全意义的总分馆体系。这三个阶段大体分为：基础建设阶段（2015—2020）、提高发展阶段（2021—2025）、完善体系阶段（2026—2030）。

基础建设阶段(2016—2020)：

1. 通过顶层设计，建立各项制度，明确中心馆、总馆及分馆各自的职责

在城镇公共图书馆服务体系中，起到核心和引领作用的城镇中心馆既是统领总分馆、整合资源与服务的中心，又是城镇公共文化服务的标杆和旗舰[1]；而总馆承担着体系内各分馆的实施规划的制定、日常的业务指导、协调和评估。因此，"中心馆—总分馆"发展体系建设首先需要通过顶层设计，建立体系建设和正常运行的体制和机制，明确各馆的定位和职能，建立有效的建设和管理制度和服务标准，实现各项建设目标。在体系建设初期实行"自上而下的全委托式管理模式"加以过度。

2. 选择统一的集群式图书馆业务管理系统和资源信息网络共享平台，进行试运行，并总结经验，适时进行调试

统一的公共图书馆业务管理系统平台和资源信息网络互通共享平台是建设公共图书馆服务体系的重要基础，是完成公共图书

---

[1] 周和平,公共图书馆服务体系的探索与实践——东莞调研报告,国家图书馆出版社,2012年。

馆各项业务工作和信息共建共享的基本工具。在"中心馆—总分馆"体系建设中,需要选择一个国内较为成熟、使用广泛且符合西藏实际的集群式图书馆业务管理系统和资源信息网络共享平台,并在实际的试运行中不断总结经验,不断进行调试,以满足构建城镇公共图书服务体系的需要。

3. 在条件成熟的社区率先建立分馆,进行试点摸索

建设初期,在拉萨市区没有一座公共图书馆的情况下,以西藏自治区图书馆为中心馆和总馆,在拉萨市城关区所辖社区(村),按照循序渐进和因地制宜的原则,成熟一个,建设一个,注重实效。根据各个社区(村)的人居环境、经济条件的差异,以及当地居民的学习氛围状况等因素,优先在条件较为成熟的社区(村)率先建设分馆,通过这些试点社区分馆的试点、摸索经验和示范作用下,带动其他社区分馆的建设。在分馆建设时,应从实际情况出发,对社区图书室的馆舍面积不作硬性要求,只要人员容易聚集即可;充分保障本地居民利用的方便和快捷性,使社区分馆的服务更加贴近百姓、方便公众。

提高发展阶段(2021—2025):

1. 整合农家书屋、社区书屋、文化信息资源共享工程,全面推进社区分馆建设

加强基层公共文化服务资源的统筹协调,建设地市所属中心城镇的城镇公共图书馆,即城关区(镇)图书馆作为总馆,整合已建的农家书屋、社区书屋和文化信息资源共享工程基层服务点建设社区(村)公共图书室作为分馆,全面推进西藏各地市中心城镇的社区公共图书室建设,打牢城镇公共图书馆服务体系建设的基础。

2. 建立健全"中心馆—总分馆"的职能职责体系,明确各自的职责

西藏六地一市行政中心所在地都由当地城关区(镇)管辖,从人员到经费的管理都可由城关区(镇)统一支配,城关区(镇)和所辖的社区(村)居委会属同级财政;在城关区(镇)图书馆建立为总馆,各社区(村)建立分馆,可避开目前我国公共图书馆服务体系建设中体制机制上的障碍,实现完全意义的总分馆体系。总馆集中处理图书业务,分馆只需负责做好日常管理维护和读者借阅服务,弥补基层公共图书馆岗位专业人员不足的难题;这为建设城域图书资源、流通和服务一体化网络奠定了基础。

3. 总结经验,推动体系建设向纵深发展

图书馆总馆建设主体与分馆建设主体统一,即经费来源统一;总馆主管部门与分馆主管部门统一,即管理统一;总分馆统一人、财、物管理,统一规划和实施服务,统一服务水准[1]是国内外总分馆建设的重要经验。在借鉴上述经验的基础上,对率先建设的社区分馆的建设经验加以总结,通过不断地总结经验教训,将建设经验推广至其他社区公共图书室的建设。此外,以拉萨城市实践"完全意义上的总分馆制"发展模式为试点,而日喀则、山南、那曲、昌都、林芝、阿里六个地区所在地的中心城市所辖的人口、社区(村)数量均比拉萨少许多;因此这六个地区中心城镇公共图书馆服务体系建设可以总结拉萨"完全意义上的总分馆制"体系建设的经验,不断改进以发挥引领、示范作用,推动城镇公共图书馆服务体系建设向纵深发展。

4. 全面推行集群式图书馆业务系统平台,实现资源信息共享

要构建总分馆的公共图书馆服务体系,从技术层面上需要集

---

[1] 陆晓曦、刘璇,中国公共图书馆总分馆体系研究述评,图书馆建设,2012(3):4-9。

群式图书馆业务管理平台和资源信息网络化交换平台的支持和作为基础，因此对基础建设阶段选择运行的软件和建立的平台进行评估和择优推广是十分必要的；这有利于提高文献资源共建共享及文献资源整合的效率，是一种投资少，见效快，方便读者的资源共建共享模式。

5. 加强人员培训，培养总分馆专业化业务管理人才

公共图书馆从业人员的素质决定了公共图书馆的服务能力，对公共图书馆的服务质量产生直接的影响。作为中心馆的西藏自治区图书馆和各地市图书馆肩负着图书馆业务人员培训的重任，需要不定期地组织各种图书馆业务培训，有条件的总馆、分馆也可派业务人员赴内地参观、学习；同时要根据社区（村）阅读推广的需求，对总馆派出的图书馆员进行专业培训，逐步实施持证上岗制度，不断替换在体系建设初期通过"自上而下的全委托管理模式"由分馆所属机构选派的人员，以保证在"完全总分馆制体系"下分馆业务人员的专业化服务水平。

完善体系阶段(2025—2030)：

1. 完成各地市中心城镇社区(村)图书馆分馆建设

社区是城镇的最基层机构，为了实现所有人都能获得就近的图书馆服务，要努力完成各地市城镇社区（村）图书馆分馆建设任务的基础上，充分发挥公共图书馆传播文化知识和信息，承担社会教育等职能，使社区图书馆真正成为城镇居民的终身学校和阅读推广的基地。

2. 完善制度，争取公共图书馆立法

建立健全城镇公共图书馆管理制度是有效发展公共图书馆的基础，虽然我国《公共图书馆法》至今未出台，但值得注意的是

近十年来我国各地区颁布了不少具有法律效应的地方性法规,这些法规的颁布为当地公共图书馆的发展起到了一定的促进作用。西藏地区公共图书馆发展起步晚、底子薄的现实,只有通过制定地方性法规,才能有效地监督各级相关职能部门的责任,促进西藏公共图书馆事业的快速发展。

3. **开展资源共建共享**

资源共建共享是现代公共图书馆建设的目标,特别是在西藏这种欠发达地区,资源的共建共享将从人力、物力、财力上大大减少投入,增加资源的数量,以现有的文献资源为更多的读者提供服务。同时加强与学校图书馆、专业性图书馆的资源整合与共建共享服务网络建设等,努力成为将城镇公共图书馆服务网络建成图书馆业务指导中心、文献信息保障中心、自动化和数字化技术支持中心、专业培训中心和信息服务中心。

4. **积极开展阅读推广,培养阅读人群**

在全社会开展阅读推广工作,是公共图书馆的职责之一。发展西藏的公共图书馆事业,培养阅读人群,特别是青少年阅读人群是图书馆人工作的重中之重。

(三) 保障措施

公共图书馆公益性职能决定其发展需要公共政策和公共财政的大力支持和保证。要完成各项工作目标,需要如下保障措施:

1. **政策保障:** 政府主导作用是公共图书馆可持续发展的必要前提,政府应该从政策制度上明确公共图书馆建设的各方面责任,并加大对公共图书馆事业的关注程度。为了促进西藏地区公共图书馆服务体系建设的发展,政府应根据西藏地区的特殊性出台适合西藏地区公共图书馆体系建设的政策文件，确定建设的总体目标、工作任务和要求。同时起草关于西藏公共图书馆的地方性法规，法规对图书馆相关活动可起到一定约束作用。

2. 经费保障：公共图书馆的可持续发展是惠及全社会的一项重要任务，而经费是保障公共图书馆可持续发展不可或缺的要素。图书馆在公用文化设施中利用率最高、开馆时间最长久，其日常运行维护费用较高，有一定基数。最好将这部分经费单列，纳入年度经费项目中予以保证，如购书费、水电费、计算机及网络运行维护费等。同时，图书馆经费的增长比率应随着社会的发展有所增长，以保证公共图书馆事业的持续、稳定发展[①]。西藏属于欠发达地区，地区发展主要依靠国家拨款和援藏资金支撑，因此，以国家拨款为主，地方财政为辅的图书馆经费保障体系是西藏公共图书馆特别是基层公共图书馆经费保障的基础。

3. 人员保障：随着经济社会的快速发展，网络化与信息化的冲击，图书馆事业正面临着技术的挑战，面临着传统图书馆、现代图书馆向数字图书馆逐步过渡并共存的现实。因此，图书馆工作流程及服务方式正在发生重大变化；它将成为向读者提供信息，实现快速、高密度服务的重要阵地。"十二五"期间是西藏公共图书馆的发展的重要阶段，西藏全地区目前公共图书馆从业人员只有 80 多人（包括公益性岗位），为确保各级图书馆正常开展服务，一是要科学定岗，要保障按照国家有关标准配足从业人员。二是要培养一批了解图书馆发展、热爱图书馆事业，愿意长期扎根西藏公共图书馆事业，有一定丰富工作经验的公共图书馆从业人员。

---

① 周和平，公共图书馆服务体系的探索与实践——东莞调研报告，国家图书馆出版社，2012年。

4. 技术保障： 总分馆体系和区域性服务网络建设成为当前构建公共图书馆服务体系的重要内容。总分馆体系的模式虽然各不相同，但大多数总分馆体系都实行文献资源的统一采购、分编、调配以及通借通还。区域性服务网络有不同的资源共享形式，包括通用、通借、通借通还。他们对计算机管理系统的要求完全不同于单个图书馆对管理系统的要求，它将成为今后一个时期地市公共图书馆特别是基层公共图书馆建设过程中的一大难题。因此，各地市图书馆网络部要承担对所在地市各县所有设备的维护和对所属地区基层图书馆进行技术培训，实行规范统一的管理。这样集中管理，首先有利于解决基层公共图书馆建设维护经费不足，采购和维护技术设备负担过重的问题。其次有利于解决基层图书馆技术人员不足的缺陷。

第三节　西藏农牧区公共图书馆(室)服务体系的建设规划与实现路径

城乡文化差异很大程度上是由于农村文化基础设施不全，造成当地居民享受文化服务不平等而形成的非主观性差异；因此，加强图书馆建设是促进城乡文化一体化建设的重要基础设施保障，同时也是加快城乡一体化步伐的有力保障[①]。《国家"十一五"时期文化发展规划纲要》提出：公共文化服务要坚持普遍均等的原则，兼顾城乡之间、地区之间的发展，统筹规划，合理安排，形成实用、便捷、高效的公共文化服务网络。西藏自治区现

---

① 李勇、钟刚毅、程孝良等,城乡一体化进程中的图书馆发展模式研究——以成都地区图书馆为例,科学出版社,2013年。

阶段基层公共图书馆发展现状基本为零，实现全覆盖的公共图书馆建设目标，要逐步构建城乡一体化的公共图书馆发展模式，才能加速推进农牧区基层公共图书馆（室）的发展，实现普遍均等的公共图书馆服务体系全覆盖。

一、西藏农牧区基层公共图书馆（室）服务体系建设目标

党的十七大提出了到"十一五"末实现县县有文化馆、乡乡有文化站、村村有文化室的目标。西藏自治区公共文化设施全面覆盖工作才刚刚起步，"十二五"建设项目量大、点多、实施进度不快，"填平补齐"的任务十分艰巨。特别是"十二五"期间西藏地区行政村文化室建设项目未列入国家和自治区计划，全自治区所有行政村没有符合标准的规范化村文化活动室。同时，受当时西藏各县人口偏少等因素的影响，国家在西藏各县整合建设了包括文化馆、图书馆功能为一体的县综合文化活动中心，且设施建设投入少（平均约100万元），建设成本高，县综合文化活动中心规模小、面积少（平均每个中心不足1 000平方米），无法满足免费开放的要求，急需在各县投资新建统一标准的县级公共图书馆，增加县级文化设施的数量。

回顾我国内陆各省区从20世纪五六十年代的人民公共图书馆到八九十年代的乡镇万册图书馆，基层图书馆已经经过了若干次"建设、衰落、再建设、再衰落"的反复，始终没有在经济社会发展中立稳脚跟[1]。各方面发展走在前面的我国内陆地区尚且如

---

[1] 于良芝、邱冠华、李超平、王素芳，公共图书馆建设主体研究——全覆盖目标下的选择，国家图书馆出版社，2011年。

此，确定目标力争到2020年实现公共文化服务能力接近全国水平的西藏地区，要构建一个以人为本、普遍均等、惠及全民的可持续发展的农牧区公共图书馆（室）服务体系，就必须学习国内外先进的公共图书馆服务体系建设理念，因地制宜地结合西藏当地的实际，统筹兼顾，城乡一体，在发展城镇公共图书馆服务体系的同时拉动农牧区乡村的公共图书馆服务体系建设，构建以地市公共图书馆为中心馆，以县级公共图书馆为总馆，以乡镇文化站图书馆为分馆，延伸至村级服务点的四级农牧区公共图书馆（室）服务体系和乡村"公共阅读服务体系"。力争到2025年之前建立起西藏农牧区公共图书馆（室）服务体系建设的基础构架，努力培养一批阅读人群，提高乡村基层公共图书馆服务体系的效能。到2030年基本实现西藏农牧区公共图书馆（室）服务体系的建设任务。

二、西藏农牧区基层公共图书馆（室）服务体系建设规划

西藏公共图书馆事业刚刚起步，农牧区公共图书馆（室）发展要从整个地区公共图书馆服务体系发展入手进行统筹规划，城乡一体，打破了以往图书馆只属于少数城里人享受文化的特权；在发展城镇社区公共图书馆（室）的同时要带动农村公共图书馆事业的发展。

从建设发展模式选择上，建设以地市级图书馆为中心馆，负责整个地区公共图书馆的体系规划；在现有县文化活动中心图书室的基础上建设县级图书馆作为区域性总馆，承担为基层乡镇分馆和村级服务点提供技术和资源支持的中转站；整合已有的"农

（牧）家书屋"、文化信息共享工程基层服务点和党员现代远程教育网，形成"三位一体"的农村综合信息服务点；构建地市级、县级、乡镇级公共图书馆和村级服务点的四级农牧区公共图书馆（室）服务体系。在建设过程中，要从西藏农牧区的地域特点，尤其是从农牧区长期形成的文化生活习性出发，在借助现代传媒、现代阅读推广方式的同时，采用农牧民群众最善于接受的方式，结合牧民季节性游牧生活的实际，农民季节性农忙的特点，以流动图书服务模式，逐步消除农牧区公共图书馆服务的盲区，将流动服务形式作为重要补充以实现农牧区公共图书馆（室）服务的普遍均等化、惠及全民，实现全覆盖。

从服务定位上，西藏农牧区基层公共图书馆（室）服务体系建设面临着地广人稀、服务层次多，农牧民群众基础文化素质低，传统上缺乏阅读习惯，亟待培育农牧民阅读人群；加之乡村文化基础设施落后，基层公共图书馆服务体系建设基础几乎为零等一系列问题。因此，公共图书馆服务体系服务对象定位选择是极其重要的一件大事。在农牧区乡村真正具有阅读需求的读者恰恰是少年儿童，培养农牧区的阅读人群最好的对象也是少年儿童，而农牧民人均收入远远低于城镇居民，西藏农牧区学校大多是住校形式，因此携手农牧区学校图书室，补充西藏农牧区课外读物严重不足最好的办法就是在学校建立基层校园服务网点，满足农牧区少年儿童读者的阅读需求，自然也成为农牧区公共图书馆（室）服务体系建设的重要定位。

三、西藏农牧区基层公共图书馆（室）服务体系建设方案

在我国的体制范围内，县级以下的各级公共图书馆才是真正

意义的基层图书馆。县域公共文化服务体系建设,是我国文化建设的基础和重要组成部分,是农村文化建设的关键环节,具有承上启下、体系完整、面向基层、城乡一体等特点。以县域为实施单元,实施公共文化服务体系建设,是比较符合当前中国实际的管理模式[①]。西藏地广人稀的地域特点给全覆盖的农牧区公共图书馆(室)服务体系建设带来了一定的难度。要实现覆盖81%农牧民人群的基层公共图书馆服务任务,只有建立、完善独立的县级公共图书馆,才能实现真正意义上的可持续的全覆盖的基层公共图书馆体系建设任务。

(一)实施策略

1. 国家、政府发挥主导作用

在西藏,国家、政府能否发挥建设主导作用显得尤为重要。西藏是个经济欠发达地区,公共文化发展落后,而公共图书馆又处在西藏公共文化服务体系建设中的最薄弱环节。要发展西藏的基层公共图书馆事业,最重要的是经费支持和人才培养,而这一切必须在国家和政府发挥主导作用的前提下才得以实现。自治区文化部门积极努力,力争使国家免费服务经费支持在西藏地区加大力度,从而使农牧区公共图书馆(室)服务体系建设的可持续发展有所保障。

2. 统筹规划,建立基层公共图书馆发展的长效机制

在保障建设经费的基础上,在启动县级公共图书总馆建设的同时着眼于服务体系建设把所辖范围内的乡镇公共图书分馆、村级服务点,乃至将自然村组的流动服务一并考虑进去,进行统筹

---

① 金武刚,试论县域公共文化服务体系建设的特点与挑战,上海文化,2013(6): 31。

规划建设。并将基层公共文化事业的发展和构建农牧区公共图书馆（室）服务体系与地方政府官员的政绩挂钩进行考核，本着稳步发展、逐步推进的原则，建立基层公共图书馆可持续发展的长效机制。

3. 推行标准化、规范化服务，实现均等化发展

目前西藏自治区文化厅已出台了《西藏自治区基层公共文化设施和管理服务标准化建设指标》（分县级和乡镇两个标准），并按照上述两个建设指标对基层文化建设进行对照检查，从而使基层公共文化服务和公共图书馆服务不断标准化和规范化。同时应因地制宜地调整制定出适合西藏地区的基层公共图书馆服务标准和规范化的制度，并随着事业的发展不断完善，以使广大农牧民群众能够享受到均等化的服务。

4. 明确服务定位，加强基层校园的阅读推广服务

地市公共图书馆作为中心馆，在宏观上对基层总分馆体系中的各馆给予更多的指导，同时发挥地市中心馆在硬件上的优势为基层提供共享数字信息资源，并带动和共建本区域内的数字资源建设。根据牧区居住分散、放牧转场居无定所的特点，以牧区县级公共图书馆或综合文化中心为服务平台，乡镇综合文化活动站为分馆，在村建立服务点的基础上，大力推行流动服务。县文化活动中心或县图书馆同时还承担建立的学校服务点，选择适合当地少年儿童的读物进校园的职能，与校方签订协议书，定期负责配送、更换图书，校方负责图书管理和定期开展阅读推广的相关活动。

5. 积极开展阅读推广工作，着力培育阅读人群

西藏农牧区基层的首要任务就是科学合理地积极培育农牧区

阅读人群，积极开展阅读推广工作。由于长期落后的经济，以及居住分散造成的受教育不便等原因，牧区文盲率比较高。但同时西藏牧民在长期的生产、生活中积累了大量自己独特的文化传播方式，他们思路敏捷、具有超常的记忆力，除了有说唱《格萨尔》的习俗外，他们中的很多人能够背诵大量的谚语。因此，在牧区除了利用图书进行阅读推广外，还要以译制视频、音频等资料的形式培养阅读人群，特别是注重培育年轻的阅读群体。

6. 着眼长远，加强基层公共图书馆管理人员的培养工作

目前西藏各县都将陆续成立民间艺术团，这批人随着年龄的不断增长，未来的去向将是基层文化管理部门或文化产业开发企业，因此需要提前考虑这些人员安置问题。基层文化管理部门可以提前对这个群体进行业务培训，建立一支以基层文化干部为主，择优选拔部分民间艺术团文化素质合格的团员加入基层公共图书馆服务队伍当中，解决基层用人难的问题。

（二）实施步骤

西藏农牧区基层在"十二五"期间，县、乡文化馆活动中心基本得到覆盖，从设施上有了基层公共图书馆的雏形，但要提供真正的公共图书馆服务任重而道远。其建设发展大体可分为三个阶段，即基础建设阶段（2016—2020）、提高发展阶段（2021—2025）、完善体系阶段（2026—2030）。

基础建设阶段（2016—2020）

1. 加强地市公共图书馆建设，带动基层县级公共图书馆的发展

以各地市公共图书馆为中心馆，中心馆规划工作中以体系建设为发展目标，在建设、壮大自身的基础上，带动所在地区基层

公共图书馆，尤其是县级公共图书馆的发展。第一步搭建整个体系的架子，在机构设置过程中把全县服务人口经费、管理人员规划进去；第二部逐步推进，从易到难，先计划在基础设施条件相对好、受众人群集中地区域设置分馆和服务点；循序渐进，稳步推进，从基本覆盖逐步实现全覆盖。

2. 为县级图书馆的建设奠定基础

在没有建立独立建制的县级公共图书馆的情况下，各县级文化活动中心所建的图书馆要承担起县级公共图书馆的一部分职能，县文化活动中心要为下一步建设立独立建制的县级公共图书馆的从文献资源积累到基层图书馆管理队伍培养打好坚实的基础。

3. 人才培养

西藏农牧区自然气候恶劣，基础条件差，导致基层特别是乡、村一级工作人员流动频繁。这就需要建设培养一支留得住的人才队伍，要因地制宜地从当地受过一定教育的年轻人或已有的民间艺术团成员中选拔受过一定教育、有责任心，热爱文化的年轻人，经过培训后上岗工作。

提高发展阶段（2021—2025）

1. 国家和政府投资在条件成熟的县率先建立独立建制的县级公共图书馆

国家《公共图书馆建设标准》规定：根据这些县城关镇人口少，全县人口居住分散，人口密度小的实际，服务人口在3万以下的县级公共图书馆应与县级文化馆站等文化设施一起建设，不建设独立的公共图书馆。而西藏74个县有40个县人口均在3万以上，符合国家建立独立县级图书馆的标准。因此对符合条件的县率先建立独立建制的县级公共图书馆，成熟一个建设一个，循序渐进。

2. 统筹规划，循序渐进，稳步推进农牧区公共图书馆（室）服务体系建设

在制定农牧区公共图书馆（室）服务体系发展规划阶段，就应把整个县级公共图书馆建设纳入到体系规划中，打好以地市公共图书馆为中心馆，以县级公共图书馆为总馆、乡镇图书室为分馆、村级建设服务点和自然村组建立流动服务点的四级农牧区公共图书馆（室）服务体系构建框架，将各县级公共图书馆及其延伸的村级服务点的机构设置、服务半径、人口经费、管理人员等要素一并规划进去。从易到难，先计划在基础设施条件相对好、受众人群集中的区域设置分馆和服务点，在农区和牧区的一些服务盲区适合西藏的各种流动工具加以补充服务，循序渐进，稳步推进，从基本覆盖逐步实现全覆盖。

3. 建立统一的业务集成系统软件，确保县级公共图书馆的技术支撑

要建立和地市中心馆能够统一的业务集成和资源信息交互系统平台，确保地市中心馆所辖的各县级分馆在同一个平台上，实现信息资源共建共享。由于西藏各地区下属县城所在地的图书服务人口覆盖面积很有限，县级公共图书馆要在为县城所在地居民群众提供服务的同时承担起整个县域所辖范围内总馆的职能，通过总馆延伸服务至村级公共图书服务点，在同一的平台下实现资源共享。

4. 提高整体人才队伍

提高农牧区基层公共图书馆（室）整体业务和服务水平的关

键是人才队伍的提高,要采用"请进来,送出去"的办法,让基层图书馆从业人员跟上图书馆发展的步伐,才能真正实现西藏公共图书馆事业的发展。

完善体系阶段(2026—2030)

1. 实现"中心馆—总分馆"的公共图书馆服务体系建设

建立完善的以地市公共图书馆为中心馆,县级公共图书馆为总馆,乡镇文化馆所属图书室为分馆,以及其延伸的村级服务点和自然村组建立流动服务点的四级农牧区公共图书馆(室)服务体系。

2. 将阅读推广、培训、讲座等活动列入长效机制

为了丰富基层农牧民的文化生活,各级公共图书馆要开展形式各类、丰富多样的阅读推广、培训和讲座,为提高基层农牧民群众的整体素质提供一个场所。农牧区公共图书馆(室)根据农牧区的实际需要努力拓宽公共图书馆的服务范围,县级公共图书馆总馆、乡镇图书分馆和村级图书服务点能够对农牧民群众开展普法宣传和生产技术推广等,能够解答农牧民群众的遇到实际问题,对于农民工进行维权教育,农民工进城务工前要让他们学会一些简单实用的汉语;使基层公共图书馆服务体系发挥出社会教育的功能,成为农牧民接受终身教育的基地。

3. 建立一支多元化的管理人员队伍

西藏属边疆少数民族地区,特殊的文化、地域特点具备图书馆从业人员必须用适合当地文化特点开展各项工作能力,才能更有效地加快公共图书馆服务体系建设的全覆盖。因此需要努力培养一支多元化的基层公共图书馆管理队伍。

(三)保障措施

1. 责任保障:从目前西藏地区公共图书馆发展现状出发,第

一步：各个地区中心馆除了承担所辖地区公共图书馆服务体系建设的整体规划、协调和运行，监督、指导、措施的落实等情况之外，还要负责和区内外其他地区公共图书馆之间，以及所在区域内基层公共图书馆的上传下达任务。县级公共图书馆或县文化活动中心负责出台各自辖区内公共图书馆的建设规划，实施措施的落实工作。第二步：在县级公共图书馆建设日趋成熟的情况下，县级公共图书馆作为总馆，地市中心图书馆的一部分工作职责下移到总馆。总馆通过制定《分馆、服务点管理暂行办法》，明确各分馆和服务点的管理职责、人员与设备配置，维护读者权益、服务绩效考评等。

2. 文献保障：第一步有地市中心馆负责利用统一的业务集成系统平台将整个地区县、乡镇图书馆图书资源的采购、分类、制作数目数据、配送等任务。第二步县级公共图书馆升级为总馆后，中心馆以孵化的形式进行任务下移，总馆除了负责本馆的一切业务工作外，还要利用统一的业务集成管理信息系统平台承担县所辖的乡镇分馆、村级服务点的图书采购、分编、制作书目数据等工作；乡镇公共图书室或乡镇文化馆站作为分馆，负责接收总馆配送的图书，主要承担所属乡镇各项读者服务工作，以及把总馆配送的图书下发到村级服务点，同时对一些服务盲区实现流动图书服务。

3. 经费保障：在国家和政府未下拨专项建设经费的情况下，每年将国家下拨给各级文化活动中心的免费服务经费的20%上交给地市中心馆进行统一购书、分类、制作书目数据。各县成立独立建制的公共图书馆后，县以下各分馆、服务点经费应由县级公共图书总馆统一支配。

4. 人员保障： 人员由各个乡镇公共图书分馆、村级服务点所在机构自行解决，县级公共图书总馆负责人员管理业务和服务技能的培训等相关工作。独立建制的县级公共图书总馆建立后，县以下各分馆、服务点所有从业人员应由县级公共图书总馆统一管理。

5. 业务保障： 地市公共图书中心馆负责对总馆、分馆和服务点的业务指导，主要包括各总馆、分馆开馆前的准备工作，提供技术支持，免费提供分馆工作人员的培训；建立统一的网络和信息平台，为分馆提供诸如计算机集成系统和网络系统的技术支持与维护，并随时解答分馆读者及工作人员提出的问题。

参考文献

[1] 周和平,公共图书馆服务体系的探索与实践——东莞调研报告,国家图书馆出版社,2012年。

[2] 周和平,公共图书馆服务体系的探索与实践——杭州调研报告,国家图书馆出版社,2012年。

[3] 周和平,公共图书馆服务体系的探索与实践——天津调研报告,国家图书馆出版社,2012年。

[4] 周和平,公共图书馆服务体系的探索与实践——山西调研报告,国家图书馆出版社,2012年。

[5] 邱冠华、于良芝、许晓霞,覆盖全社会的公共图书馆服务体系——模式、技术支撑与方案,北京图书馆出版社,2008年。

[6] 李国新、冯守仁、鹿勤,公共图书馆规划与建设标准解析,国家图书馆

出版社,2009年。

[7] 于良芝、邱冠华、李超平、王素芳,公共图书馆建设主体研究——全覆盖目标下的选择,国家图书馆出版社,2011年。

[8] 李勇、钟刚毅、程孝良等,城乡一体化进程中的图书馆发展模式研究——以成都地区图书馆为例,科学出版社,2013年。

[9] 何立芳,刍议总分馆制在国内图书馆的实现,图书馆情报工作,2009年第7期。

[10] 陆晓曦、刘璇,中国公共图书馆总分馆体系研究述评,图书馆建设,2012年第3期。

[11] 金武刚,试论县域公共文化服务体系建设的特点与挑战,上海文化,2013年第6期。

附录

一、访谈提纲

（一）上级领导层访谈提纲

1. 您认为当前西藏公共图书馆发展及服务状况如何？

2. 您认为西藏公共文化服务当中公共图书馆服务应处在什么地位？

3. 西藏的广大农牧区群众历来就有能歌善舞的特征，同时整个藏民族有着丰富而悠久的历史文化，对文化生活都有着急切的渴望，您认为西藏的广大民众对阅读图书持怎样的态度？对图书有怎样的认识？

4. 在全区范围内您认为要实现西藏公共图书馆服务的全覆盖其难度在哪里？推进全覆盖的公共图书馆服务，您认为应该从哪里开始着手？应该怎样推进？

5. 为了实现全覆盖的公共图书馆服务，国内外都采取了一系列措施寻找了不同的实现路径和方式，这些发展模式您认为西藏应借鉴哪些模式？

6. 图书服务和图书馆服务有共性也有差异，目前西藏基层图书服务主要是由农家书屋承担，您觉得未来建设西藏全覆盖的公共图书馆服务应该怎样处理好与现有农家书屋、寺庙书屋及社区书屋之间的关系？

7. 国家在"六五"期间就提出了"县县有图书馆"的目标，到了"十一五"末基本实现了这一目标，但目前从严格意义来说西藏各地区县级图书馆的发展几乎为零，地市图书馆也正处在建设过程中，面对这样的差距，您认为西藏公共图书馆应该如何加快发展？

8. 近年来国家对公共文化服务，特别是在边疆少数民族地区的公共文化服务上，不管是政策层面还是经费投入力度都很大，但从目前发展状况来看并不尽如人意，您认为问题主要出在哪里？下一步该如何去解决？

9. 从上级主管部门来看，未来在公共图书馆的建设与发展方面将会出台怎样的政策和选择怎样的发展路径？

（二）地市图书馆访谈提纲

1. 您所在的地区人们是否有阅读的习惯？

2. 为实现基层公共图书馆服务的全覆盖，您觉得农牧区村级图书室设在哪里比较适宜（村委会？学校？还是？）？镇级图书馆设在哪里比较合理（学校？街道人多处？）？同样县级图书馆设在哪里比较好（文化馆？）？

3. 您认为您所在的地区实现公共图书馆服务全覆盖的难度大不大？其难点主要在什么地方？

4. 您觉得对基层公共图书全覆盖的投入，哪一级政府财政才有能力进行投入？您觉得哪一级政府应该承担起对公共图书服务的投入？

5. 国家在"六五"期间就提出了"县县有图书馆"的目标,但目前从严格意义来说西藏各地区县级图书馆的发展几乎为零,您认为在本地市各县有没有必要建立县级图书馆? 为什么?

6. 您对您所在的地区现有的农家书屋和文化共享工程的建设发展状况怎么看?

7. 如在将来村级或县级建立公共图书馆服务设施和场所,您觉得村级、县级公共图书馆和农家书屋的关系应是怎样的?

8. 基层农牧民对于图书馆是怎么看的,您认为他们对图书馆有什么样的认识,他们期待从图书馆得到什么样的服务?

9. 您对流动图书馆有怎样的看法? 您所在的地区若实行定期的流动图书服务,您觉得收效会如何?

10. 您觉得开展流动图书服务将会遇到的最大困难是什么?

11. 您是否觉得应该以法律条文的形式来规定或保证各级财政(或中央)对西藏公共图书服务的资金投入?

12. 贵图书馆是否已经开始尝试总分馆的建设模式,您能否具体介绍一下?

13. 您个人认为要在西藏实现图书馆服务全覆盖应该怎么做?

14. 您对今后的工作有什么打算?

(三)基层图书室访谈提纲

1. 您觉得农牧民对图书感兴趣吗? 对读书有兴趣吗?

2. 您觉得农牧民喜欢读什么样的书? 喜欢读什么内容的图书?

3. 您觉得怎样才能提高农牧民的读书兴趣和热情呢?

4. 您觉得农牧民阅读图书时遇到的最大困难是什么？

5. 您觉得如何才能解决农牧民阅读图书的问题？

6. 若在农牧区设立图书馆，您觉得应该设在哪里比较合理？

7. 您觉得农牧民的图书室应有什么样的功能？

8. 您觉得我们应当如何看待公共图书服务的全覆盖问题？

9. 您觉得要实现西藏农牧区公共图书服务的全覆盖应该怎样做？

10. 为实现农牧区公共图书馆服务的全覆盖，您觉得农牧区村级图书室设在哪里比较适宜（村委会）？ 镇级的图书馆设在哪里比较合理（学校）？ 县级的图书馆设在哪里好（文化馆）？

11. 您觉得在整个西藏实现公共图书馆服务全覆盖，其难度大不大？ 其难点主要在什么地方？

12. 您对现有的农家书屋建设成效怎么看？

13. 您觉得现在已建起的农家书屋为农牧民提供图书服务过程中存在的最大问题是什么？ 急需解决的问题是什么？

14. 建立公共图书服务，您觉得图书馆和农家书屋的关系应是怎样的？

15. 您对流动图书馆有怎样的看法？ 在农牧区若实行定期的流动图书服务，您觉得收效会如何？

16. 您觉得开展流动图书服务将会遇到的最大困难是什么？

17. 现在全自治区几乎每个村都建起了农家书屋和文化室，您觉得是否有必要在上述基础上再建立一个公共图书室，以满足农牧民的读书需求，实现公共图书服务全覆盖？

18. 地方政府（村、乡、县、地区）是否对农家书屋的完善和持续发展进行了相应的投入？ 若有投入，每年有多少投入？ 是谁投入的？其投入主要用来干什么了（购书？图书管理人员劳务费？或其他？）

19. 您觉得对农牧区图书全覆盖的投入，哪一级政府财政才有能力进行投入？您觉得应该是哪一级政府应承担起对公共图书服务的投入？

20. 现在农家书屋的管理员是村委会干部义务承担的，若将来建设镇乡级图书馆、县级图书馆等，对其图书管理人员的管理（包括归属、发放工资或劳务费等）应由谁来（哪一级政府管理部门及财政）承担比较好呢？

21. 您是否觉得应该以法律条文的形式来规定或保证各级财政（或中央）对西藏公共图书服务的投入？

22. 您觉得在广大的农牧区应该怎样推进公共图书服务的全覆盖？

23. 在西藏推行公共图书服务的全覆盖困难重重，您觉得将会遇到的最大困难会是什么？

24. 服务跟需求是紧密联系在一起的，有了需求才会对服务提出更高的要求；因此，您觉得西藏广大农牧区，农牧民对图书服务的需求大不大？需求的要求高不高？

25. 现有的村级农家书屋能不能满足广大农牧民对图书阅读的需求？若不能满足，主要是在哪方面得不到满足？

二、访谈摘录

访谈一：

访谈时间：2012年12月20日

访谈地点：山南地区浪卡子县
访谈对象：山南地区浪卡子县副县长01

问：农牧民是否对读书感兴趣？

01答：我认为我们这边边境牧民对读书都感兴趣。因为有一部分人不识字没有文化，所以他想看也看不懂，另一方面一部分有文化的青壮年，外出务工去了，没有时间看书。剩余的学生和待业在家的，他们主要对个人需要的使用技术类的书籍感兴趣。你要让老百姓对读书感兴趣就需要改变一下载体形式，如果通过传统的书籍普及阅读有一定的困难，通过一些影像资料或者宣传画的形式可能普及起来比较容易些，这样覆盖面就会扩大，在农牧区推广阅读我认为很有必要，不是有读书日吗？ 读书日我们农牧区做什么，怎么搞？

问：你认为农牧民喜欢看什么类型的书？

01答：通过我下乡调研，以及农家书屋的使用情况来看，他们比较喜欢实用类的图书，年轻人喜欢歌曲、文艺小说类的图书。

问：农牧民在阅读时遇到的最大困难是什么？

01答：目前从我们村一级的情况看，农家书屋的藏文图书太少，因为汉藏图书各占了一定的比例，汉文他们看不懂，能看懂一些也是一知半解，还有载体方式少。阅读图书的场所，目前村里就那么一间书屋，面积太小，打个比方可能就比城里的卫生间大一点，他静不下来看书，借回家看他又看不懂。

问：如何解决农牧民阅读的问题？

01答：一要加大宣传，因为现在电视等高科技的东西普及过多后大家觉得读书没有什么意思，而且有些书不切合农牧区的实际，我们的书就应该换一种方式进入到农牧区，比如说电子图书是不是要普及到农牧区，普及后的效果需要预测一下。

问：如果在县里建立图书馆，您认为建在什么样的场所比较合适？

01答：我认为建在县城，就是政治、文化中心，也就是人多的地方。还有就是交通要道，旅游环线。这几个位置要把握好。有不少人，特别是驻村工作组下来后告诉我：在你这儿我买不到书，我反问他：你怎么买不到书？我去邮局问，他们说我们进了书卖不出去。在旅游环线上我认为图书要切合一些游人的具体需要。我们县政府不可能去卖书，这就需要运用咱们的专业部门，解决这些实际问题。

问：您认为在基层建立图书馆需要什么样的功能定位？

01答：我认为在我们这儿一方面是普及科技，还有一个就是法律、法规，尤其是维权方面的图书，防止外出务工人员，或者老百姓买了假冒伪劣产品。比如前些日子我们这里就发生过老百姓买了大车，牌照上不了，结果是发动机的问题，原来发动机已经编号了，所以站在我们的角度科普、维权很重要。当然还要普及他们的文化知识，我们的民族文化方面图书基层很少看到，我认为这三方面很重要。

问：您认为如何看待公共图书馆的全覆盖？

01答：我认为在农牧区全覆盖真的很难，比如我们这个县，地域面积大，人口居住分散，这样覆盖怎么去覆盖我确实还没有想到过这个问题，用书屋的形式？书屋现在每个行政村都有了。我认为您刚才给我介绍的流动图书馆在我们这边比较适合。

问：您觉得在农牧区村级图书馆设在哪儿比较合适？

01答：设在村委会，人口密集的地方比较好。镇一级设在镇政府比较好。

问：我们之前也有过一个想法就是设在学校是不是合适？

01答：我认为设在学校是比较好，但老百姓会不会去？

问：在西藏做到图书馆全覆盖难度大不大？

01答：我觉得难度真的大，因为我们之前配书屋困难就很大。当然有经费保证覆盖起来也是容易的，难度主要是投资和场地。如果场所、人员、书籍到位了，应该还是可以的。

问：您对现有的农家书屋的建设成效怎么看？

01答：我们县8个行政村的农家书屋和27个寺庙书屋全部覆盖了。从目前利用率看还是可以，成效是有的，但成效有多明显也真的不好说，因为今年才建好。从10月份我们调研的情况看，成效有一些。

问：您认为目前农家书屋存在的最大问题,急需解决的问题是什么？

01答：我认为是利用的问题，从我们这儿看，利用率能达到80%就不错了，但一些偏远地区利用率就没有那么高。他们相对信息比较闭塞，学习的主动性也没有那么强，还有农家书屋缺乏管理人员，目前是有驻村工作组协助，但下一步驻村工作队撤了怎么办？所以我分管的这些村，我要求帮着带带村两委的人员。村两委也有农活要干，也有管理不到位的地方，所以下一步想交给专人员管理或大学生村官去管理，是不是好些，但目前都是村两委在负责管理，农家书屋启动时就是这么定的。

问：您对流动图书馆怎么看？在农牧区定期的流动图书服务您觉得收效会怎么样？

01答： 流动服务应该收效可以，比如流动服务去一些村庄，去一些学校，因为学校不在村委会旁边，但是成效会怎么样，现在说不好，因为受众不同，受众的水平各种各样，针对不同的受众你肯定要有不同的吸引方式和手段，才会收到好的效果。

问：流动图书车开展起来会不会遇到一些困难？

01答： 我觉得这项活动很新颖，在农村走一走会推动大家的阅读意识，但是会遇到刚开始去无人问津等状况，还有路途遥远，车辆磨损、燃油等又会产生一笔费用。一旦上级配了流动车，要有专人管理吧，要让大家认识这是个什么东西，然后再让大家来参与到这个过程中。刚开始的推介方式是什么，先要做一些基础性工作，做完基础性工作后，前面提到的交通等问题都要考虑吧。

问：在目前每个村都有农家书屋的情况下，您认为是否还有必要建立村级图书馆，以满足农牧区的全覆盖？

01答： 我觉得村一级应该在现有农家书屋的基础上，要么整合，要么扩大。现在农家书屋有几千册图书，但量比较少，很难满足农牧民群众的需要，又建一个图书馆好像也没有这个必要，整合一下好像更好，建了图书馆，也许藏书量会大些，但书屋的书又没人看。这个过程中有个书籍更新的问题，这个可能需要及时做到。

问：您作为主管文化的副县长，自从农家书屋建立以来，咱们县里有过投入没有？

01答： 早期有过一些投入，主要是书架的购买，但是这两年县里把经费主要投入到了非遗节目上，我们把《羊卓江协》打造出来了，它是一个自治区级非遗项目。我们有98个行政村，一投下来不得了，我们的本级财政收入只有800万，一个村投1万，也需要98万，这确实是个大数目，加上我们县相对来说比较贫穷，那么我们把这些钱主要投入到了农田建设上。下一步我觉得应该像我们的免费开放一样，国家投大头，我们投小头，补一点。但现在国家又有个新政策，今年召开的全区边境工作会议，提出边境县本级财政不能配套，所以免费服务国家出4万，我们需要出1万，今年这个县就没有配。我去找过县长两次，他说这是文件精神，考虑到我们本级财政收入低，配不出这个钱。这样一来就不好弄了，去年给文化站拨了5万的免费服务经费，今年我给4万，那从某种角度来说会打击他们的积极性，下一步的工作可能也有些欠缺了。要么就按现在的方式农家书屋国家投一定的钱，我们本级财政能给多少是多少。公共文化人均几块钱这个政策如果兑现，我完全可以用于书籍的更新，还有其他的一些维护上。在农村占的比例藏文比汉文书籍量大些，你如果搞个三分之一，三分里两册是藏文，一册是汉文，汉文是必须有的，下一步更新的时候，藏文书籍量大些，汉文适当补充。2 000册的标准量太少，图书更新也太慢，有些书比较老，下次补充的时候是不是补充电子图书，在书屋的一角是不是像上级部门一样配上电脑，搞一个电子阅览，或者安个广播，通过广播听一些知识，老百姓习惯开会时边听边干手里的活儿，他可以两不误，这种方式是不是好一点。

问：您认为建立图书馆后那一级政府才有能力做到全覆盖？

01答：我认为本级来负责本级是有欠缺的，比如过去我们每个县都有新华书店，后来都没了，原因我不知道，从这个现象看，我觉得县一级图书馆业务由上级来管，资金也由上级来配4

万，当地政府配1万，在资金上，业务管理上，这样是不是更好点。图书馆交给基层管，首先业务上达不到要求，其次资金上，县级经费每年有个侧重，十七大以来提出了文化大发展，把侧重放在了文化上，过去没提之前他管都不管。过了十八大如果不再提文化了，又会放一放，侧重点又会放在其他地方。从这个角度来看需要上面和本级同时来管。要不管着管着管瘫痪了，管没了。

问：您是否认为各级财政有必要以法律的规定定期拨付。

01答： 这个当然好，县长会想我这笔钱投到图书馆但我要从那里找这个钱。西藏不比内地，财政经费全部靠中央财政，像我们也只能靠一点羊湖的旅游收入，在财力有限的情况下转移支付是不是更好。援藏资金又不固定，所以上级有专项经费当然更好。

问：您认为在农牧区怎样推进全覆盖？

01答： 县里应该有个中心，乡镇可以建一个小型的图书馆，村一级可以和农家书屋整合，通过馆藏建设覆盖和可用的载体，比如说音频、视频或以其他形式，比如这边是旅游要镇，是不是和旅游服务中心建在一起。

问：您认为在您管辖的范围内这些农牧民对图书的需求大不大？

01答： 我觉得主动去买书的没有，干部职工需求比较大，特别是和自己专业比较近的工具书一类的。农牧民我觉得这一块意识比较薄弱，没有那种意识，你让他掏几块钱去买本书太难了。

问：那农家书屋建立起来后是不是借书的愿望也不是很浓？

01答： 那要看情况，和经济也有一定的关系，一些地方经济发达一些，他法律维权的意识相对强些，他会去农家书屋里借。温饱问题解决了，他才会想到去看书，情况相对差些的他就没有多少富裕的时间去借书,看书了。

问:您认为目前来说农家书屋基本上能满足他们的阅读需求是吧?

01答: 基本上能满足吧,有的人认为书的内容应该更加丰富一些,还有就是需要更新。

访谈二:
访谈时间: 2013年7月8日
访谈地点: 拉萨金桥饭店社会主义学院
访谈对象: 日喀则地区拉孜县文广局局长02
　　　　　日喀则地区康玛县文广局局长03

问:您觉得农牧民对图书感兴趣吗?对读书有兴趣吗?

02答: 怎么说呢,农牧民的时间还是很有限的,冬季农闲会好些。农牧民识字的人数也是有限的,经过扫盲好了许多,但也只是掌握藏文。有了农家书屋后也有人会借些书看,但比例是比较少的,大概也只有30%的样子吧。现在电视很普及,大家也就更爱看电视了。年轻人又都爱使用手机等移动工具,各种使用方法他们学得又很快,所以对读书的兴趣自然也会有所影响。

03答: 我们所在的地区情况也差不多,科技、养殖和种植等切合他们实际的图书还是太少,尤其是藏文方面,城市市民的图书需求和农牧民是不一样。村一级的书屋发挥不了太大的作用,很多时候也是应付上级的检查。现在有驻村工作组,我们也征求过他们的意见,他们也认为藏文图书偏少。从他们的实际看更需要一些通俗易懂的书籍。加上农活太多,除了农闲季节书屋一周有没有一个读者来看书估计都很难说。我自己也被派去驻过村，我们尝试过组织村里一些有文化，懂点汉文的村民每周轮流来看书并写读书体会，村里开展读书竞赛，并制定奖惩制度，效果还不错。通过读书他们了解日常生活中需要掌握的基本知识，他们自己也说：平时只知道这里有个书屋，没有想到里面的书对我们还会有用。由此可见如果不组织他们进行阅读，让他们自觉走进书屋看书还是有一定的难度。

02答：是的，组织农牧民群众看书这是一个办法，否则自觉看书目前还比较困难。

问：您觉得农牧民喜欢读什么样的书？读什么内容的书？

02答：他们喜欢读和自己切身利益相关的图书。比如农具、产品、种植，如果你想学驾驶，和驾驶有关的书，这类书农家书屋里都有，借阅量也比较大。目前还不是喜欢看书，只是为了需求而看书。

03答：还有一点他们喜欢看有图片的图书，也就是绘本，比较好理解。

02答：年轻人读过书的较多些，绘本图书给上了岁数的人讲解的话也容易让老人理解，否则全文字的图书让他们阅读还是比较困难。多出版一些和他们切身利益相关的图书，对提高他们的阅读兴趣会有所帮助的。

问：您觉得农牧民阅读图书时遇到的最大困难是什么？

02答：主要还是文字理解能力，应该组织他们进行一些导读。

03答：目前全区只有行政村有农家书屋，自然村尚未建立农家书屋，因此我们采取在村里流动传递图书的活动，比如5本图书，先发给一户人家，这样在村里传阅，最后收到第一户人家，并让他们撰写读书体会，这样每过一个阶段轮换传阅几本图书，这样做还挺有意思的，否则在西藏，自然村居住太过分散，加上农忙季节农民也不可能有时间来借书，传阅是个不错的办法。我们当时是为了给村民宣传十八大，除了和十八大相关的图书，我们还会给他们传阅一些和他们生产、生活相关的图书。

02答：相比以前老百姓对读书的兴趣总体来说还是有些减弱的感觉，这主要是大家更喜欢看电视了，还喜欢看一些图文并茂的阅读资料。到农家书屋来借书，更喜欢借光碟类的东西，因为农家书屋也配有光碟，其中有不少养殖、种植类的内容，农民对这些资料似乎比纯文字的更加青睐。家里有孩子的会把书屋里的儿童类图书会借回去给孩子阅读。

问：若在农牧区设立图书馆，您觉得应该设在哪里比较合适？

02答：建在村委会，管理可能容易些，村里的干部可以一起管理，建在其他地方还需要有个专人来管理，加上村里的活动都会在村委会举办，活动间隙村民可以顺便把书借走。目前除自然村外，行政村居住还是比较集中的，而且村里的学校已经转迁到了乡里，一般村里已经没有学校了。行政村都有农家书屋，感觉书也比较全，图书室和农家书屋性质差不多，目前村里建图书室似乎早了些，我认为有点浪费，乡里建图书馆从阅读人群等看都是比较合适的。

03答：我觉得建在村委会旁边比较合适，现在因为有驻村工作组，所以村委会里一直有人，而之前除了开展一些活动，一般村委会里是没有人的。我之前驻村的地方就是把农家书屋建在村委会的大门两侧。而且有的地方村委会成员和村民之间的关系非常微妙，到村委会来借书就意味着要和村委会的人见面，这反而会影响图书的借阅，因此把图书室设在村委会外面，并有专人管理，我感觉会更好些。当然完全脱离村委会也是不可能的，因为还是在村委会的管辖范围之内，只是需要一点距离。目前我们有一些条件还不错的农家书屋计划搬出村委会，便于管理，同时又不影响管理，这样感觉更好些。村、乡，把图书室建在所辖范围之内会好些。像之前所说的建在茶馆等娱乐场所在城市也许可以，但在农村还是不可行的，对图书的管理等都会有所影响。

02答：是这样的，比如之前我们发放一些宣传材料等，领取时非常积极，但真正拿回去后看得很少，一般都会做炉灶引火等用。我们也会提醒村民：你们一定要先看内容，哪怕让孩子读给你们听，之后再作为他用我们也没有意见。

问：您觉得农牧民的图书室应有什么样的功能？

02答：如果有固定的管理人员提供一些茶饮，让读者边学习边享受，这也是吸引读者的办法之一。我们县也有公共电子阅览室，但前来的人大多以玩游戏、观看电影等为主。实际上感觉上了岁数的人对读书更有兴趣，更喜欢安静地阅读，而年轻人更喜欢上网。上次我们也组织去上海参观、学习，看到一些社区图书室的管理人员大多数都是退休人员，这些人责任心强，教他们一些简单的电脑操作就可以上岗，我感觉这是我们值得借鉴的经验。我和我们老干局的同志也讲了，与其让老年人一天到晚打麻将，不如组织他们来文化室参观，看看他们愿不愿意参与这些工作，如果愿意可以一周来干几次，我们也可以适当地考虑一点补助。虽然我们也可以找到一些年轻人来管理，但在踏实、责任感上还是不如上了岁数的人，也不太容易留住年轻人。

问：您对流动图书服务有怎样的看法？在农牧区若实行定期的流动图书服务，您觉得收效会如何？

02答：这当然很好，但也取决于村民的素质，这可能还需要和村委会联系，并收取一定的押金，否则你只是开辆流动图书车去借书村民会感觉是来送书，收回来的可能性就比较小。收些押金，先开展试点是不是好些。

03答：押金一定要收，如果图书能不断更新，那效果也许更好。

02答：各县新华书店已经配备了一辆售书车，虽然一个是销售，一个是免费借阅，也有一些共同点，但目前作用发挥得不是太明显，它需要派专人进行管理和后续的经费保障。基层文化、广电、新闻都在一起，但经费都是专项的，交叉使用上面也会不高兴的。比如农家书屋除了图书没有别的经费，开展其他活动也就存在一定的难度。新华书店的售书车发下来了，但没有经费保障，像燃料费等都没有，就是使用也要相应地考虑这些问题。

03答：我们现在是抓细节抓得太多，层层把关，有点抓小放大的感觉。乡以下的图书馆不能抓得太细，不能要求太高，我们之前下乡对青少年读者采取过这样的办法：以题目的形式让他们到书中去找答案，回答好的给予奖励，这样对促进他们的阅读很有帮助。这样可以把工作、学习、实习相结合，每周给他们十道题，挂在书屋的墙上，再给几本书让他们从中找答案，这样效果很好，他们把书看得也非常仔细，否则单纯地让他们阅读也不会很上心地去阅读。

问：您觉得整个西藏实现公共图书馆全覆盖，其难度大不大？其难度主要在什么地方？

03答：全覆盖的最底层是村一级是吧？就像我们前面谈到的，书籍也好、影像资料也好符合他们的实际是不是会好些，否则从目前西藏的情况看，村一级建图书室好像早了些。去年开始我们的寺庙书屋也启动了，但感觉看的人还是有限，当然像县一级有图书馆那人数可能就会多些。

02答：乡一级建图书室可能会更好些，因为乡一级有学校，有老师、学生，老师带头去借阅，人数也会多一些。村里没有学校，加上如果下一步会从上级选派第一村党支部书记可能会好些，否则目前的村委会成员文化程度就比较有限的。县、镇一级建图书馆面积、人口都会比较合适，因此，建在县、镇所在地人口比较密集的地方可能会好些。

03答：行政村还好些，自然村一般居住都是很分散的，目前不是太成熟，是一种浪费。

01答：就像我们之前谈到的目前全覆盖难度还是比较大，从经费、人员都存在着很大难度。

03答：如果一定要建，一开始几年只能尝试着去做。否则投入一旦太大，下面的效果会如何很是难说。我们之前下乡驻村时，所辖地区有1个行政村，3个自然村，因为我们自己就是做文化馆的，从我们的工作角度做过一些尝试，最多也只能是诱导，效果也不是十分理想。

问：您对农家书屋的建设成效怎么看？

02答：我认为农家书屋不能单纯只发放书籍，而应该多考虑后续的发展，包括人员经费、设备等，目前是村长在兼书屋管理员，这也只能在村里开会或举办活动时开门，平时就不可能了，现在还有驻村工作住在里面，他们可以帮着管理书屋，但这也不是长久之计。也只能有人借书时去找书屋管理员，没有经费就不可能固定一个人长期开放为读者借阅服务。说实话上面配的书都很好，但除了书籍还需要考虑人员、经费等一系列问题，这些后续的问题似乎都没有跟上，加上我们管辖的工作面比较广，广电、新闻、文化等都由我们负责，由于经费有限我们不可能经常下去，因此成效也不是太好说。当然和过去相比是填补了这块空白，过去是什么都没有，特别是建立了寺庙书屋后，很受僧尼的欢迎，因为他们是出家人，也没有更多的事情做，他们也确实是在认真地看，而农家书屋不太好说。

问：建立公共图书服务，您觉得图书馆和农家书屋的关系应是怎样的？

02答：我认为把农家书屋和图书馆加以整合会比较好，否则从人力、设备、经费都需要双重付出，把它整到一起，建得大些就是了吧。

问：地方政府（村、乡、县、地区）是否对农家书屋的完善和持续发展进行了相应的投入？若有投入，每年有多少投入？是谁投入的？去投入主要用来干什么？（购书？人员经费或其他？）

02答：寺庙书屋建立的时候新闻出版局在配送图书的同时也解决了书架的配备，但农家书屋新闻出版局只解决了图书问题，这样县里一下要解决那么多农家书屋的设备也有一定的难度，这样县里把这项任务交给了各乡，各乡根据自己的实际情况制作了书架，现在如果下去看，书架的制作都是不一样的。其他也没有什么投入，因为基层财力有限，这也不是太实际的。目前书屋管理员也都是由村干部兼管，前些日子新闻出版局召开了一个表彰会，给获奖人员一定金额的奖励，这也是第一次，我回去准备发给他们，对他们也是个激励，感觉负责书屋工作还要有一定的报酬，对今后的工作的开展也会有利。

问：您觉得对农牧区图书馆全覆盖的投入，哪一级政府才有能力进行投入？您觉得应该是哪一级政府应承担起对公共图书馆服务的投入？

02、03答： 如果政府以专项的形式下拨，那是不是下拨到县里，再由县里统一承担此项工作合适一些。否则目前各级政府要承担这个工作都比较困难，因为需要用钱的地方太多，放到文化上还是有难度的。像免费服务经费这样虽然是要经过地区的，但因为是专项，所以会拨到基层，这样感觉很好。

问：现在农家书屋的管理人员是村委会干部义务承担，若将来建立乡镇级图书馆、县级图书馆等，对其图书馆管理人员的管理（包括归属、发放工资或劳务费等）应由谁来（哪一级政府管理部门及财政）承担比较好？

03答： 这次新闻出版局给各县建新华书店已经下了编制，如果能一起使用，这就算是暂时解决了。但具体到图书馆没有具体编制，还是要聘用公益性人员。

02答： 但书店是买书，图书馆是借书，不知共同使用会不会有矛盾。免费开放六部委也下过文件，但地区具体编制没有下到地区编办，把文件拿给组织部他们也不承认。没有人员编制，上面项目又多，这让我们很难做。只能用免费经费招聘一些临时工，因为公益性岗位也需要从县里申请编制，临时工在文化程度、责任感上也都存在着一定的局限。所以就像我前面提到的招收一些热爱这个工作的退休人员也是一个办法。

问：您是否觉得应该以法律条文的形式来规定或保证各级财

政（或中央）应该对西藏公共图书馆服务的投入？

02答：这个很好，就像非遗，之前基层领导也不知道，现在说要立法了，人大也下来就立法进行调查，领导们知道了有个非遗，也开始重视了，图书馆如果也能立法或有章可循，情况也不大有改观，大家也会知道它的重要性，也会重视起来。

03答：就像自治区图书馆每年有固定的专项购书经费一样的话，每年有一些专项经费就好了。

02答：是的，否则基层农村农家书屋的图书由新闻出版局负责配送，而文化馆的图书室没有书，也没有经费。上次我们县里的文化馆站图书室建起来了，我只能到邮局订一些杂志，否则屋子是空的。

问：您觉得在广大的农牧区怎样推进公共图书馆的全覆盖？

03答：很多情况都是以点盖面，公共图书馆全覆盖是否也可以这样，先做一个试点，哪怕投入多一些，做好了再以经验形式加以推广，很多新生事物的推广方式好像都是这样的。推广到村一级只有到机制得到进一步完善，村民素质有所提高后才能变成现实，否则冬季还可以开放，夏季大多壮年人都会出外打工，留在家的都是一些体弱多病者。主要还是必须有专人管理，不管此人是正式职工，还是临时或公益性岗位。就像目前我们电影放映员很多就是聘用人员，总之有专人管理总是对工作的发展有好处的。

02答：说一千道一万，没有专人管理还是不行的，百姓的素质还没有达到义务负责书屋管理的水平。

03答：整个文化也好，图书馆也好和其他工作不一样，和任何工作都无法挂钩，今年开始我们县实行了一票否决，文化也占了一定的分数，这样重视程度也有了提高，下一步文化能不能和政府的其他工作相挂钩，这样也许会得到提高，否则只是抓经济，文化很难受到重视。

02答：这次乡一级文化馆站的人员编制得到了落实，有四个编制，但很奇怪的是县一级的人员编制还是没有得到落实，我还专门到地区组织部门去问过，县一级的没有。上级也许是打算解决，但目前免费经费落实了，没有人员编制工作，一样是无法开展的，图书室、电子阅览室都需要有专人来管理，实在不行我们准备都安装监控，这样也能暂时解决管理问题。而且这些人员也需要进行适当的培训，现在我们只是简单地进行了分类，再细分就缺乏相关的专业知识了。

问：服务和需求是紧密联系在一起的，有了需求才会对服务提出更高的要求。因此，您觉得西藏广大农牧区，农牧民对图书服务的需求大不大？需求的要求高不高？

03答：愿意读书的人肯定是有的，随着国家九年义务教育的开展，受过教育的人是越来越多，但这个年龄段之前的人咱们就不能给予太高的要求。当然还是要从图书内容上有一些符合农村实际，这样他们也会愿意去读，平时我们在村里举办一些活动时，也有的村民会进到书屋里去翻一翻里面的图书，不管成效有多少，起码他们还是有人愿意去接触知识。

问：现有的村级农家书屋能不能满足广大农牧民对图书阅读的需求？若不能满足，主要在哪方面得不到满足？

03答：在我翻阅的过程中，感觉下发的图书都很好。

02答：其实从目前的情况看是能满足的，只要农牧民愿意阅读，书还是挺好的，他们当然会根据自己的需求去阅读，但我觉得配发的书籍都很好。农牧民对读书的意识还不够强,还是需要督促的。

03答: 单纯靠农牧民自觉的走进书屋阅读真是有一定的难度,还是需要软硬结合,采取一些办法督促他们读书才行。

02答: 是的,还是需要采取一些促进读书的办法,在内地看到到处张贴着一些宣传读书的标语时,自己在心里也会有一种需要读书的想法,因此如果没有一个环境你也想不到要读书。我们向百姓宣传书屋和书屋里藏书的内容,这样才能吸引更多的百姓走进书屋看书。新华书店的售书车,现在每个县都有,下一步如果经费跟得上也可以利用这个售书车进行图书馆的流动借阅服务。

访谈三:

时间: 2013年7月10日
地点: 拉萨市罗布林卡路25号
访谈对象: 阿里地区群艺馆馆长04
　　　　　阿里地区文化局书记05
　　　　　阿里地区普兰县文化局局长06

问:您觉得农牧民对图书感兴趣吗?对读书有兴趣吗?

04答: 从整个阿里地区来说以牧区为主,其中普兰以农业为主,东三县都是纯牧业,扎达、日土也以牧业为主。

06答: 普兰因为是农区,在读书习惯上会好些,牧民喜欢看《格萨尔》。上次在地区文化局召开关于共享工程的会议上我也说道: 文化信息共享资源全是汉文,这个对基层农牧民用处不大，如能翻译成藏文，当然如果是音视频的形式就更好，信息工程的资源内容很好，有养殖、种植方面的，但老百姓听不懂。

04答：书籍、资源一定要符合他们的生活实际，比如前面谈到的《格萨尔》，如果能以视频的形式更好，农民也一样可以看。从地区书店的情况来看，来买书的也很少，记得我小的时候很多地区都有书店，后面很长时间书店也没有了，所以大家也没有了看书的习惯。

05答：老百姓对外来文化还是比较陌生的，如果有一些自己熟悉的文化，像传说故事什么的他们是会喜欢的。比如翻译成藏语的电视剧《西游记》他们就非常喜欢，现在是老百姓想看的作品没有，汉文作品很多，但他们看不懂。他们的知识面有限，离自己比较近的知识他们接受起来容易些，所以需要让他们感兴趣，适合他们的产品。

问：若在农牧区设立图书馆，您觉得应该设在哪里比较合适？

04答：各地区情况不一样，普兰县是农区，居住环境是比较集中的，可以建在乡镇所在地。阿里大多数县因为从事的是牧业，老百姓过的是游牧生活，没有固定的居所，一个地方呆几个月就会转移。

问：您对流动图书服务有怎样的看法？在农牧区若实行定期的流动图书服务，您觉得收效会如何？

04答：流动对农区和半农半牧地区比较适合。如果流动服务，也许一开始大家会有新鲜感，但时间长了会怎样就难说了，阿里地区有个特点新鲜感比较强，因此能否坚持就是问题了，因为很多娱乐场所都会有这种情况。对于牧区困难就会更大，游牧点和游牧点之间间隔距离很远，最远的大概有200公里的距离，有些甚至因为交通原因根本走不过去。普兰地区有旅游点，在塔青的冈仁波齐神山脚下夏季，游客很多，但这也是季节性的，最多三、四个月的样子，这个时期这里会聚集各种各样不同肤色、不同国家的人群，这个地区叫塔格乡也是一个牧业点。

06答：普兰今年在建地区新华书店，建了两个，一个是在县里，另一个是在口岸。普兰老百姓只有7 000多人，其中4 000多都在普兰镇上，都是农民。另外2 000多在两个乡上，是从事牧业的的，一个乡只有1 000多人，干部大概有800多，军人很多（因为是边境）。

05答：可以建立图书馆服务点，书可以适当地时候再进行更换，比如在神山脚下。

06答：是的，但像塔青（神山所在地）没有场所，建流动的还可以。农家书屋就是这样，到各村房子是村里提供的，县里给每个书屋配了六个书架，其他没什么设备，只有一套桌椅，我们县有个叫科迦的地方建的最好，房间大，也摆设桌椅。其他书屋只能进来把书借出去，因为房间小也没有什么设备。管理员的工资也是个问题，村村通的管理员一年有1 050的工资，国家只会拨给两个县，其他几个县是县里给拨的。下面都是村长在兼管理员，书屋的管理没有一定文化还是会有所影响，所以现在也有大学生村官兼管书屋的。如果要专门请一个管理员还需要付工资，有没有专门的经费。

05答：牧民更喜欢买书，因为居住分散，路途遥远，借还图书很不方便。

问：您觉得农牧区的图书室应有什么样的功能？

05答：培训班类的估计比较好，层次可以根据需要不断提升，利用一些视频进行讲解，否则只是单纯的看书他们也会觉得没有意思。

06答：文化信息工程的内容非常好，种植、养殖都有，只是都是汉文，如果这些内容能翻译成藏文发放给群众，他们会非常欢迎的。农民对种植类的书很感兴趣，这些内容信息工程里都有，如果是藏语，他们也看得懂，就是没有人讲课，只是放碟子也可以。农牧民几乎都不会汉文，如果是藏语，有音频都可以，视频当然更好，对基层非常有用。从农牧民的角度都开展培训，让他们形成习惯，这个特别好。

问：您如何看待在西藏公共图书馆的全覆盖？

05答：如果图书室里收藏丰富，什么养殖、种植的，农牧民需要的都有，才能做到全覆盖。

04答：目前全覆盖难度还是挺大的，因为全覆盖一直要覆盖到村，现在的情况是不要说村上，地区都没有人看书。能否先在人口比较集中的地方设几个试点，看看有没有效果，如果没有效果，也是一种浪费。在内地也许有人看，因为有这个习惯，西藏其他地区我不知道，但阿里没有这个习惯，大家除了为孩子购买教辅材料，也很少进书店，所以我还是建议先试点，因为国家层面从人力、物力全投进去了。在试点的过程中会总结出很多好的经验，这样对下一步全面开展也有好处。国家推广的一些项目在内地都有过试点，但在西藏是不是使用，还是需要尝试，比如可以在阿里普兰、塔青这样人口相对比较集中的县试点，再向扎达、日土、噶尔等县发展是不是会更好。西面四个县总结好了可以再考虑，在此基础上再考虑东边三个纯牧业县怎么搞。

06答：县里有一些干部会看，加上是边境县，部队很多。军人多，这批人群也是一批阅读者。但到村里如果不进行一些培训，开展阅读还是比较困难的。目前有驻村，我们可以相互合作一个月开展一次培训，希望慢慢老百姓能养成看书的习惯。电视全覆盖很容易，现在也确实全覆盖了，图书难度就会大些，要识字又要有习惯，咱们的老百姓又恰恰没有读书的习惯。

问：若在农牧区设立图书馆，您觉得应该设在哪里比较合适？

06答：县里设在广场附近比较合适，文化设施也好，人群也好是最集中的地段都在县中心广场附近。普兰是两乡一镇，县和镇是在一个地区。

问：请问农家书屋在阿里的建设情况，对其成效怎么看？

06答：应该是全覆盖了，普兰是每个村和所有14个寺庙都有农家书屋和寺庙书屋。

但看书的人并不多，因为没有养成看书的习惯，特别是牧区，加上没有专职人员，管理也不是太好。农区会好些，牧区主要就是看《格桑尔》多些，其实书屋配的书还是挺不错的，而且90％好像是藏文。

04答：开展九年义务教育以来文盲比以前少了，年轻人大多都识一些字，读点书是没有问题，主要是藏文。

问：建立公共图书服务，您觉得图书馆和农家书屋的关系应是怎样的？

06答：目前有农家书屋就足够了吧，把现有的建设好，设施、设备搞好。培养农牧民的读书兴趣。

问：您觉得农家书存在的问题和急需解决的问题是什么？

06答：设施、设备吧，房子需要自己盖，设备也是通过驻村帮助解决的，各县只配了书架。而且由于书屋房间太小，只能借了就走，根本不能在书屋里坐下来翻阅图书。有大点的房间也不可能留给图书室。从管理上交给村官会好些，如果交给村干部，也许因为他们没有时间，不会怎么问津的。加上也没有什么补贴，每年自治区只给补贴 1 050 元，我们普兰只有两个村能够享受。到目前免费服务的这笔经费到位情况都很不错。

问：地方政府（村、乡、县、地区）是否对农家书屋的完善和持续发展进行了相应的投入？若有投入，每年有多少投入？是谁投入的？去投入主要用来干什么？（购书？人员经费或其他？）

06 答： 地区没有投入过，房子是村活动室的，设备是各县自己配的，书是自治区新闻出版局配的，条件好些的县还配了桌椅。

问：您觉得对农牧区图书馆全覆盖的投入，哪一级政府才有能力进行投入？您觉得应该是哪一级政府应承担起对公共图书馆服务的投入？

06 答： 如果上面下了硬任务，各级政府按百分比出资，那是不得不执行的，否则估计很难。

问：现在农家书屋的管理人员是村委会干部义务承担，若将来建立镇、乡级图书馆、县级图书馆等，对其图书馆管理人员的管理（包括归属、发放工资或劳务费等）应由谁来（哪一级政府管理部门及财政）承担比较好？

06 答： 目前各县除了配事业编制，还会配一些公益性岗位，像我们县就分了 8 个公益性。主要是正式的事业编制比较紧张，县文化站听说都有事业编制，这个编制也不知道能不能分配下来，基层新闻、广电、文化等工作都是一套人马在做。

问：您是否觉得应该以法律条文的形式来规定或保证各级财

政(或中央)应该对西藏公共图书馆服务的投入？

06答：那是再好不过的事，目前要一点书架、桌椅都那么难，更别说别的。图书到现在也是一开始配备的以后就没有再补充过新的。

04答：如果自治区图书馆对基层的图书室加以扶持、培养就好了。

问：服务和需求是紧密联系在一起的，有了需求才会对服务提出更高的要求。因此，您觉得西藏广大农牧区，农牧民对图书服务的需求大不大？需求的要求高不高？

04答：对于读书老百姓一直没能养成习惯，所以也就没有了服务对象。我自己感觉"文革"对读书的负面影响还是挺大的，我从小在阿里长大，各县都有新华书店，但"文革"期间都没有了。

06答：过去没有过，所以也就没有什么感觉。

05答：其实从形势的需要来说读书是非常必要的，老百姓再不学点东西，今后不可想象会怎样。

06答：现在的年轻人都是受过九年义务教育的，如果还不学习，又会重走父辈的路，所以读书是非常必要的。

访谈四：
时间：2013年7月30日
地点：山南扎朗县文化局办公室
访谈对象：山南地区扎朗县文化局局长07

问：您觉得农牧民群众对图书感兴趣吗？对读书有兴趣吗？

07答：扎朗县目前有5个乡62个村，从2009年12月开始在每个村建立了农家书屋，目前可以说村一级全覆盖了。现如今国家、自治区、地区、县政府等对文化的重视和投入力度越来越大，从县一级到村一级的文化生活越来越丰富，特别是农家书屋的建立，村里百姓的文化意识也有所提高，平时在学生放假期间，农家书屋里看书的学生比较多。此外，在教育系统扫盲工作的督促下，村里也会有村民光顾农家书屋，我们扎朗县农家书屋里大部分图书是藏文，种类也较多，比较适合当地百姓的需求，如果能进一步完善农家书屋，为百姓提供服务，图书馆服务必然会受到当地百姓的热烈欢迎。

问：农牧民喜欢读什么样的书？内容？

07答：当地百姓对农业类、养殖类的和平时生活息息相关的书籍比较感兴趣。

问：怎样才能提高农牧民的读书兴趣和热情？

07答：农家书屋的建立在一定程度上丰富了群众文化，对农牧民读书意识的形成多多少少起到了作用，但还有很多有待于完善的地方，一是有的条件较差的村，书屋环境不好，基础设施不够好；二是书的内容需要更新，目前有的书屋只有新闻出版局第一次配送的图书，之后再没有更新过；三是管理不够好，虽说每个村委会的村长或书记会专门管理农家书屋，但有时人手不够，无法正常开放；如果政府能解决农家书屋管理的问题，下拨专项资金固定管理人员，这样才能发挥它的作用。未来希望能解决提供阅览桌椅、影像设备等，总而言之，是资金问题，我们扎朗县在经费投入方面在山南地区是倒数第三位。

问：目前农牧民阅读图书中遇到的最大困难是什么？

07答：最大困难之一是没有固定的图书室，从2011年10月起驻村工作队安置到各村后很多农家书屋用作他们的住所；二是需要加强宣传力度，很多百姓不知道有农家书屋，没有读书、借书的意识；三是资金问题，需要专项资金。

问：若在农牧区建立图书馆,应该设在哪里比较合适？

07答：因为村一级已经有农家书屋，如果在县里设置图书室，我觉得设在县政府比较合适，既可以方便县机关工作人员借阅图书，也可以为周边老百姓服务。如果设在村一级，目前还是存在很多困难，管理上的问题，群众知识层次的问题等，根据扎朗县目前的情况设在县里是最好了。最好的区域是县中心人流量较大的地段，考虑到安全和管理等因素最好设立在县政府里。我们县原文化活动中心因建在了老政府办公所在地，被放学回家的孩子丢掷石块，玻璃全部损坏。因此未来图书馆也应设在县中心容易管理的地方。

问：农牧民图书室应该有什么样的功能？

07答：2010年我曾参加了一个文化厅组织的考察队到林芝学习时，到过林芝图书馆，看到了很多像电子阅览室等新的功能，未来如果建县级、村级图书馆，我想也应考虑这些新的功能，特别是免费上网的电子阅览室，希望在建图书馆的时候可以一步到位，而不是重复建设。

问：如何看待公共图书馆全覆盖？

07答：作为一个文化工作者，我是非常希望图书馆能全覆盖。目前无论是寺庙书屋还是农家书屋我想也是一种以全覆盖的理念设置的，相信会受到百姓的欢迎。

问：在西藏应如何实现全覆盖？

07答： 要以因地制宜和需求情况来实现可能更为理想，如西藏的村级图书馆没有必要设立电子阅览室，因为村民的知识层次有限，对数字化的需求不高，而县级图书馆是必不可少的。扎朗县目前有行政村62个、自然村211个，农家书屋62家，如果要建村级图书室我想设在村委会里可能最好，因为村委会是平时百姓比较集中的地方，农家书屋借阅量最大的时间是开展活动的时候，如开会、搞活动。如果能解决管理上的各种问题，设在村委会外人流量大地方也不错。总之，在西藏建村级图书室会遇到很大的困难，不说别的，就从地广人稀的角度来讲，像浪卡子县的一个自然村到另一个自然村的距离有时有两个小时的车程，很难想象。

问：农家书屋的成效如何？

07答： 书屋的成效是看得见，摸得着的；但就扎朗县的群众而言，倾向于看农业技术类的书籍，这些书籍对他们也有很大的帮助，特别是藏文版的。

问：农家书屋存在的问题？

07答： 没有任何可持续发展的经费和资金。有的条件较好的县可以自己解决一些问题，但就我们扎朗县而言，由于财政经费短缺，无力顾及。上级对农家书屋的宣传多、要求高，但投入很少，这对开展工作带来很多问题和不便。目前有些条件较好的村有能力完善农家书屋，但很多村没有这个能力。

问：对流动图书馆的看法？流动图书服务的成效？

07答： 如果能实行这种服务是挺好的，但也要选择好时间和季节，如秋季农忙期间就不太合适。

问：是否有必要在农家书屋的基础上再建立公共图书室？

07答：目前农家书屋的管理尚且没有步入正轨，再建设一个图书室，不知会不会增加管理上的压力；因此建议完善现有的农家书屋。如果说以后要是有全覆盖的政策，建立很多公共图书馆，在县里设置是比较理想的，村级的有些不太现实。今后图书馆和新闻出版局能合作是最好不过了。

问：哪一级政府财政有能力投入？

07答：地区级以上的机构来管理会比较好，如果交给县一级比较难实现，因为各个县的情况不同，有的比较重视文化，而有的倾向于经济发展。

问：图书管理人员的管理应由谁来承担比较好？

07答：地区级监督的情况下由县政府来管理比较好。

问：是否应该以法律条文的形式来规定或保证各级财政对西藏公共图书服务的投入？

07答：如果自治区统一制定法律条文和文件，下发到每一级政府，对它的实施是很有利的，这样对管理等各方面来说也是个政策保障，更有说服力。

问：在西藏推行公共图书服务的全覆盖困难重重，您觉得其将会遇到的最大困难会是什么？

07答：图书内容的严格把关问题。

访谈五：

时间：2013年7月31日

地点：山南乃东县宣传部办公室

访谈对象：山南地区乃东县宣传部部长08

山南地区乃东县文化局局长09

问：您觉得农牧民群众对图书感兴趣吗？对读书有兴趣吗？

08答： 通过下基层发现有相当一部分阅读爱好者；民间有很多作家，他们的文化水平不见得有多高，但他们对写作和阅读有很大的热情，特别是我们藏民族的一些具有历史性、文学性的图书（尤其受欢迎）；在我们的书店藏文的有关西藏历史、宗教、文化的图书尤其受到附近群众和学生的青睐。

农牧区受语言限制，很多人不懂汉语，无法阅读汉文书籍，有很大的局限性，这就要求我们在藏文图书上做很多翻译工作，需要增加图书种类，通过此举可以培养一部分阅读群体，只有这样基层的文化建设才能走上一个健康、良性的循环道路。

问：怎样才能提高农牧民的读书兴趣和热情？

08答： 一定做好宣传工作，宣传中华民族伟大的民族精神、伟大的文化底蕴、伟大的文学类别，只有让更多的老百姓知道博大精深的文化和我们藏民族的优秀文化，了解得越多才越能培养阅读的兴趣。从宣传的层面和说教的层面让百姓能体会到本身这个国家是一个很伟大的国家，这个民族有博大精深的文化，先人给我们留下了珍贵的文化遗产，知道了这些才会有读书的冲动和兴趣。

问：目前农牧民阅读图书中遇到的最大困难？

08答： 藏文图书种类、内容单一，藏文图书量太少，文学精品的种类缺少。仅仅靠本地作家的作品难以满足广大百姓的读书需求。可以用翻译来解决这种困难，把中华民族的文学精品，小说精品进行翻译。汉语已经有特定的读者群，如有些喜欢武侠小说，有些喜欢现代文学，有些喜欢网络的玄幻的小说，有些喜欢军事、科技、地理等方方面面的，要想提高阅读兴趣，打破这个瓶颈，那么书的种类一定要多，因为每一个人的需求都不一样。我们不可能拿那么几种图书向广大读者推广，这是一条很艰难的路。

问：若在农牧区建立图书馆，应该设在哪里比较合适？

08答：这种具有相当规模的图书馆，除了一个地区建一座外，可以利用农家书屋、茶馆，因为每个村都有农家书屋，基本上每个村都有两三个茶馆，这里是人员去得很集中的地方，可以将藏式茶馆、录像厅改为书吧的形式，让茶馆里的人在喝茶的同时随手看看书。如果试点性地做，应从县一级入手，因为县是经济文化的一个中心，人流量比较集中，知识层次、文化程度等方面层次较高，如果综合性的图书馆放在一个乡镇或村，它读者群少，层次低，很多书会闲置，光顾的人少。

09答：还要考虑活动半径，应选择部队、学校、活动中心等人流半径较小的区域。

08答：村里可在村委会、茶馆、录像室等群众经常活动的公共场所，提供书架和书即可。如果设在村委会附近和办公场所里面，除了方便群众，还可以为村里工作人员提供服务，依靠他们来带动群众。县里离县城比较近的地方，县文化局内文化服务站，如条件允许可以在县里集中建立图书馆。

问：农牧民图书室应该有什么样的功能？

08答：读书是环境与心情相结合的一种活动，应该将愉悦的心情和优雅的环境相结合，没有必要做得很死板的、很严肃的、很拘泥形式的那种，因此形式可以灵活多样，看读者喜欢什么样的环境，我们就给他营造什么样的环境，提供最好的、优质的服务。少儿区域的创建非常重要，从小培养小孩阅读的兴趣。

问：如何看待公共图书馆全覆盖？

08答：只有全覆盖才能在最大范围内提供阅读的场所。

问：在西藏应如何实现全覆盖？

09答：利用现有的固定资源，如农家书屋、寺庙书屋、流动车等，流动车可以在没有通电的地方提供服务。

08答：现有基础上逐步完善，如图书的问题，群众真正需要的图书还是少。图书充实、完善后再培养读者群，阅读爱好者，逐步再推广，只要有人的地方，在公共场所摆书，书的更新非常重要，否则可读性会比较差，尽量满足百姓需求。

问：在西藏全覆盖难度大不大？难点主要是？

08答：因为地广人稀，基础建设、人员、资金等方面的原因有一定的难度，可以考虑先从人员比较密集的城镇着手，逐步来做。

09答：农区有可能可以实现，但牧区因流动性大比较难实现。群众文化层次较低，基础薄弱，看书的人少。

问：农家书屋的成效？

08答：从借阅登记表可以看出借书、阅读的人还是有的，对丰富群众业余的精神文化生活有很大的作用。

问：农家书屋存在的问题？

09答：图书更新的问题，达不到我们一个季度更换一次的期望，读者群的能力弱。农家书屋发挥最好是在学生放假期间和外出务工人员回来期间，很有季节性。

问：图书馆和农家书屋的关系？

08答：图书馆是农家书屋最好的保障基地，农家书屋后续的管理如果由图书馆统筹管理，会更有效。

09答：农家书屋班子管理上有缺陷和不足，固定人员管理产生的费用问题，农家书屋长期开门服务的问题。

问：地方政府对农家书屋的相应投入？

08答：是一次性投入，工作人员的劳务费等还没能得到解决。

问：对流动图书馆的看法？流动图书服务的成效？

08答：在村里售书车的试运行成效较好，但只是卖书，还未尝试借书服务。相信免费借书会受欢迎。

问：流动图书服务将会遇到的最大困难是什么？

09答：经费保障，燃料、人员工资、汽车维修费、还书的问题，群众还书意识较差，以前很多东西都是免费给的。

问：是否有必要在农家书屋的基础上再建立公共图书室？

09答：没有必要，是重复建设。完善现有农家书屋，发挥它的作用，因为西藏每个村就只有几百人，农家书屋足够为他们提供服务。政策允许和保证的基础上农家书屋和图书室合并来建，让它更加完善、更加规范、上一个台阶、扩大场地面积、丰富内容。

问：哪一级政府财政有能力投入？

08答：乡镇和村一级没有能力投入，县一级可能更有能力承担。

问：图书管理人员的管理应由谁来承担比较好？

09答：因为图书馆服务完全是公益性的，没有任何创收，应设立专门岗位，以带薪人员固定岗位，应有政府来解决待遇。

问：是否应该以法律条文的形式来规定或保证各级财政对西藏公共图书服务的投入？

09答: 全覆盖的点多面广,应该有法律保障。

问:农牧区对图书服务的需求大不大?需求的要求高不高?

08答: 首先要服务好,有了服务的内容,还要看百姓接不接受,这是一个比较漫长的过程。

问:现有农家书屋能不能满足广大农牧民对图书阅读的需求?若不能满足,主要在哪些方面得不到满足?

08答: 农家书屋确实丰富了农牧民业余文化生活,但全面满足还是有限。首先,一个村只有一个,其次,书量少,种类不多,在最初配备书籍时没能考虑到群众的需求,有很多农牧业科技方面的书,但这些书的读者群非常少,大部分人还是喜欢看文艺类的、历史性的可读性稍微强一点的书籍。

访谈六:

时间: 2013年8月5日
地点: 山南乃东县泽当镇泽当居委会
访谈对象: 山南地区乃东县泽当镇居委会支部书记10
　　　　　山南地区乃东县副县长11

问:您觉得农牧民群众对图书感兴趣吗?对读书有兴趣吗?

10答: 整体上老百姓喜欢看书,也喜欢收听广播,很多农牧民因为劳作也没有多少时间看书,现在很多书籍内容比较高深,单凭农牧民文化水平,不足以理解和看懂,特别是很多藏文书籍,内容不易理解,所以应该从他们的需求出发,提供普及性的、容易看懂的、不同层次的图书。

问:若在农牧区建立图书馆,应该设在哪里比较合适?

11答： 镇一级设在居委会内比较合适，最好设在居委会院内，如果有楼层应设在一楼，方便百姓进出，以阅览室形式，既可以借书还可以在里面阅览，提供阅览座位。另外，能在人流量较大的街道独立设立，提供专职人员，才能在最大范围体现它的功能。

和居委会相比服务站内可以考虑建图书室，因为到服务站办事的老百姓相对较多，那里已形成公共场所的氛围，老百姓到那里看书会更自在，如果在服务站旁边独立设置图书室效果也会不错。

问：如何看待公共图书馆全覆盖？

11答： 如果能全覆盖式最好不过了，通过它可以逐步养成读书的好习惯，也是实现文化大发展大繁荣的方式方法。

问：在西藏应如何实现全覆盖？

11答： 应该以因地制宜的形式实现会好些，像在城市人流量较多的地方设立图书馆，像在乡镇、村一级应建在乡政府和村委会内或附近，因为这些地方是人流最多的位置。

问：农家书屋的成效？

10答： 虽然每个村都建了农家书屋，但没有达到它预期的效果，47个村都有大小不等的农家书屋。泽当镇6个居委会、昌珠镇12个居委会等都有农家书屋。

泽当居委会的书屋由副支部书记兼管，只有上班时间开放。

问：农家书屋存在的问题？

10答： 因为农家书屋设在居委会三楼，很少有人光顾，虽然给各组组长告知了书屋情况，但农家书屋位置的设置，在很大程度上限制了百姓走进书屋。

问：流动图书服务将会遇到的最大困难是什么？

11答： 交通问题，特别在西藏有些地方路况不好。

问：是否有必要在农家书屋的基础上再建立公共图书室？

11答： 如果要建立新的公共图书馆最好设在人流量较大的地方会发挥更大的作用，村委会已经建有农家书屋，就没有必要再建立公共图书室了。

问：哪一级政府财政有能力投入？

11答： 自治区级或地区级管理最好，不要层层往下拨，很多专项经费直接由地区拨效果会更好。

访谈七：

时间： 2013年8月13日

地点： 那曲地区那曲镇赛马场

访谈对象： 那曲地区那曲县文广局局长12

那曲地区那曲县文广局工作人员13

问：您觉得农牧民群众对图书感兴趣吗？对读书有兴趣吗？

13答： 首先由于牧区特殊游牧生活，使牧民长期没有固定居所，也就没有这个时间。其次牧区不同于农区，教育不太普及，所以现在二十岁左右的年轻人受教育情况还算比较乐观，这部分人属于社会发展到一定程度后成长起来的一代。这个年龄段以上的人文盲率是比较高的，因此就是在他们面前摆一大堆书，没有文化，阅读对于他们也是一件很难的事。

12答： 在那曲地区由东部和西部两部分，东部有比如、巴青和索县组成。因为这三个县虫草产量比较高，老百姓生活相对富裕一些，所以他们对子女求学受教育也就比较急迫，他们会想尽办法让孩子上学读书。西部指双湖、尼玛等县，祖祖辈辈以游牧为主，由于受自然条件的限制，受教育的机会也会差些。

13答：一般来说那曲地区的人才大多也出自东部几个县，每年内地西藏班考试升学率最高的也是东部三县。所以在这几个县在乡一级推广阅读还是基础比较好些。西部就比较难了，西部地广人稀，村庄不是我们概念里几百户人家住在一起，而是一户人家和一户人家之间是翻过一座山的距离。这种特殊的居住和生存环境会阻碍图书馆的建设。

问：您觉得农牧民喜欢读什么样的书？读什么内容的书？

13答：从语种来说，主要以藏文为主，受过初中以上教育的，懂点汉文的会看些汉文的读物。从内容来说据我自己的观察是以故事书为主。我在西部工作的时间比较长，感觉他们对《格萨尔》很了解，有些故事可以非常流利地读出来，一些老人甚至可以背诵某些章节。对于养殖方面的知识过去他们只是凭着传统的经验，后来对他们进行了一些科学养殖的宣传，现在他们也会去翻阅一些科学养殖的图书，但还是以藏文为主，会汉文的人很少，尤其是西部。

12答：在东三县里巴青和比如还不太一样，比如县的老百姓多少都能看懂一些藏文，其他不行，宗教方面的书籍他们还都能读一些。文盲率比较低，起码30个字母还是能读出来的，即便是没有上过学的，父母也会教孩子最基本的识字方法，当地老百姓有个说法：如果最基本的都不会和畜生有何差别。想再发展当然就要看自己的兴趣，有兴趣的在此基础上还会有所改进。因此除了一生放牧牛羊的人以外，多少都能识点字。比如和索县是半农半牧，巴青是纯牧业。我对比如县情况比较了解，因为我是土生土长的比如人，又在比如工作了二十几年，比如对教育是非常重视的，加上现在对教育的宣传力度也加大了，情况也就更好了。现在人们生活得到了改善，条件最好的会在拉萨买房子，其次会在那曲地区安家，再差些也会想办法在县城里立足，目的就是为了让孩子受到良好的教育，实在没有办法的只好留在乡、村，即便是这样家长也会教孩子认30个字母。

13答：主要还是从藏文翻阅宗教类、民俗类、历史、故事等的图书比较多，其他学科的估计就要少些。

问：怎样才能提高农牧民对读书的兴趣？

12答：首先通路、通电很重要，交通的闭塞，和外界交流就是个问题。其次就是目前农家书屋在所有行政村都落实了，下一步能否在自然村进行落实。

13答：建馆的地址最好选在人口比较集中、交通比较便利的地段，人们在日常生活之余就可以借阅了。否则特意地为了去借图书而去估计还是不会去的。

12答：如果能像过去的电影放映员一样走村入户地去放电影一样，现在已经有了数字电影，这种做法也很难了。农家书屋和图书室好像有点冲突啊。

13答：我认为像西部地广人稀，完全把这些不同的项目整合在一个场所，工作人员方便管理，人们也方便使用。如果想全覆盖能否像广电的户户通一样，送到每户。一个村的每户人家哪怕一年里只送去两本书，他起码会翻一下，他会向自己的邻里介绍这本书，大家互相传阅，也起到了一个推广的作用。

12答：如果能有一些图文并茂的图书等阅读产品在基层会很

受欢迎，否则全文字的图书阅读起来会困难一些。

问：您觉得农牧民阅读时遇到的最大困难是什么？

13答：除了需要开阔眼界，交通不便在借阅上也存在着一定的困难，过去在乡和村没有农家书屋时，看书起码要到地区上，但农家书屋的建立后，起码到了乡里就能够看到图书的。

问：您觉得如何解决农牧民阅读图书的问题？

13答：首先解决图书入户问题，其次要提高整体的文化教育水平，水平提高了自然每个人各自就会提高对阅读的认识。

12答：我认为除了经济发展，交通也很重要。我生长的地方是在比如县城附近，当时比如县建立了第一所小学，因为家里住的离县城近也就有机会接受教育。加上我父母认识到了教育的重要性，尽管对于一个牧民家庭劳动力是很重要的，而且当时还是人民公社的工分制，但父母还是依然送我们上了学。后面我观察了一下，当年我们这些生活在比如县城附近的人，因为没有实行计划生育，每家孩子的出生率都是很高的，多则十几个，少则两三个，但大多数家庭都送孩子上了学，因此，今天在自治区也好、那曲地区也好，很多单位都会看到不少比如地区送出去的人才，这批人很多就是当时比如县或县城附近农牧民的孩子。而离县城远一些，交通不便乡、村的后代显然这种机会就要少得多。现在有了虫草，加上公路的畅通使这些地区的情况也发生了一些变化。所谓的教育要发展、道路要先行。还是有道理的。

13答：我曾工作过的那曲双湖地区情况也是这样的，由于路途遥远，孩子上学要靠摩托车接送，一般情况驻地离学校距离都不比较遥远，很多家长只好放弃让孩子继续上学的机会。不上学不识字，自然对阅读不可能有兴趣。我所在的那所学校学生上上停停的情况经常会出现。

12答：用奖惩等一切办法促进教育这是推动文化的一个办法。

13答：要想发展文化首先教育是基础，教育发展了，文化才能更上一层楼。文化包括民族传统文化、非物质遗产等都要在教育的基础上，老百姓受了一定程度，才会对阅读有意识，归根到底还是要先发展教育。

问：若在农牧区设立图书馆设在什么地方比较合适？

13答：村子里大多是设在文化馆站，因为村里的活动都集中在文化馆站。行政村都有文化馆站，自然村目前还没有。如果能把农家书屋和文化馆站整合到一起，藏书量会增加。现在我们不要说县级图书馆了，地区图书馆目前还处于基建状态，如果有了县级图书馆从宣传角度就进了一步，基层对图书馆的认识会加强，这样对阅读的意识增强了，兴趣也会靠近一步。

12答：我认为像那曲县建在各社区效果会不错的。

问：在基层图书馆应该有哪些功能？

13答：首先应该有娱乐功能，这样可以吸引大家来到图书馆，然后再进行教育功能。

问：您如何看待公共图书馆的全覆盖？

12答：这个概念期望值是很高的，但过程是比较艰难的，基础条件好的地区还比较容易的，但条件差点的地方，交通闭塞，不通路不通电的地区要达到这个标准是不可能的。然而群众的渴望是有的，起码90%是有的，因为老百姓的生活发生了翻天覆地的变化，电视户户通已经基本实现了，这使得他们虽然身在深山，但能够看到外面的世界，也就知道自己和外面世界的差距，看到别人坐飞机,自己也会希望坐上飞机,别人识字自己自然也希望有文化。

13答: 只能逐步地加以实现,"十二五"公共图书馆建到地区了,"十三五"公共图书馆也许就可以建到县里了,当然建到乡一级就更好了。

12答: 其实农家书屋、寺庙书屋、图书馆都是免费开放,如果能整合到一起是不是更好,到了基层功能都是一样的。但管理人员基本都没有经过培训,这点我在基层工作,有着亲身的体会。

13答: 在培训方面,我们打过很多次报告,12个乡镇都有文化馆站,我们要求有专业的管理人员,但一直得不到落实。

12答: 唯一能做的,是向自治区申请,目前农家书屋、寺庙书屋都得到了落实,希望从图书管理的角度,增加新书、加强人员培训,这样是不是好些,后续发展也有了。农家书屋还有一个问题就是图书配备了,书架、书桌都要求本届县人民政府承担,那曲地区11个县财力不同,这就要看所在县政府的重视程度和财力情况了,重视程度好些,财力强些的也许落实好些,反之也许就差些。

13答: 2007年、2008年刚开始建农家书屋时还配了一些书架,后来随着建设数量的增多一直就耽搁下来了,直到2011年县里才给12个乡镇56个行政村拨了12万配了书架,图书才得以上架。硬件设施跟不上,只能借,不能在书屋阅览。

12答: 就此事我们文化局多次向上级打报告,购买书架的经费才得到落实,但桌椅板凳还是个未知数。因此老百姓只能把书借走拿回家里看,在书屋阅览是不可能的。上面来检查时只能找人临时在书屋翻翻图书。自治区层面如果能把诸多的项目整合在一起，一次性投入就好了。

13答：就像白局说的，像我们每个乡，设施建设好后，通了电有了网，建设了乡一级的共享平台，有广电电影覆盖的功能，加上图书室，如果能把他们整合到一起，相互补充就好了。其次就是人员，像那曲地区由于维稳任务比较重，每半年人员似乎就有一个大的调整，这使得文化工作的开展就更加艰难了。

问：您觉得整个西藏实现公共图书馆全覆盖，其难度大不大？其难度主要在什么地方？

13答：这主要是经费问题，经费跟上来了问题也就解决了，也就可以覆盖了。当然还有政策，有了这么一个政策估计覆盖也就不是什么问题了。

问：您觉得农家书存在的问题和急需解决的问题是什么？

12答：我认为还是管理人员的补助问题，管理人员的问题解决了就没有什么大的问题了，在没有付工资的情况下，我们用强制性的办法命令管理人员这是比较困难的，让村民轮流每家每户管理书屋，不可能有连贯性，因此必须有专人来管理。

13答：培训或者说培养一个专人进行管理，并给予管理员一定的补助，这样才能保障开放。村里一般就是让村书记或村委进行管理，但他们都有自己的事情需要做。

12答：自治区是要求书屋管理员有初中以上的文化程度，这是不可能的，他有一点文化不可能坐在书屋里待着，都会走出去，但如果有一点适当的补助也许他会留下来，否则不可能留下来。

问：建立公共图书服务，您觉得图书馆和农家书屋的关系应是

怎样的？

13答： 就像刚才我们谈到的是不是还是整合到一起更好些，因为大家的目的都是一样的。对于基层与其再建一个图书馆，还不如实实在在地把现有的资源从空间、藏书量、服务面等方面加以改善。后续再跟上一点，新闻出版方面从图书配备上，图书馆方面从人员培训上，各负其责是不是更好些。

问：您对流动图书服务有怎样的看法？在农牧区若实行定期的流动图书服务,您觉得收效会如何？

13答： 针对图书借阅这是一个解决办法，比如刚才我们谈到有些地方交通条件差，很难到定居点借阅图书的情况下，就像邮递员送信、送报一样，能送书上门是不是会更好，也算是服务到位了吧。

12答： 这和电影放映的2131项目一样，图书上也能起一个类似名字，以项目的形式开展流动图书服务就好了。不论是电影还是图书目的都是一样的。

问：您觉得开展流动图书馆将会遇到的最大困难是什么？

13答： 最大的困难一是人员、分馆、服务点如没有专人管理还是空架子，二就是经费保障，如果没有经费保障，人员、空间也都没有了保障。流动服务用的车、驾驶员都涉及经费问题。

问：地方政府(村、乡、县、地区)是否对农家书屋的完善和持续发展进行了相应的投入？若有投入,每年有多少投入？是谁投入的？去投入主要用来干什么？（购书？人员经费或其他？)

13答： 从我们那曲县来说去年投资购买了700多个书架，目前来说只能从书架和桌椅板凳等方面进行投入。图书只有新闻出版局配备的900多种，2 000多册，我们地方政府没有过投入。

问：您觉得对农牧区图书馆全覆盖的投入,哪一级政府才有能力进行投入？您觉得应该是哪一级政府应承担起对公共图书馆服务的投入？

13答：当然国家财政能一次性直接下拨最好了,基层就不会有那么大的压力,国家财政直接转拨下来是不是最好,其他级别的政府估计还是比较困难,西藏主要是以援藏经费为主。

问：现在农家书屋的管理人员是村委会干部义务承担,若将来建立镇、乡级图书馆、县级图书馆等,对其图书馆管理人员的管理（包括归属、发放工资或劳务费等）应由谁来（哪一级政府管理部门及财政）承担比较好？

12答：国家有正式的文件当然是最好的,六部委虽然有关于人员的文件,但各部门互相推诿,说是没有编制。需要正式的文件加盖章子,实实在在的加以落实,所以编制和经费是主要问题,后续问题也就解决了,比如农家书屋已经做到了全覆盖,但因为无专人管理,后续管理跟不上。

13答：乡镇文化馆站今年九月份就要全覆盖了,但人员还需要向编办打报告申请。

12答：房子盖起来了,因为后续的人员等问题没有安排好,就被各乡派做他用了,我们也不可能因为自己是做文化的而过多地去强调,以往也出现过乡文化馆站被挪用成为幼儿园的现象。

13答：房子盖好后有专人进行管理,自然就会成为一个部门,在没有形成这种基础的前提下,就会出现各种各样的情况。

问：您是否觉得应该以法律条文的形式来规定或保证各级财政（或中央）应该对西藏公共图书馆服务的投入？

13答：从人员配备、后续经费保障、管理、人员培训等方面有一些明文规定我感觉还是好，比如我们也会遇到国家下拨给文化的经费到财政去要时得不到认可，只能拿着国家下发的正式文件给他们看才能使经费得到落实的情况。因此以后如果计划建立各级图书馆，从人员、经费等方面有明文规定，发展的力度自然会大许多。

问：服务和需求是紧密联系在一起的，有了需求才会对服务提出更高的要求。因此，您觉得西藏广大农牧区，农牧民对图书服务的需求大不大？需求的要求高不高？

13答：就像刚才白局说过的像那曲地区东三县教育发展的要好一些，对阅读的需求就要高一些，这个首先需要教育要跟上，东三县整体对教育的重视和关注度要比西三县高，前提是基本实现了扫盲，老百姓就有读书的欲望，需求也就比较高，总的来看对阅读的渴望是百分之百的有，起码看藏文图书他们还是能够做到的。

问：现有的村级农家书屋能不能满足广大农牧民对图书阅读的需求？若不能满足，主要在哪方面得不到满足？

13答：农家书屋主要是从服务方面，首先没有专人管理自然开放时间也就不可能规定。

12答：目前我们给每个农家书屋也制定了规章制度和开放时间，但能不能做到就不好说了。

13答：是的，开放时间我们都有制定，但没有专人管理，就很难保证。就像之前谈到的书屋管理人员没有补助，你让他天天守着书屋还是比较困难的。

12答：应付的现象会比较严重，平时关门，上面有人来检查时应付应付，比如我们也有这种情况，上级来检查工作，我们会给乡里打电话，乡里会给村里打电话，负责书屋的人就会开门等候。

问：除了上面提出的问题，您二位还是否有什么补充？

12答：我想说的主要是管理人员，既然投入了大量的资金建立农家书屋、寺庙书屋，后续的管理、资金、开放、培训是主要的，只有这样工作才可能越来越好。

13答：农家书屋目前也是图书到位、设施到位，但没有专人管理，工作就难以开展。

12答：房子、书如果无专人管理，没过一、两年就会出现房屋漏雨、书籍损坏的现象。在人员固定的情况下再考虑图书更新等问题就比较好了。

13答：这就像我们之前交流过的，临近的图书室还可以学习内地的经验进行图书交换，根据各自乡、村的需求进行图书交流。所以要进行图书馆的全覆盖在设施建成后就是要解决人员问题，人员问题解决了也就水到渠成了。

12答：那曲地区12个乡镇文化馆站今年就建成了，项目投入这么大，目前人员还没有落实，这就变成后续问题了。

13答：按照上面的政策文件有规定每个乡镇3—5名事业编制，1—4个行政编制，但到了地方落实起来又需要要很长时间，房子也就会空很久，没有专人管理的情况下，工作实施起来也就是个问题。

12答：我做文化20多年了，我非常热爱自己的事业，所以很希望各级政府也能重视文化事业。

访谈八：

时间：2013年8月14日

地点： 那曲地区文化局办公室
访谈对象： 那曲地区文化局工作人员 14
那曲地区新华书店经理 15

问：您就根据您自己了解那曲地区基层的情况谈谈吧。

14答： 我在比如县驻村一年，农家书屋除了少量的藏文图书，看的人还是很少的。上过学、僧人阅读藏文的有一些，牧民看书还是少。这是申扎县办的一个刊物，上次上街做宣传时我拿去发，结果藏文的全发完了，汉文的基本没有发出去。

我去驻村那个乡周边有11个乡农家书屋，书架、桌椅都没有配，书都没有拆包放在哪儿，好像兴趣也不大。农牧区情况都差不多，上过学的还好些，老百姓对读书的兴趣也就那么回事吧，有的会点藏文，有的连藏文也不会。这批图书对驻村工作队是很有用的，我本人驻村期间就看了不少农家书屋的书，其实书配得都很不错。

问：您是本地人，根据您的认识谈谈怎样才能使农牧民对读书感兴趣？

14答： 我认为请一些作者交流，有些指导性的引导，大家看书是不是会好些，在村文化室，把书架、桌椅等设备配齐，把图书都摆放好，这是不是对吸引牧民走进图书室看些书是个先决条件。

问：您如何看待公共图书馆的全覆盖？

14答： 农家书屋已经建到了最基层，如果能把相应的设备配齐，是不是就更好了。在西藏，尤其是那曲这种牧区做到全覆盖还是有一定难度的。牧民一年要搬几次家，因为放牧的需要，要根据草场的生长情况而决定居住地。

问：您如何看待图书馆流动服务？

14答： 进行流动服务就会有人借阅的。

问：您认为图书室建在什么位置合适？

14答： 现在每个村都有村文化馆站，是不是还是建在村文化馆站比较合适，牧民需要去夏季牧场前也可以从哪里借。

问：您觉得在牧区建图书馆应该有什么功能？

14答： 我认为应该进行一些文化、卫生教育讲座、培训，对基层会很有益的。

问：您认为全覆盖最大的困难是什么？

14答： 最大的困难还是现在大家对读书兴趣不大，那曲图书馆目前也正在土建，现在看着图纸面积也是挺大的，图书馆建好了希望能发挥更大的作用。

问：现有的村级农家书屋能不能满足广大农牧民对图书阅读的需求？若不能满足，主要在哪方面得不到满足？

14答： 图书内容还是很丰富，但基础设施不太好，因为环境的原因很难满足农牧民的需求。还有一些基础条件，比如人们受教育的情况不太乐观等，对开展阅读推广都有一定的局限。

问：服务和需求是密切联系在一起的，您认为牧民对图书是否有需求？

14答： 需求是有的。

问：根据我这些日子对那曲生活的了解，认为视听读物对这个地区是否会更适用一些，您认为那？

14答： 我认为会很有用的，因为那曲牧民有听《格萨尔》的传统，这样也可以在做事的同时听故事。就是不识字的，听是没有问题。

问：请您从您的工作角度介绍一下农牧民的阅读情况。

15答： 我们这里阅读的习惯不是太好，平时忙工作，一放假大家都会往拉萨跑，到拉萨他们是不是看书就不知道了。买书也只会买一些必备的图书和孩子的教辅材料，以及公务员考试时购买一些相关的复习资料，汉文图书销量比较少。藏文图书的销量很好，购买者都是农牧民，特别是东三县的牧民，他们因为挖虫草，经济实力也比较雄厚，他们一般会购买宗教、历史、医学等类的图书。中部和西部也许也喜欢读书，但因为路途遥远，经济发展相对落后，购买的人就会少些。有些产虫草的地区一年大半年会住在那曲地区，挖虫草的季节才会回去，他们会购买不少图书。新华书店一年如果销售100多万的话，70%是藏文图书，30%是教辅，其他图书销售量就很低了，也许我们书店没有适合他们口味的图书，总之城市里的干部职工很少购买图书。

问：目前各县新华书店都配备了流动售书车，请您谈谈相关的情况。

15答： 上次配车时我正好出差所以具体的情况我还没有掌握，我们那曲地区除了我们地区只有安多、索县和比如有县新华书店，其他县目前还在陆续建设的过程中。很早的时候各县都有过新华书店，也都是在我们地区新华书店提货。我刚到新华书店时负责财务工作，7、8个县都欠着钱，后面慢慢地都关了门，是经营不善，还是没人看书就不知道了。一直坚持下来的只有安多县，索县和比如也是前两年又重新开的。现在因为没有在我们这儿提货了，所以我们和各县的新华书店也没有什么联系，他们是各县文化局的一个下属，经费上是怎么处理的也不清楚。

问：现在内地有些图书馆和书店合作，在图书馆设个小书店，读者可以买也可以要求借，图书馆根据读者需求可以买下来，这个办法如果引进到各县，您看会怎么样？

15答：这个在管理上会不会有一定的难度，其他倒是没什么问题。有些路途远或者像东三县的人经济实力强些的估计就会选择购买。而西部几个县属欠发达地区也许这种模式更适合他们。方便是方便，但一个是经营性的，一个是公益性的是不是会有冲突，管理上有点复杂，其他问题不大。我们和内地比也有一定难度，内地市场大，购买的人多，我们进货多了卖不出去，进少了我们畅销书每种一般进50—70册，新书没有把握也不敢多进，也就是5—10本，这样商家也不愿发，路途遥远品种又少，出版社也会嫌麻烦。现在牧民对图书需求似乎也没有那么大了，尤其是出虫草的这几个县，因为虫草钱来得快，牲畜也不愿意养了，这样就不用考虑依靠科技更好的养牛、养羊，自然也不会想到看书。这几年政府也进行了大量的宣传，告诉他们要有一技之长，否则那天没有了虫草怎么办？进行过教育后似乎好些了。

问：您做书店工作很多年了，以您的经验如果下一步建图书馆，建在什么位置比较合适？

15答：主要看人们的居住情况，县里人一般都比较集中，学校也不错，但是不是可以每个学校附近都建一个图书馆。牧民一年由于放牧的需求，一年要搬家几次住处。

访谈九：

时间：2013年8月21日

地点：拉萨市西藏图书馆办公室

访谈对象： 那曲地区索县县文广局原副局长 16

问：您觉得农牧民群众对图书感兴趣吗？对读书有兴趣吗？

16答： 我觉得兴趣还是有的，当然这个问题不能一概而论，不能说都有也不能说都没有，我们索县124个行政村，2个居委会牧家书屋已经全覆盖了，这里说的全覆盖，有的文化馆站还没有建起来，但书已经到位。建设较早的牧家书屋还在开展一些扫盲活动，开办夜校，这些活动起的作用是相当大。目前从牧民的角度他们希望配备更多的藏文图书，因为现在书屋有一半的图书是汉文，他们看不懂。

问：建立公共图书服务，您觉得图书馆和农家书屋的关系应是怎样的？

16答：在牧家书屋和图书馆的关系上，我觉得村里有了牧家书屋没有必要再建一个图书馆，把牧家书屋规模扩大，增加藏文图书和教材、教辅图书，牧家书屋配的书里有类似的图书，我们目前已经有差不多个村利用这些图书开办了一些基础教育的夜校，效果已经呈现出来了。一些民间故事类的图书牧民很喜欢。另外上面给我们配了一辆流动售书车，车确实很好，但如果县政府不把车辆运行预算计划进去，这辆车就废掉了。我们的20万免费服务经费几乎全部投入到了乡镇文化馆建设的培训等中，乡镇文化馆站免费服务经费也有中央4万和县政府的1万。当然这个钱是免费服务的，是为了公共文化，也不能投到流动图书车上。

问：若在农牧区设立图书馆设在什么地方比较合适？

16答： 从图书馆设置的位置来说，县级、乡镇图书馆设在文化馆合适，其他单位也无法管理。牧家书屋建在村里和学校比较合适。现在建的书屋面积太小,我们索县牧家书屋面积是统一的,只有120平米以下,有的甚至只有40—50平方米,加上冬天天气寒冷,又没有取暖设施,老百姓只能借阅,无法在里面阅读。

问:怎样才能提高农牧民对读书的兴趣?

16答: 培养老百姓读书的兴趣一来是设立扫盲班,我们上次在县城对面那个位置办了个扫盲班,各个年龄段的都有,六十多岁来参加学习的也有,四十到五十这个年龄段居多,我感觉以扫盲的形式再进行阅读推广效果比较好。我指的是我所在地区的情况,但我想各地情况各异。有的人对读书有兴趣,也有的人感觉这一辈子就这样了,加上那曲出虫草,也有的人可能觉得这一辈子靠挖虫草也能过日子。

问:地方政府(村、乡、县、地区)是否对农家书屋的完善和持续发展进行了相应的投入?若有投入,每年有多少投入?是谁投入的?去投入主要用来干什么?(购书?人员经费或其他?)

16答: 牧家书屋新闻出版局只配了图书,其他一分钱没有拨过,他们要求地方政府予以解决,我们县用文化厅下拨的牧民自建补助的65 000元投入到了牧家书屋书架,到今年我们把索县124个行政村的书柜全部解决了,桌椅还有部分没有配齐。地方政府没有这笔经费我们只有想办法。寺庙书屋新闻出版局配了书和书架,桌椅由县政府负责,为此县政府还出台了相关文件,我本人就根据这个文件打过几次预算报告。

问:您觉得现在已建起的农家书屋为农牧民提供图书服务过程中存在的最大问题是什么?急需解决的问题是什么?

16答: 在资金允许的情况下,希望解决书架和桌椅等基础设施,还有图书的更新问题。

问:您觉得我们应当如何看待公共图书服务的全覆盖问题?

16答: 全覆盖从西藏的情况来说目前覆盖到乡镇已经很不错了,到了村里就涉及到一个人员管理的问题,上级的文件上提得很多,说配备3—5名工作人员,其实有一个就不错了,这一个也会经常进行调整,所以就是经过培训也是很浪费,因为会调走。所以从上到下管理非常重要,书屋里的书配的再全,如果不加强管理,作用没有起到的话,如果书没人看也是等于零。我们目前每个书屋有一千多册图书,其中很大部分是汉文图书,包括养殖、种植等农业技术,从索县的情况来说藏文图书更加实用。其实从建立牧家书屋来说已经全覆盖了,124个行政村全建了,总体来说书配的也很不错,现在就看怎么管理、运行了。我自己这几年书屋方面关注得也不够,本来计划书屋建完后做个档案也没能成型。我准备和我的下任商量(在接受访谈时017已调往索县水利局任副局长),把我们县书屋的档案建起来。

124个行政村的书屋建在什么地方了,这个村多少个户? 多少人? 运行怎么样? 起到作用没有? 同时看那个村子看的书多一些。下一步书屋可以申报星级,目前我们县已经有一个五星级书屋,标准是: 读书多,借书多,平时管理好,评上了奖励一个牌子和800元钱。索县有50座寺庙书屋,图书我们文化局想办法给他们送到位。寺庙书屋建得最好的是离县城最近的一个尼姑庵。书屋单纯的覆盖还不行,乡镇图书室建好了,慢慢地再覆盖到村里也不迟,村一级似乎来得太快了些,也可以先在一个离城市较近的村试点建一个书屋,再慢慢发展。在我们西藏能覆盖当然是一件好事,但如果效果不大,就没有意思了。从我们索县的情况来看，对阅读有兴趣的估计只有20%，80%的人对阅读还是没有兴趣。但好的兴趣也是慢慢养成的，一下子让大家对读书有兴趣也是不可能的，上学可以强制，看书不能强迫啊。我们县被评为五星级的那间书屋也是这个村的所驻的工作组非常重视的结果，他们一方面在借还方面做得很好，另一方面辅导学生起到的效果不要说在各村里，就是我们县上都没有达到这个效果的，这个书屋配了不少教辅方面的图书，很受欢迎。

问：您觉得对农牧区图书全覆盖的投入，哪一级政府财政才有能力进行投入？您觉得应该是哪一级政府应承担起对公共图书服务的投入？

16答：这个还是需要县财政进行投入吧，乡政府是不可能的，免费开放只有五万。目前我们县里没有图书馆，按照规模也只能叫阅览室，我们索县文化局的阅览室建得比较早，大概是在1985年的样子，阅览室虽然建的时间很久了，但图书一直没能进行大量的更新，每年只有2 000元的购书费，现在2 000元又买不了什么新书。

问：现在农家书屋的管理员是村委会干部义务承担的，若将来建设镇乡级图书馆、县级图书馆等，对其图书管理人员的管理（包括归属、发放工资或劳务费等）应由谁来（哪一级政府管理部门及财政）承担比较好呢？

16答：现在农家书屋没有专门的管理人员，因为没有经费，虽然每年免费服务的钱是有的，但免费服务的钱是文化上的专款，农家书屋是新闻出版局建的，上面来查账又担心出现问题。从我们的角度来说都是发展农牧民文化建设，但有时候上面查下来又不是这种情况。以前还说到过共享有20万运行经费，但现在共享除了初建费是国家统一配置,后期运行、维护等也都需要从免费服务里出。

问:您是否觉得应该以法律条文的形式来规定或保证各级财政(或中央)应该对西藏公共图书服务的投入?

16答: 这个我觉得非常好,也很有必要。

问:在西藏推行公共图书服务的全覆盖困难重重,您觉得其将会遇到的最大困难会是什么?

16答: 最大的困难还是资金不能及时到位,影响阅览室设备、设施的配置,对于推动全覆盖造成了一定障碍。我们在没有办法的情况下把农牧民自建的经费投入到了书架、桌椅的配置上。我们地方财政主要是靠税收,今年收入不多的话,这笔钱就不能兑现,配置工作就只能推后,所以主要还是经费的困难。

问:服务跟需求是紧密联系在一起的,有了需求才会对服务提出更高的要求。因此,您觉得西藏广大农牧区,农牧民对图书服务的需求大不大?需求的要求高不高?

16答: 需求是高的,但必须有相应的条件,比如索县既是我们设想把图书室建成一定的规模,但资金得不到解决,这个设想也不可能实现,农牧民的需求也是得不到满足的。从牧家书屋来说,农牧民的需求就是多配一些藏文和教辅方面的图书。就像前面我提到的,我们在牧家书屋开办了扫盲班,请了一些高中毕业生任教,费用由私人出,在学习过程中对图书也自然有了需求。

问:现有的村级农家书屋能不能满足广大农牧民对图书阅读的需求?若不能满足,主要在哪方面得不到满足?

16答: 从文种上就是希望多一些藏文图书,这样可以让更多农牧民读懂，从内容上就是故事类的。从规模上还是希望对不同的文化工程进行整合、扩大。从设施上质量要好一些，我们不少文化馆站今年建了明年就会漏雨，又需要维修。今年我们十个乡镇的文化馆站全部建起来了，但是之前因为设备没有到位还没能运行起来，去年终于配齐了，设备配齐了，有些房子因为质量问题也快要倒了，这样真的很可惜。我们这些工作人员，也是把设施、设备什么都盼到配齐了，又出现这样那样的问题，紧接着又要开始打房屋维修申请。

访谈十：

时间：2013年9月16日上午

地点：日喀则地区昂仁县文化局

访谈对象：日喀则地区昂仁县文化局副局长17

问：您觉得农牧民喜欢读什么样的书吗？喜欢读什么内容的书？

17答：农牧民比较喜欢读关于藏族历史、宗教、民间故事和科普方面的图书，牧民一般都喜欢阅读故事类的图书。我自己目前也在驻村，因此顺便也了解了一下农家书屋的阅读情况，这些年经过扫盲教育，老百姓多少能看一些读物，有极个别村的农牧民在书屋建立后的两年多时间里看了50多本书。新闻出版局给农家书屋配书的同时也配备了一些碟子，其中有不少是翻译成藏语的实用技术类和"八大藏戏"以及两部新编藏戏的碟子农牧民都喜欢看。

问：您觉得怎样才能提高农牧民的读书兴趣和热情呢？

17答： 农家书屋配备的不少图书都是汉文，农牧民阅读起来有一定的困难。寺庙书屋图书配备的比较好，都是藏文，一些法规类的图书等就是汉文，也有汉藏对照的。农家书屋也有少量藏文，但比如实用技术类的图书大部分是汉文，农牧民看不懂，所以很多图书还是新的，没人翻看过，就是爱看书的人看了一遍，一般不会去看第二遍，所以图书更新也是个很重要的问题。

问：您觉得农牧民阅读图书时遇到的最大的困难是什么？

17答： 我们目前读者群最多的是两部分人群，因为年轻人大多会外出打工，在家的老人中识点字的会借回去读给周围人听，还有一部分读者就是放牛、羊的人，他们会把牛、羊赶到草场，自己可以把借的书拿来阅读。现在农家书屋遇到的最大困难是书屋没有专门的管理人员，如果有雇佣管理人员的专项经费，我们可以规定每天开放的具体时间，但目前书屋管理人员是由村委会干部代管的，他们没有工资，我们也不好进行督促，有人来借书还要找人开门，这个人如果不在附近书屋门也就没办法开了。现在是有工资就有人干，没有工资找人义务去干就难了。

问：您觉得如何才能解决农牧区农牧民的阅读图书的问题？

17答： 就像我刚才谈到的图书的更新非常重要，希望多配备一些藏文图书，这样才能解决农牧民图书的问题。

问：若在农牧区设立图书馆,您觉得应该设在哪里比较合理？

17答： 设立图书馆我认为在乡镇一级比较合适，因为现在乡镇都建了文化馆站，在文化馆站专门腾出一间房子设立图书室，这个图书室也是免费开放，再设一个电子阅览室比较好，但目前我们这个地区供电不太正常，你们项目组的人员昨晚可能也体验过了，每晚要停三次，已经形成规律了，昂仁县除了县城和有个叫曲务乡的乡镇外整个地区都没有电,听说藏东电网联网后会好些,本来说今年10月中旬要通电,现在还不知道什么时候通。所以电子阅览室目前对我们县是不适合的,乡镇一级建一座以藏文图书为主的图书馆会比较好,县里看书的主要是县里的干部职工,农牧民很少,因为我们已建的县文化活动中心,前来的农牧民很少,就是做了宣传,成效也不显著,因为县城附近只有一个村子,加上农忙,他们一般不会来。昂仁县有17个乡,185个行政村,全县人口5万,昂仁地区面积很大,有时候我们下乡,整个昂仁县转下来要走2 000公里的路程。昂仁县以牧业为主,有11个牧业乡,其他6个乡也属于半农半牧乡,我们有4个乡和那曲尼玛县相邻,4个乡和阿里措勤相邻。

问:您觉得农牧民的图书室应有什么样的功能?

17答: 功能主要是免费借阅,也可以有一些图书出售的功能,因为有些实用书籍拿走了还不回来,所以如果读者确实需要就卖给他。比如书屋也配过同步练习等教辅材料,这类书经常会出现丢失的现象,有的就是还回来了练习题也是填得满满的,其他人也不可能再借了。所以县一级的图书馆配备各类政策、法规、历史、文学等书籍,制定合理的借阅制度,乡镇一级的功能在以免费开放为主的情况下,同时出售一些实用性的图书,比如像《同步练习》等教辅材料,按比例可以80%进行免费借阅,20%出售一些实用性图书,以方便农牧民群众。现在村一级感觉建图书馆还是不太适合,已建的农家书屋、牧家书屋、寺庙书屋已经足够用了。

问:您觉得要实现西藏农牧区公共图书服务的全覆盖应该怎样?

17答：我个人认为目前西藏的发展覆盖的主要任务在县、乡，村一级农家书屋已经全覆盖了，再建一个图书室，只是重复建设，效果是一模一样的。如果把书屋和图书室进行整合，每年有固定的经费对图书进行更新，有专门的管理人员，那就不一样了，否则没有什么两样。县一级如能建一座公共图书馆，并经常进行更换，效果就会好些，否则读者只会越来越少。图书馆和农家书屋从自治区层面管理者是两家单位，但到了基层管理者就变成了一家单位，如果农家书屋能按照图书馆的管理模式图书经常进行更换，就好了。农区还好些，牧民阅读习惯会差些，居住分散，加上人口少，整个乡加起来人口不超过2 000，牧区的一个村子人口一般都在100人左右。所以认为应该制定一个标准，比如500人以上的村子建一个图书室。

问：为实现农牧区公共图书馆服务的全覆盖,您觉得农牧区村级的图书室设在哪里比较适宜(村委会)？镇级的图书馆设在哪里比较合理(学校)？县级的图书馆设在哪里好(文化馆)？

17答：乡建在政府所在地比较合适，建在学校按说是一件好事，但管理上不是很方便，因为学校属教育局管辖范围之内，我们是文化局，管理、统计等都很不方便，等于是跨了一个部门，多了一个程序。建在乡里，我们可以直接管理。县一级建在一个繁华地区比较合适，按照县城的规划走，尽量建在县中心。村一级按人口计算，建在人口在300—500以上的村子比较合适。

问：您觉得在整个西藏实现公共图书馆服务全覆盖,其难度大不大？其难点主要在什么地方？

17答：估计难度还是会比较大，建起来也许是很容易的，但管理人员工资，后续资金都是个问题。缺少了这两样，就是建起来了，慢慢地又会关门。比如农家书屋，因为没有专门的管理人员，慢慢地变成了一种累赘，大家都不愿意管，书屋的钥匙今天在这个人手里，明天也许就会在另一个人手里，久而久之书籍丢失的现象也会出现。因此，要想在乡、村建立图书馆，每年需要有个标准，管理人员的编制，工资、运行经费，这些问题解决了，全覆盖就容易了。我们昂仁县2010年7个行政村建了农家书屋，2011年建了13个书屋，2012年185个行政村就实现了全县覆盖。最困难的是：2012年164个农家书屋，44个寺庙书屋，寺庙还要根据大小，僧人数量分成大型、中型以及小型和微型，并以此为依据分配图书数量和书架。书全部拉到县里，2012年我们一直在分配图书，文化局根据新闻出版局的要求进行配置，所以全覆盖很容易，关键问题就是如果不解决人员和经费，后续工作无法开展。我们县上因为没有人员编制，只能用免费开放的经费招收了三个临时工，每月付800元工资，否则县文化活动室没有办法运行。上级也给我们下了六部委的人员编制文件，但这边编办没有正式文件就无法得到落实。根据新的精神估计编制只会减少不会增多。我们就是想办法调来了人，没有编制也是白搭，文广局只有四个编制，一人派去值班，一人派去驻村，目前因为工作忙不开只好借调一名电视台工作人员，因为人员问题，很多工作无法开展，所以最大的困难还是人员和运行经费，

问：您对现有的农家书屋建设成效怎么看？

17答：成效确实不错，一方面一些藏文法律读物对加强农牧民的法制教育有益，就是出外打工，他们知道要签订合同，知道要维权，老板们也不能像以前那样想干什么就干什么了。另一方面通过阅读能够开拓农牧民的眼界，还有教育作用。现在就是农

家书屋的场所有一定的困难,随着国家对农牧区的重视力度加大,公共服务项目不断增多,现在又多了一个农区医务室项目,很多村没有场所,只有把农家书屋和医务室合到一间房子里。

问:您觉得现在已建起的农家书屋为农牧民提供图书服务过程中存在的最大问题是什么?急需解决的问题是什么?

17答: 这个问题就是我之前谈到的答案,只要人员和后续经费得到解决了,其他问题也就解决了。

问:建立公共图书服务,您觉得图书馆和农家书屋的关系应是怎样的?

17答: 县、乡一级专门建一座图书馆会比较好,村一级可能和现有的农家书屋合在一起会比较好,这样经费也就有了保障,管理人员工资得到解决了,农家书屋就可以正常开放,因为管理书屋的村民一旦拿到了工资,监督这项工作好坏的就是全体村民,监督机制自然也就有了。这样图书馆的功能也就完整了,否则管理人员不到位,时间长了,现有的图书都没有了保障。所以我还是觉得把在村一级把农家书屋和图书室整合到一起建会比较理想。

问:您对流动图书馆有怎样的看法?在农牧区若实行定期的流动图书服务,您觉得收效会如何?

17答: 首先借出的书是不是能够收回来,其次流动图书馆需要配备一辆车,那么这又牵扯到后续的维护、油料和驾驶员工资等经费问题。目前上级给我们各县也配备了新华书店的售书车,但除了车没有其他任何经费,县里让我们用免费服务的20万,可那钱的归口又不一样,新华书店属新闻出版局管,这钱又不能从这儿出。所以这车上牌照用了三四万,还是在县里打了欠条办的,说以好后等新华书店建立以后用售书盈利的钱还给县里,否则没别的办法。新华书店是以连锁的形式建的，图书也许上级会统一供应，但到目前为止没有任何其他经费，还配了两个人，售书车也是配下来后，油料费又成了问题。我认为流动图书馆效果会一般，我们县地方大，很多地方路况还不好，如果车况不好，底盘太低还不行，出去一次车就颠得需要大修一次。自治区有个任务每个村和寺庙要放映一场电影，前次，有个乡的放映队员去世，所以我们借用售书车去这个地方放电影，回来时因为路况太差，车子已经快散架了。车况好点还可以，否则就是这样的结果，搞不好再出点事故。

问：地方政府(村、乡、县、地区)是否对农家书屋的完善和持续发展进行了相应的投入？若有投入，每年有多少投入？是谁投入的？其投入主要用来干什么了(购书？图书管理人员劳务费？或其他？)

17答：有投入，至少每个村投入了四五千，书架统一是由县里配的。制度全部是由县里制作并翻译成藏文的。自治区新闻出版局把书拉到县上，是由县文化局负责分配的。统一投入弊病很多，因为各县交通、地域情况都不同，我还是觉得根据各县的具体情况进行投入会更好些。制定一个硬性指标，自治区投入多少，各县投入多少，这样是不是更好些。

问：您觉得对农牧区图书全覆盖的投入，哪一级政府财政才有能力进行投入？您觉得应该是哪一级政府应承担起对公共图书服务的投入？

17答：主要还是中央和自治区吧。县以下政府估计很难承受，起码我们昂仁县是这样的情况，如果这个经费让县里承受，估计就建不成了。

问：现在农家书屋的管理员是村委会干部义务承担的，若将来建设镇乡级图书馆、县级图书馆等，对其图书管理人员的管理（包括归属、发放工资或劳务费等）应由谁来（哪一级政府管理部门及财政）承担比较好呢？

17答：现在大多数农家书屋是由村委会承担，乡镇建立图书馆，乡政府需要配备专门的人员编制，县里建图书馆从目前情况看由县文化局负责。将来假设建立乡镇图书馆，统一由县文化局负责比较好。明年昂仁县17个乡镇文化馆站全部建成后，我们计划向组织部门申请，像公安派出所的管理模式一样，乡镇文化局整体工作、人头经费由乡镇府负责，人员调配等由县文化局负责，否则很多文化工作，县文化局无法指挥乡文化馆站的人员，因为没有人，工作也就受到了影响，我们也不得不经常到组织部门请求借人，非常浪费精力。我们一个县的文广局要负责公共文化、新闻出版、广播电视、文物、民间艺术团这几项工作。可人员又不够，不得不借调人员。如果可以自由调用乡镇文化馆站的人员，他们也熟悉文化工作，做起来也顺手。像我们的民间艺术团，好不容易建起来了，人员工资也得到了解决，可又苦于没有老师。

问：您是否觉得应该以法律条文的形式来规定或保证各级财政（或中央）应该对西藏公共图书馆服务的投入？

17答：这种条文如果能切合当地实际的话还可以，否则像文物法出台已经那么些年了，实行操作起来还是有一定的困难。

问：您觉得在广大的农牧区应该怎样推进公共图书服务的全覆盖？

17答：一次性覆盖是最好的，否则不知道先覆盖谁，后覆盖谁。我们之前先把公路沿线覆盖了，然后情况就差不多，就很难取舍。村和寺庙（寺庙10人或15人以上）都可以按人数多少确定建立图书馆的标准，小寺庙你给寺庙建寺庙书屋，寺庙方又会提出没有场所，这又成了一个问题。派驻特派员的寺庙都比较小，建立管理委员会的寺庙规模相对比较大，有的管委会是几个寺庙共同一个管委会，这样的寺庙建立图书馆比较合适，寺庙书屋受欢迎的图书主要是历史、宗教、藏医、法律、文化等，自科类看的人比较少。

问：服务跟需求是紧密联系在一起的，有了需求才会对服务提出更高的要求。因此，您觉得西藏广大农牧区，农牧民对图书服务的需求大不大？需求的要求高不高？

17答：需求只能说是一般吧，因为现在农牧民业余时间都被广播、电视吸引，对图书不是太有兴趣。过去你可以告诉他读书能开阔眼界，现在广电的惠民项目也很多，给农牧民配备了不少，因此读书的人也就少了。

问：现有的村级农家书屋能不能满足广大农牧民对图书阅读的需求？若不能满足，主要在哪方面得不到满足？

17答：主要需要满足的是：更新图书和藏文图书缺少，科普图书配了不少，但很多都是汉文，农牧民看不懂。我们昂仁县整个县50 000人，干部估计5 000都不到，其他都是老百姓，他们都不懂汉文，而且这和这边的教育也有关系，昂仁县教育水平普遍较差，各地教育发展水平也是不一，我的老家是日喀则的白朗地区，初中毕业用汉语表达已经完全没问题了。

访谈十一：

时间：2013年9月16日下午

地点：日喀则地区萨嘎县文化局

访谈对象：日喀则地区萨嘎县文化局副局长18

问：您觉得农牧民群众对图书感兴趣吗？对读书有兴趣吗？

18答：我们这儿的牧民对农家书屋里故事类的图书比较感兴趣，萨嘎县是7乡1镇，38个行政村，除了2个半农半牧的乡，其他都是以牧业为主，全县人口14 000多。

问：您觉得农牧民喜欢读什么样的书吗？喜欢读什么内容的书？

18答：一般故事类的书他们比较喜欢，平时我们开展四下乡活动时，带一些种植、养殖类的图书他们喜欢。

问：您觉得怎样才能提高农牧民的读书兴趣和热情呢？

18答：通过培养一两个典型，从科学的角度进行种植、养殖，阅读和实际相结合的例子，带动大家是不是更好些。

问：您觉得农牧民阅读时图书遇到的最大的困难是什么？

18答：开展阅读推广遇到的最大困难就是这个地区还没有完全脱盲，这使农牧民看书有一定的困难。

问：您觉得如何才能解决农牧区农牧民的阅读图书的问题？

18答：抽出一些农闲的时间进行辅导，对引导他们阅读会有所帮助。比如可以针对一本书给他们进行阅读和讲解，会激发他们的兴趣。

问：若在农牧区设立图书馆，您觉得应该设在哪里比较合理？

18答：县一级的当然是在县政府所在地比较好，乡是在乡政府所在地，行政村是就像现在农家书屋设在村委会一样设在村委会比较合适。在人口比较集中的地方比较好，我们县牧民比较多，居住地要分夏季牧场和冬季牧场，可能就需要选择一个人口集中和人口多些的地方。

问：您觉得农牧民的图书室应有什么样的功能？

18答：从农牧区来讲最好的功能还是借阅。

问：您觉得我们应当如何看待公共图书服务的全覆盖问题？

18答：从目前我们县的情况看乡镇和行政村已经覆盖了（指农家书屋），自然村还没有覆盖，有些遗漏掉的地方用流动服务的形式进行覆盖，会让农牧民感觉享受到了政府的文化全覆盖政策。

问：您觉得在整个西藏实现公共图书馆服务全覆盖，其难度大不大？其难点主要在什么地方？

18答：其难度就在于牧区居住分散，加上居住又分夏季和冬季牧场，虽然这些年在政府的关心下牧民们有了安居工程，但因为放牧的需要只有冬季很短的时间可以居住。其他时间都是在游牧中度过的，一年起码要搬三次家。虽然有村所在地，但没有什么人，所以流动服务对于他们是最适合的。

问：您对现有的农家书屋建设成效怎么看？

18答：成效是有的，虽然我们没有做过特别的调查，但通过图书借阅登记，借书还是积极的。

问：您觉得现在已建起的农家书屋为农牧民提供图书服务过程中存在的最大问题是什么？急需解决的问题是什么？

18答：图书需要更新、补充。根据先前借阅的情况补充一些农牧民喜爱和有用的图书。

问：建立公共图书服务，您觉得图书馆和农家书屋的关系应是怎样的？

18答：我认为有一个书屋或图书室就行了，里面内容齐全，管理也是有一个人。名称不同，内容都是一样的，如果上级有这个想法，是不是把规模加大。

问：您对流动图书馆有怎样的看法？在农牧区若实行定期的流动图书服务,您觉得收效会如何？

18答：我们这边有流动法庭，如果可以像法院的流动法庭一样到各放牧点解决实际问题，县文化局牵头，由乡镇文化站工作人员负责，每个月定期到一个点借阅图书，这样做是不是效果会好些。我们把他们需要的图书送过去，看完后让他们抽空还回农家书屋，下个月再根据情况更换一些图书送过去，这样效果好些。

问：您觉得开展流动图书服务将会遇到的最大困难是什么？

18答：遇到的最大困难，一是交通不方便，二来资金肯定会是个问题。比如我们7乡1镇的放牧点距离都很遥远，所以这些都是实际的困难。

问：现在全区几乎每个村都建起了农家书屋和文化室,您觉得是否有必要在上述基础上再建立一个公共图书馆,以满足农牧民的读书需求？实现公共图书服务全覆盖？

18答：上级如果有在村一级再建一个图书馆的计划的话当然是好事，但我总感觉有点多余，因为农家书屋已经全覆盖了，只是有些不太齐全，逐步完善是不是更好，当然在一间房子里挂上两块牌子也行，工作共同开展。

问：地方政府(村、乡、县、地区)是否对农家书屋的完善和持续发展进行了相应的投入？若有投入,每年有多少投入？是谁投入的？其投入主要用来干什么了？（购书？图书管理人员劳务费？

或其他?)

18答: 去年县里把县文化局图书室、基层农家书屋、寺庙书屋图书根据各自的需求对图书进行了一些调整,县里出资补充了3 000多册图书。今年县里继续投资7万多元对书屋的书柜陆续进行更换。这些都是提交县长办公会议后通过的,我们县的经费除上面下拨的正常经费外,主要经费来源是旅游收入和招商引资的收入,其他也没有什么。

问: 您觉得对农牧区图书全覆盖的投入,哪一级政府财政才有能力进行投入? 您觉得应该是哪一级政府应承担起对公共图书服务的投入?

18答: 县里拨款很难,就是文化经费也由县财政统一支配,要根据需求打报告申请才能批下来。购书、人员、公务费等,如果能从上面直接以专项经费形式拨款是最好的。

问: 现在农家书屋的管理员是村委会干部义务承担的,若将来建设乡镇级图书馆、县级图书馆等,对其图书管理人员的管理(包括归属、发放工资或劳务费等)应由谁来(哪一级政府管理部门及财政)承担比较好呢?

18答: 主要由县文广局统一管理,各乡镇文化馆站工作人员每年要统一签订目标责任书,他们再和各村委会签订目标责任书,层层签订,主要是由三家层层负责,县里是文广局,乡里由乡文化站负责,村里是村委会负责。如果由县文广局直接管理并指定乡里专管文化的人员负责,这些人的编制原本就是为了文化设的,也没有必要多开一份工资,村里由村第一书记兼管,但需要有适当的补助,这样是不是好点。人员、资金统一交由县文广局负责可能便于管理。

问：您是否觉得应该以法律条文的形式来规定或保证各级财政(或中央)应该对西藏公共图书服务的投入？

18答： 能这样办当然好，层层都可以按照程序走，一些专项经费，有条文规定就不会有挪用的现象，比如：县文化馆站的设备需要更换就可以从这些条文规定的经费里进行落实。可以列出需求的单据，人员经费有多少，办公经费有多少，开展服务的经费有多少，维护经费有多少，工作人员也可以做好计划、方案以便开展工作。控制资金的使用，杜绝浪费现象的发生是对的，但如果手续太繁琐，对工作也会造成一些影响，因此一定要有一个合理的办法。

问：服务跟需求是紧密联系在一起的，有了需求才会对服务提出更高的要求。因此，您觉得西藏广大农牧区，农牧民对图书服务的需求大不大？需求的要求高不高？

18答： 就像我前面说到的需求还是很高的，如果说什么地方满足不了要求，就是他们居住的太分散，国家为他们建立了安居工程，但一年里他们也只有十几天居住在这里，这也是一年里他们居住最集中的一段时间，比如过藏历年或乡里搞某个文化活动，其余时间都会在各自夏季、冬季等不同的放牧点游牧，因此只有开展流动服务的形式才能满足他们的需求。

问：您认为如果开展了流动服务，后续的运行经费是否会成为一个问题？

18答： 就像我之前谈到的这肯定会是个问题，在确定一个项目的同时如果没有后续的经费保障，又会变成一个问题。

问：假设这个后续经费让县里出，您认为可能吗？

18答： 一般来说这个很难，我们每年下拨的只有人头经费，比如我们文化和电视台加到一起是17个人,我们是事业编制,每人每年的人头经费只有9 800元,这里面包括休假、出差、下乡补助等,甚至单位下乡时车辆的耗油费也要从这里面出。

问:除了人头经费,专项经费是怎么支配的?比如流动放映车的使用。

18答: 电影放映经费非常明确,比如每场的补贴,有些不通电的地方必须靠发电机供电,放映一场电影补贴三公升油,以月报和季度上报的形式,一式三份,上报给自治区一份,地区一份,县文广局一份,县财政一份,2131电影一个月规定放映17场,这就相应有一份补贴,这个交给放映人员,三公升油加上,非常明确。假如下一步参考广电的这一做法把免费开放的20万细化,明确使用方向,管理起来就容易些,现在上面把免费服务的20万统一拨到县财政,我们更换几台电脑也要提交县办公会议通过才能买,如果20万里明确了多少是用于更换设备,多少是用于举办活动,我们向上申请也不会那么繁琐。

问:免费服务的20万如出现结余会如何处理?

18答: 县财政有时候会通知我们结余的数目,但很多时候我们县文化局领导调换频繁,一些新领导也不太了解文化上到底有哪些专项经费。我们县文化局长是个老文化,所以经常会有别的县文化局打电话来询问文化的经费下拨和使用情况,因为有的专项经费拨下来了,又不知道具体的使用方向和渠道,下一步审计审查时就会出问题,财政也不给报销。我分管广电,广电有个调频经费也非常明确,人员经费是多少,公务经费是多少很清楚。比如我们调频有两个工作人员,上面会根据人头下拨,签个字就可以了,下一步我们可以根据需求使用这笔钱,因为有明确的使用方向，也不可能挪用。

访谈十二：

时间：2013年9月17日下午

地点：日喀则地区仲巴县文化局

访谈对象：日喀则地区仲巴县副县长19

日喀则地区仲巴县文化局局长20

问：目前在农牧区只有农家书屋等公共文化服务项目，请二位就公共图书馆在农牧区的前景谈谈看法？

20答：首先从农牧区要保证图书馆的生存，要为百姓提供服务，内容要能够更新，管理要跟上，如果说到兴趣牧民确实还是有兴趣和渴望的，特别是在农闲的时候。国家如果计划在"十二五"期间首先从地区开始建立公共图书馆，先要让文化的氛围变得浓起来，否则投入了那么多，就失去了应有的作用。在老百姓中间也应该就阅读有个奖励机制，对看书多的人进行奖励，像国家开展计划生育过程中进行的奖励一样，当时奖励50元，钱不是太多，但时间长了大家就变成了一种自觉的习惯，阅读能不能也采取这种办法，先把氛围营造出来，让阅读成为一种习惯，听说在台湾等地把看书作为是一种高品位的生活，我们也应该成为一种自觉的行为。只要老百姓爱看书了，运行机制也就形成了，现在从网上看书的人也是越来越多，因此我们还需要加强现代的东西，否则也会被淘汰掉的。到电影院看电影也是一个例子，内地大城市，甚至拉萨大家都有到电影院看电影的习惯，但越往基层这种喜好就越淡，这也是一种文化的氛围，因此首先做文化要有氛围。从仲巴县来说农家书屋配的书牧民很喜欢，他们会放牧时借上一本带过去，牧民不是很喜欢中规中矩的，他们喜欢放牧时拿到草原上看，阅读时宽松的环境以及吸引他们的故事，会让他们印象深刻，否则强迫式的阅读对他们来说是不行的。具体到我们这个县的老百姓，他们更喜欢说唱故事和这个县相关的一些民间故事，自己本来就听别人讲起过这些故事，愿意更进一步进行阅读，理论方面的读物说实话他们是不太喜欢的，其他方面还是更喜欢和他们的息息相关的一些读物。

目前农家书屋设在村委会，但村委会的空间有限，每个到基层的惠民项目都认为自己的项目是最重要的，卫生部门的项目下来检查会以检查自己的项目硬件是否到位为首要，文化项目下来检查又认为自己的项目是第一位的，可村委会的房子就那么点大，所以有时候这也会是一个问题，给基层造成很大的压力。在书屋管理上，现在好在还有大学生村官，我们把他们的职责和书屋管理进行挂钩，在管理上人是首要的。从书的配备上寺庙书屋和农家书屋需要有点区别，寺庙书屋可以在宗教理论等方面比较高端些，农家书屋就需要配一些通俗易懂的书籍。牧区和城区、农区的书籍喜好上也有区别，就像汉堡包也许很好吃，但牧区的人不会喜欢，阅读的兴趣也是和文化氛围相关联的。是不是根据当地的实际情况和实际需求配备图书会更好。教育方面讲是结束了扫盲，但这里牧民的教育状况很奇怪，有的会汉文、英文也不用错，而且牧民的记忆能力很强，有能说唱《格萨尔》的，我自己就亲眼见过能背诵大半天的人，有些牧民可以把整篇的《毛主席语录》《邓小平文选》背下来。我们下去征求意见，会遇到一些老牧民没有主题，但政治、民间谚语的内容可以给你背的是一套一套的，但普遍教育水平又偏低。如果下一步建图书馆有了网络能够优势互补也不错。

19答：看书和开展娱乐活动还不一样，老百姓如果不喜欢看书，你是一点办法也没有。因为仲巴是纯牧业区，基础教育普遍比较差，教育不行的话我们文化部门开展工作就困难。

问：如果在基层设立图书馆您认为在那里比较合适一些？

20答：图书馆设置当然是在人口比较集中的地带要好些，仲巴县以牧业为主，所以居住相对分散，自然村我们目前使用的办法是取几个村所在地的中心地带建村管理站，这也是征求了村民的意见后决定的，有的村与村之间有十公里的路程，每年要进行多次转牧，草场分冬季、秋季、夏季、冬季一般会在定居点，也是固定居住时间最长的一段时间，大概每年有5个月左右在安居点，所以建在村委会所在地也是最理想的位置。夏季牧场会根据草的生长情况15天左右又开始搬迁，他们都是根据藏历，他们也有一套自己长期积累的规律，村规民俗里已经定下来的，前边的草再好这边的草没有吃完是也是不能转牧的。

19答：牧区和农区差别很大，我之前在农区工作过很长时间，后调到仲巴，相比之下在牧区工作要复杂得多，下去搞调研，一个村子的几户人家居住也是分散的，之间间隔距离还特别远，除非搞一些活动，大家才能聚拢到一起，这些年手机信号覆盖率达到了80%，找人还方便些了，但夏季牧场一般有些偏僻，信号也不好，那就更困难了。

问：在基层图书馆应该有哪些功能？

20答：利用一些视频和音频资料是不是更适合他们，把一些故事和科普知识用视频的形式播放给他们，是他们欢迎的一种形式。

19答：视频和音频资料就是文化程度相对低些的人也能接受，对他们来说比看书更容易理解。

问：您觉得我们应当如何看待公共图书服务的全覆盖问题？

19答：覆盖好像倒不是什么难事，就像农家书屋说覆盖就覆盖了，不管是否有人看书，覆盖是实现了，覆盖是硬任务肯定是要完成的，可重要的是要看覆盖后的成效怎么样，有的成效好些，可有的似乎就没有发挥应有的作用，所以后续的服务必须跟上。否则为了覆盖而覆盖效益也不是很明显。

20答：说实话图书是做到了全覆盖，但怎么做到让农牧民对图书感兴趣，比如一天里你抽多少时间看书了，除此之外书现在是家家户户都能看到的，这些年从各种渠道在向基层发放各类读物。我认为覆盖难度也不大，因为每个行政村都有农家书屋，交通、通信也得到了迅速发展，但是不是有人看书以及将来如何保证这个图书馆的生命力，单纯的覆盖还是不行，要想到如何延续它，使后续的运行经费、图书更新都有所保证，满足老百姓真正的需求，看书的人越来越多，最终提升到提高全民的素质，让读书变成他们生活的一部分，这才是我们需要达到的目的。否则，图书馆放多少书没人借，新华书店进多少书没人买，那早晚又是要关门的。

问：您对现有的农家书屋建设成效怎么看？

20答：从仲巴地区而言农家书屋的科技类图书使一部分人收益很大，尤其是赤脚医生、兽医，这部分人不是国家的专职人员，每个月只有大概300元的生活补贴，对这部分人帮助特别大，书屋配的书他们可以读懂，加上他们自身有一定的医学基础，遇到一些疑难杂症时去书屋查找相关书籍并进行翻阅，对他们很有好处。还有一类图书就是扫盲类的图书，我们县教育局每年放假期间要求学生要教自己的父母识字，因为农牧区不比城市的家长，很多家长是不识字的，所以学校每次放假除了假期作业还会给学生布置这样一个特殊的家庭作业，扫盲课本就可以从书屋里借。还有就是前面我们提到的牧民对《格萨尔》兴趣很大，因为《格萨尔》在藏区，尤其是牧区是家喻户晓的，他们不仅自己看，看过后还可以讲给他人听。牧区还有这样一批人曾经上过学，因为成绩不佳没能继续升学，回到家里农活也不会干了，慢慢容易养成游手好闲的毛病，图书可以让他们进行一些阅读，使他们在学校读过的书不会荒废掉，同时也减少了一些犯罪隐患。书屋对于提高全民素质起到的作用当然更是不言而喻的。

问：您觉得现在已建起的农家书屋为农牧民提供图书服务过程中存在的最大问题是什么？急需解决的问题是什么？

20答：从仲巴的实际情况来看，第一，书屋是建在村委会所在地，而老百姓的生活属于游牧形式，是跟着牛羊走，这样除了一些特别爱看书的人过来借书，书屋的利用率还是会有一定的影响；第二，虽然书屋管理有指定的人，拿的补助也很少，只是兼职而已，他们也不可能总是待在书屋里，只有像农区的"望果节"和牧区的"德萨"这样的民俗节日以及在冬季草场期间他们会在村里，其他时间他们自己也需要忙一些自己的牧活儿，所以会把书屋钥匙带走，需要看书的牧民得不到满足，这也是个实际问题；第三，就是图书更新问题，农家书屋建立已经有几年了，我们的图书还是老样子，从没有更新过。

问：建立公共图书服务，您觉得图书馆和农家书屋的关系应是

怎样的？

20答：从目前的情况来看，有农家书屋就足够了，只是在规模、图书更新、丰富服务等方面需要加强。如果国家有在村里建图书室的计划，把两家整合在一起就很好了。县上有必要专门建一座图书馆。

19答：项目多了设施也是一个问题，目前村委会需要一间，农家书屋需要一间，村卫生室需要一间，村党支部需要一间，一般村委会设施有限，也就是三四间房。

问：您对流动图书馆有怎样的看法？在农牧区若实行定期的流动图书服务，您觉得收效会如何？

19答：我们县是纯牧区，可以说一亩农田也没有，所以对于牧民来说流动服务会比较好的，可以送书上门，他们不用专门到村里来。这个地区因为居住的分散导致文化、医疗都跟不上。说是一个村其实就是几户人家，都分散在山上。有的放牧点甚至需要徒步几十公里，手机信号也没有。这边开展服务最大的困难就是交通，很多夏季牧场根本不通路。开展一些公共文化服务就要等到他们到了居住比较集中的冬季牧场，可到了冬季牧场天气也开始变得很寒冷了。

20答：流动图书服务是有针对性的，但我们的服务对象放牧期间都是在山上，车辆是不是能够上去，我们这边除了219国道外全部都是土路，这项服务的前提条件是必须有路的。而且必须是有人看书的，否则等上一天没人看书也不是个办法。在阅读方面牧区似乎比农区要差一些，流动服务放到农区从居住集中、受众群体的情况来看可能都会好一些。

问：地方政府（村、乡、县、地区）是否对农家书屋的完善和持续发展进行了相应的投入？若有投入，每年有多少投入？是谁投入的？其投入主要用来干什么了？（购书？图书管理人员劳务费？或其他？）

20答：没有什么投入，只是农家书屋坏掉的书架县里出资进行了更换。

问：您觉得对农牧区图书全覆盖的投入，哪一级政府财政才有能力进行投入？您觉得应该是哪一级政府应承担起对公共图书服务的投入？

20答：这个能不能运用省管县的方式，由自治区直接下到县里，经费有保障，工作也直接由县里负责承担，当然也需要制定一定的规章制度，职责要分清，完成好的给予奖励，完成得不好怎么惩罚，实行一些责任挂钩的管理方式，就像年终目标责任一样去制定。如果没有专项经费估计还是需要县里进行管理，在业务开展上面就像我前面谈到的一样，进行联网在资源上进行资源共享，优势互补，举个例子就是天下图书馆是一家，管理、经费由图书馆自上而下共同管理，管理模式就像电信、移动一样。否则发达永远发达，落后的永远落后。

问：现在农家书屋的管理员是村委会干部义务承担的，若将来建设镇乡级图书馆、县级图书馆等，对其图书管理人员的管理（包括归属、发放工资或劳务费等）应由谁来（哪一级政府管理部门及财政）承担比较好呢？

20答：现在书屋管理和场所是村委会承担，管理人员工资是由县财政负责。如果国家今后计划建立县级、乡级的图书馆，我们认为还是应该由县文化馆统一负责，这个属于归口管理，这样管理比较到位。

19答： 越到基层负责的工作会越杂，在自治区一级广播影视和文化是两个部门，到了县里就成了文化、广播、电影电视局，到了乡上所有归口都有乡政府负责。今年开始乡上有文化事业的编制，如果利用这个编制，这些人只是抓乡里的文化、广播等相关工作，一个人就可以发挥很多的作用，否则乡里的工作很杂，如果由乡里统一分工，像图书馆的工作估计就没人管了，因为乡是整个国家的最基层组织，各种工作太多了，而且直接面对农牧民，今年上级下发了乡一级文化管理人员编制后，我们文化上有事下去会先找所在乡镇的文化管理人员，这样也可以发挥他们的工作积极性，责任到人，责任到家。我们也告诉他们综合文化馆站一级有专项经费，你们要大胆地开展工作，这样有经费支持加上他们的工作积极性，文化工作才不会漏掉什么，否则文化文广局成立时间也不久，很多人对文化的认识还是很浅薄，很多人对宣传部门和文化部门混为一谈，搞不清楚，拍电视去找宣传部，不知道还有个文广局，如果所有编制都能保证全县有乡一级文化管理人员编制46个，现在红头文件已经下了。乡文化馆站已经全部都建好了，目前设备还没有到，听说在采购过程中，因为采购的面太广，日喀则地区有203个乡镇，采购难度也就很大。

20答： 采购由3个人组成，财政1个人，纪检1个人，文化1个人，203个乡镇的设备只有3个人负责，所以可以想象难度之大，到了我们县上分配给每个乡镇，其实东西也没有多少，东西质量也会存在一些问题，有的是装车时不注意造成的，有的是运输过程中造成的，有的是东西本身存在问题，这种事情如果给我们列个清单，交由我们自己去采购，是我们自己县上设备，数量也相对少些，损失也会降低到最低限度，可地区三个人负责这么大量的设备采购，工作量太大，所以到目前乡文化馆站竣工已经快一年了，但设备至今没有到位。设备没有到位的话，免费服务乡镇的 5 万元经费也不予下拨，损失最大的还是基层。

19 答：我们去年就在乡镇文化馆站的会议上告诉他们：要努力工作，设备很快会到，每年还会下拨运行经费 5 万元，去年是这样说的，看来今年还得这样说。不论是各级领导还是群众，首先看到的是表面，可目前我们除一个空房子，这个平台都很难搭建起来，怎么开展工作啊？有些地方设备还没有到位，房间已经需要维修了。地区采购也可以，希望能够确保质量以及运输过程中减少损失，地区只负责运到县上，分发给各乡的任务就是县里的事了，重新装车的过程中又会造成一些损失。日喀则各县下拨的经费完全一样，比如日喀则市区文化馆的管理经费和仲巴县的管理经费一模一样，可日喀则市区各乡镇距离最多也就是 50—70 公里，可我们仲巴县最远的乡镇要走 900 多公里，期间的费用全部由县财政承担。

20 答：这种事情是不是因地制宜一点好，比如之前农家书屋的书架，购置一些质量不怎么样的书架，还不如用这笔经费在当地请一些木工打一些木制的书架，质量反而更好些。我们县财政实力还算是不错的，其他条件差一些的县，就不怎么管了。我们县免费服务的 20 万，加上其他的一些经费都交由我统一支配，财政也不会插手，对于下面的乡镇，因为有了这笔经费我就可以根据他们的实际需要和工作情况再作安排。

问：您是否觉得应该以法律条文的形式来规定或保证各级财政（或中央）应该对西藏公共图书服务的投入？

20 答：我个人认为，西藏的公共文化，特别是公共图书馆起步阶段有必要建立法律条文，让大家慢慢形成一种习惯，加上很多文化项目后续没有明确的保障，如果能够制定一些法律条文，对于今后的操作会有好处的，是有必要的，随着人们的素质不断提高，法律也是可以改进的。

19答：上级在下发文件时希望文化厅和财政厅能够联合下发红头文件，这样才比较好实施，否则只有文化厅的文件在下面人家是不认的，除非是中央下发的专项经费。我同时也分管卫生，卫生口配套项目很多，比如疾控疫苗的发放，自治区卫生厅会根据仲巴县地广人稀这个特点多配一些，否则和日喀则地区完全配得一样就是不合适，交通、路况都不一样，油料费自然用得也会多些，卫生会根据公里长短计算，这样也比较科学。

20答：每年的考评项目里有必要把这些文化项目都列进去，这样才能促进发展。我们县还算不错，免费服务经费实施以来上级下拨的16万也好，地方财政配套的4万也好，都能兑现。

19答：我们县使用的大额资金都要经过县长办公会议研究通过，不会县长一人说了算，这对于我们来说也是比较安全的，用的时候也是实打实的。

问：服务跟需求是紧密联系在一起的，有了需求才会对服务提出更高的要求。因此，您觉得西藏广大农牧区，农牧民对图书服务的需求大不大？需求的要求高不高？

20答：从农家书屋和寺庙书屋目前开放的情况看，需求还是比较高。从牧民的角度来看他们本来就很喜欢看说唱类的图书，这方面需求还是蛮高的。如果说有什么满足不了的话，从综合图书量来看还是可以满足的，但如果针对这个地区的牧民爱看说唱、民间故事类的图书来看还是有必要进行更新和增补的。

问：一般牧区有家里供奉经书的习惯，不知道仲巴地区的牧民是不是有这样的习惯？

20答：这边的牧民也有，他们会摆放在帐篷中间，转牧的时候也会带走，因为不像农区随时可以请喇嘛念，所以都是自己念。

问：如果新华书店的流动售书车开始运行，牧民自己掏钱买书的多不多？

20答：目前县上没有一家书店，但请人到拉萨或日喀则地区买书带回来的还是有的。现在农家书屋有借阅服务，他们当然就更乐意借了，何必掏这个钱吗。但说唱类的是他们非常钟爱的图书，他们会托人买的，我们这边有不少康巴商人，他们也会带些说唱、民间故事类的图书和商品一起出售，我前面指的是牧民，驻村也会在惠民项目里带一些图书下来，我们这边的干部当然会根据自己的需求进行购买。

问：新华书店不属于公益性，如果下一步建了书店但老百姓的需求不大，那如何经营和维持下去？

20答：以事业单位的形式，作为地区的一个派出机构，规模不大，根据当地的市场需求运作，我觉得头几年会亏损，因为目前文化氛围也不浓，今后是不是会好些。就是教辅材料购买的人也不会太多，因为干部子女毕竟是少数，农牧民子女都属于三包范畴，学校会统一发放。

（1）答：藏历和祈祷类的图书估计也比较好卖。

访谈十三：

时间：2013年9月19日上午

地点： 阿里地区噶尔县农家书屋
访谈对象： 阿里地区噶尔县文化局局长 21
　　　　　阿里地区噶尔县新闻出版局局长 22

问：您觉得农牧民群众对图书感兴趣吗？对读书有兴趣吗？

21答： 兴趣还是有的，看书的一般是年轻人，上了岁数的大部分是文盲，加上这个季节是创收的季节，相对看书的人也会少些。

22答： 老百姓居住也比较分散，冬季比较集中，夏季老百姓放牧点都很分散，农家书屋都在安居点，从草场来回借书也不方便。放假期间书屋会为学生开放。

问：您觉得农牧民喜欢读什么样的书吗？喜欢读什么内容的书？

21答： 喜欢看故事类以及和自己的生活息息相关的图书。平时借阅量比较大的书是一些常用的图书，比如藏历很受他们的欢迎。

问：您觉得怎样才能提高农牧民的读书兴趣和热情呢？

21答： 多进一些和他们的生活息息相关的图书，同时我们要想办法促进他们阅读的兴趣，比如： 教育上会举办很多扫盲班，这个行动我们需要加大力度，这样才能提高他们的文化，促进他们阅读的兴趣。上了岁数的人喜欢看一些宗教类的图书，因此结合实际，给书屋多配备一些和他们生活相关的图书我感觉对促进他们的阅读会有所帮助。

问：您觉得农牧民阅读时图书遇到的最大困难是什么？

22答： 居住太分散，村下面还有组，组与组之间距离都比较远，有些组与组之间的距离也有几百公里，而农家书屋只能建在居住比较集中的一个地方，这给他们借阅图书造成了一定的困难。

问：若在农牧区设立图书馆，您觉得应该设在哪里比较合理？

22答：如果条件允许，现在各乡镇都有文化活动站，能在活动站设立一个图书室，或者像新华书店的流动售书车一样能给乡里配一个流动图书车，每周到一个点这样是不是服务更到位。当然在西藏路况一般都很差，车不一定要有多大，但要比较有力，最好有加力挡的那种。比如我们噶尔县的典角村下面就有两个组，书屋是建在典角的边境上，两个组之间就有十几公里，其他的村下面都有几个组，有的组与组之间距离有30多公里的，而农家书屋一般都是建在人口相对比较集中的那个组里，因此农牧民群众借阅图书还是有一定的困难，所以采取流动的办法在我们这个地区比较现实。

问：您觉得我们应当如何看待公共图书服务的全覆盖问题？

22答：从目前村村有农家书屋的情况看，我们应该是实现了全覆盖，但实际上各村有各村的特点，地域条件各不相同，有些乡人会少一些，像典角村30多户人家，全村也就是100多人，而门市、索堆、这几个乡，800人、1 000人都有，我们噶尔县4乡1镇里只有扎西岗800多人，其他都是1 000、2 000多人，但是不论人多人少，行政区划上还是以村为单位的，一些村有的小组比较集中，但大部分小组都比较分散，老百姓也不可能为一本书跑那么老远，所以这种情况下为农牧民提供服务，流动车是最好的，人口少的点就可以用流动的形式提供服务。

问：建立公共图书服务，您觉得图书馆和农家书屋的关系应是

怎样的?

22 答：我认为把他们整合到一起是一个比较好的办法，整合到一起了也可以保障正常开放，这样读者也会渐渐多起来，会有一个良性的循环。结合我们阿里的区域特点，不一定要多大，但各方面条件比较集中就好了。考虑到阿里冬季寒冷，目前公共场所也没有取暖设施，可否在一开始建的时候就以暖房的形式盖，读者就不会流失掉。在有一个固定场所的情况下再配一辆好点的流动图书车，用流动服务的形式对居住分散、偏远的一些农牧民进行流动服务，是不是比较好。

21 答：规模大了，固定了人员编制也就好申请一些了，也可以申请公益性岗位，这样才能保证正常开放。

22 答：目前虽然有驻村工作组临时承担书屋的工作，但他们自己工作任务也很重，加上他们哪天一撤走，所以也不是长久之计。

问：你如何看待农家书屋的成效?

22 答：怎么说呢，成效不能说十分理想，但也不能说没有。因为目前老百姓以改善自己的生活为主，看书只是次要的。

问：您觉得农家书屋存在的问题和急需解决的问题是什么?

22 答：最大的问题还是前面说过的，居住分散而造成的读书不便，下一步针对噶尔地区的实际情况还是要以流动服务为主。配备了流动图书车还需要相应地把后续的运行经费考虑进去，否则配了车后续的经费让自己解决的话，我们噶尔县新闻出版局今年才成立，目前编制只有我一人，经费就更不用说了，文化局工作头绪多也不可能出这笔钱。噶尔县总共有 12 个村 4 个寺庙 1 个拉康 2 个居委会，现在油价又涨了，局里是不可能承担的。

问：建立公共图书服务，您觉得图书馆和农家书屋的关系应是怎样的？

22答：应该是相辅相成的关系吧，各有各的优势，把他们整合在一起，各自发挥各自的优势是不是更好。

问：您对流动图书服务有怎样的看法？在农牧区若实行定期的流动图书服务，您觉得收效会如何？

22答：就像我前面说的，流动服务对于噶尔县非常适合，但车辆的配置要适合我们这个地区的情况，交通方便的地区还好，边远偏僻，路况差的地区就必须配备力量大些，底盘高些的车辆，以及后续驾驶员的工资、油费、维护费等一系列费用如果不一并考虑进去，流动服务就很难长久地开展下去。

问：现在全区几乎每个村都建起了农家书屋和文化室，您觉得是否有必要在上述基础上再建立一个公共图书室，以满足农牧民的读书需求？实现公共图书服务全覆盖？

22答：我认为整合是最好的办法，已建的农家书屋和寺庙书屋面积太小，有的地方以前有场所但随着其他项目和任务的不断下派，书屋出现了越挤越小或挤出去的现象，如果国家有建图书馆的项目，能否先把基础设施考虑进去，这属于专项资金下拨后建的谁也无法挤占，在把农家书屋整合进去，这样是不是好点。

问：地方政府（村、乡、县、地区）是否对农家书屋的完善和持续发展进行了相应的投入？若有投入，每年有多少投入？是谁投入的？其投入主要用来干什么了？（购书？图书管理人员劳务费？或其他？）

22答：我们农家书屋基本是2009年建的，寺庙书屋除一座2011年建的，剩下的是2012年2月建的，书屋里的书除了新闻出版局配发的图书外都是我们自己想办法要的，制度是我们自己翻译制作的，因为经费的问题我们只是制作了一部分，书屋内的书架全部是县里做的。

问：您觉得对农牧区图书全覆盖的投入，哪一级政府财政才有能力进行投入？您觉得应该是哪一级政府应承担起对公共图书服务的投入？

22答：应该是地、市吧，国家如果能直接投入那是最好的，乡镇是不可能承担的，因为我们不像有些内地的乡镇，他们部门多，经济实力雄厚。

问：现在农家书屋的管理员是村委会干部义务承担的，若将来建设镇乡级图书馆、县级图书馆等，对其图书管理人员的管理（包括归属、发放工资或劳务费等）应由谁来（哪一级政府管理部门及财政）承担比较好呢？

22答：是的，目前都是兼职或者由驻村工作组代管，今后应该由县级或县级以上承担比较好吧，可以招收一些公益性岗位人员吧，当地的，文化基础稍好些的，有责任感的。

问：您是否觉得应该以法律条文的形式来规定或保证各级财政（或中央）应该对西藏公共图书服务的投入？

22答：这个能有是最好不过的，有了法律条文规定和上面的文件，经费上出现了问题我们可以直接去要，否则我们还需要请求上级解决，难度就要大些。

问：您觉得在广大的农牧区应该怎样推进公共图书服务的全覆盖？

22答：还是我上面谈到的，就我们噶尔县来说要做到全覆盖流动服务是最适合的。

问：在西藏推行公共图书服务的全覆盖困难重重,您觉得其将会遇到的最大困难会是什么?

22答：要开展流动服务还要有一个有责任心的管理人员和司机,车子要在路况不好的边远地区使用,以及后续的运行经费,有了后续的经费保障后前两年需要宣传、习惯,后面就会不断地规范化、常态化。

问：服务跟需求是紧密联系在一起的,有了需求才会对服务提出更高的要求。因此,您觉得西藏广大农牧区,农牧民对图书服务的需求大不大?需求的要求高不高?

22答：需求是有的,但有些农牧民心里想学,可到了书屋看着那些书,感觉这也看不懂那也看不懂,年岁大点的藏文底子厚点的以及上到初中的那些人还行,其他人文化基础差,针对这批人能不能配一些图文并茂形式的书籍,内容有一些案例,比如致富能人一类的,告诉大家他是怎么致富的,并把这些片子翻译成藏语,视频就更好了,现在各地都有文化站,可以组织农牧民观看,给他们一个现实的例子。

问：现有的村级农家书屋能不能满足广大农牧民对图书阅读的需求?若不能满足,主要在哪方面得不到满足?

22答：还是前面讲到的,居住太分散,这也许是西藏各地区共同的特点吧,尤其是牧区,书屋固定在村委会,而牧民生活决定了要不停地转场、搬迁,村委会附近长期居住的只有老年人和孩子,孩子只能看动画和卡通类的读物、音视频资料,老人一般喜欢看故事类的图书。

问：阿里地区的牧民家里是否有存放经书的习惯?

22答：有。

21答： 他们转场到哪儿会把随身携带的经常使用的经书带到哪儿，平时是自己念，家里遇到一些事情会邀请喇嘛念。

问：农牧民有没有购买图书的习惯？

21答： 这个可能很少。

22答： 购买最普遍的还是每年的藏文历书，因为他们要经常翻看。还有村里被选为村干部的人，他们的文化会有提高的机会，因为需要经常使用。

问：咱们这个地区复（重复）文盲率高不高？

22答： 少量的还是有一些的，有些是说脱盲了，可实际上自己的名字都不会写的也有。目前六、七十年代出生的一部分人藏文还不错，二十几岁的一般都是上过学有一定文化基础。村里人把一些故事书借回去，识字的人念，其他人会在旁边听着，所以如果能下发一些音视频资源对基层很有用，他们不识字但可以看和听，这边一般家庭都有 DVD 设备，而且他们喜欢下载一些音乐放到摩托车上听，那故事也一样可以下载下来听。

访谈十四：

时间： 2013 年 9 月 20 日下午

地点： 阿里地区日土县日土村

访谈对象： 阿里地区日土县电视台台长 23

问：您觉得农牧民喜欢读什么样的书吗？喜欢读什么内容的书？

23答： 我们这儿的农牧民比较喜欢看藏文的养殖类图书，特别是牛羊养殖类，我们现在以不同组织的形式举办各种活动督促他们看书，比如党支部组织党员集体看书，另外书屋有《西藏日报》《阿里日报》等藏文报刊，他们会经常拿来翻看，他们希望了解一些时事新闻以及和自己切身利益相关的事。从书的形式上他们更喜欢看一些图文并茂的图书，他们一般翻开图书先看看有没有图，因为农牧民文化水平普遍较低，就是读得出来也不理解其中的意思，有图便于他们更好地理解。

问：您觉得农牧民阅读时图书遇到的最大困难是什么？

23答：他们最大的困难就是在村里居住的时间很少，除了秋收等季节一般都分散居住在不同的牧场，而图书室是固定在定居点的，不是流动的，而真要以流动的形式提供服务也比较困难，因为两三户在一处，相隔二三十公里才会有一户人家。也许我的想法也不成熟，如果以发放图书的形式，让他们带到牧场，不一定以户的形式发放，可以以作业组的形式发放，一个作业组发放一套图书，因为村村通工程也是我们负责承办的，由于我们这儿特殊的生产、生活习惯，不可能把他们集中起来观看，我们就以轮换的形式，设备一家家传递着看，做好交接工作，图书是不是也可以以这样的形式，比固定的书屋效果可能会好些。寺庙书屋一般僧尼居住地比较固定，接触图书的机会也会多些，效果就好些。

问：若在农牧区设立图书馆，您觉得应该设在哪里比较合理？

23答：还是设在村委会的比较好，设在作业组起不到太大的作用，一个作业组也就几户人家，距离其他作业组就是二三十公里，交通又不方便，他们也不可能为了借书跑那么老远，所以人最集中的还是村委会。

问：您觉得农牧民的图书室应有什么样的功能？

23答：目前我们只开展过借阅，没有提供过其他服务，当然如果举办一些和农牧民生活息息相关的培训等活动他们也会很接受的。日土县有13个行政村，很多村都举办过蔬菜大棚的种植培训，老师都是从外面请来的，农牧民也很感兴趣，因为种出来的蔬菜卖虽然谈不上，但自己吃还是够的，因此这种培训在农牧民中反映比较好。

问：您觉得我们应当如何看待公共图书服务的全覆盖问题？

23答：现在也可以说达到了全覆盖，因为目前日土13个行政村都建起了书屋，而且随时可以去借，也不限制范围一定是本村的人，流动人口一样可以享受，主要矛盾还是在定居点的时间太短，游牧的时间太长，书屋提供的服务时间太短，这对全覆盖造成了一定的影响。

问：为实现农牧区公共图书馆服务的全覆盖，您觉得农牧区村级的图书室设在哪里比较适宜（村委会）？镇级的图书馆设在哪里比较合理（学校）？县级的图书馆设在哪里好（文化馆）？

23答：还是在县城比较好，乡镇也是在乡镇所在地的好，虽然乡下面的村比较分散，但他们集中的最多的地方还是乡政府所在地。

问：您对现有的农家书屋建设成效怎么看？

23答：怎么说呢，有的地方成效比较大，但有的偏远地区的书屋一般都处于关闭状态，因为村委所在地居住的人很少，村里只剩下老人和孩子，青壮年一般都去游牧了。日土村和德如村在日土县算是人口相对比较集中的两个村，日土村常住人口有大概三四百的样子，德如村又分新村和旧村，人口比日土村要少些。

问：您觉得现在已建起的农家书屋为农牧民提供图书服务过

程中存在的最大问题是什么？急需解决的问题是什么？

23答： 我们这里偏远村点的村距离县城单趟是300多公里，图书更新等方面有一定的困难，就是有了图书，一时半会儿运不过去，有时候在县上就要滞留两三个月，甚至更长的时间，村里的人上来的机会很少，而且搬运图书也不能用一般的小车，必须找大车装，这里有的村路途遥远路况差，被称为西藏最北边的一个村松西村就属日土县，这个村靠近新疆，所以交通等问题是目前制约农家书屋提供服务的最大的困难。

问：建立公共图书服务，您觉得图书馆和农家书屋的关系应是怎样的？

23答： 我认为在县里建一座图书馆还是有必要的，但在乡镇已经没有必要了，从目前的情况看，管理肯定跟不上，专门配备人员可能也会有一定的难度，把文化馆站和图书室整合到一起，是不是更好些。现在乡镇文化馆站已经配了专人，阿里目前严重缺编，把现有的乡镇工作人员利用上，整合到一起管理是不是更好。

问：您对流动图书馆有怎样的看法？在农牧区若实行定期的流动图书服务，您觉得收效会如何？

23答： 我认为成效低，成本大，因为我们搞村村通，把日土县下属的整个作业组转下来需要20多天的时间，3 000多公里，相当于从阿里到拉萨来回地路程。流动服务，覆盖全社会，每个点都要考虑到，从目前的情况看，在阿里不是太实际。毕竟不像内地农村是以从事农业为主，我们这儿是以牧业为主，为了转牧到处流动，这个月他会在这个点，下个月又跑到另一个点了，否则我们一个月服务上一两个点也是行的，可路途远而且成本大于成效。

问：如果国家给每个乡配备一辆流动图书车而且有后续运行经费,您认为会怎么样？

23答： 那样会好些,因为乡镇的工作就是进村入户,他可以在开展其他工作同时把咱们这项工作一起开展了,这样乡里承受的压力也会小些。如果县上承接这项工作就比较困难,因为所辖的村太多,面积太广,日土县4乡1镇,13个行政村,工作量太大。

问：地方政府(村、乡、县、地区)是否对农家书屋的完善和持续发展进行了相应的投入？若有投入,每年有多少投入？是谁投入的？其投入主要用来干什么了？（购书？图书管理人员劳务费？或其他？）

23答： 到目前为止13个行政村农家书屋的书架都是县政府出资从新疆购买的（日土县距离新疆的喀什比拉萨近),县政府虽然还没有出资购买图书,但提倡干部捐书,县级干部带头捐书,他们把图书捐给县文化活动站,我们再负责分配下去,已经搞过三次这样的活动了,现在县里的干部家里有多余的图书已经习惯性地会捐出来。

问：您觉得对农牧区图书全覆盖的投入,哪一级政府财政才有能力进行投入？您觉得应该是哪一级政府应承担起对公共图书服务的投入？

23答： 还是自治区直接投入好些吧。靠县财政上是不可能的,老百姓的收入主要靠白绒山羊,日土县发展、建设主要还是依靠援藏资金,这批资金主要用于县城改造,安居工程等,所以不可能在图书等方面进行投入。

问：现在农家书屋的管理员是村委会干部义务承担的，若将来建设乡镇级图书馆、县级图书馆等，对其图书管理人员的管理（包括归属、发放工资或劳务费等）应由谁来（哪一级政府管理部门及财政）承担比较好呢？

23答：现在一般是由村官在负责管理，他们有个书屋管理员的工资，我不太清楚这个钱是哪一级政府给的，有200元（不清楚是一年还是一个月）。如果将来县、乡镇建立图书馆就要有编制，像文化馆站是在编人员，他是文化馆站的在编人员，他又要协助乡上的其他任何一项工作，乡上也要考虑到他的工作性质，不能派他去做驻村等工作，我们县上都是这样实施的，所以一般选的都是女性当文化馆站的管理人员，因为在基层男性总是让他待在乡上不下到村里是不可能的。

问：您是否觉得应该以法律条文的形式来规定或保证各级财政（或中央）应该对西藏公共图书服务的投入？

23答：这样当然对发展起到很大的帮助作用，因为现在说实在像农家书屋还有一点是宣传不到位，农牧民总觉得我放羊，学那么多知识也没什么用，我们如果能引导他，让他对读书产生兴趣，你放羊的同时也可以看书。自治区以红头的形式发文并纳入到基层领导的工作中，并确定必须投入多少经费。

问：服务跟需求是紧密联系在一起的，有了需求才会对服务提出更高的要求。因此，您觉得西藏广大农牧区，农牧民对图书服务的需求大不大？需求的要求高不高？

23答：需求并不是很大，因为他们确实还没有那个意识，从文化的角度可能需求要大些，从教育普及来看，日土县扫盲已经达到小学三年级的水平了，因为2008年还是2009年搞过一次全县的扫盲。十七、八到三十岁左右的人看书要多些,特别是村干部看书的时间会多些,因为他需要和人沟通,他有这个需求,有的村干部还会看汉文图书,学汉文或练汉字。

问:现有的村级农家书屋能不能满足广大农牧民对图书阅读的需求?若不能满足,主要在哪方面得不到满足?

23答:乡镇和村一级一般都能满足,因为我们只提供了阅览服务没有提供借出服务,加上图书更新的少,看书的人也就越来越少了。

问:日土县农牧民有没有家里存放经书的习惯?

23答:有,识字的自己念,不识字的一般会请村上识字的人去念,特别是男性,这边一般男的多少会认点字,女的一般不识字。

问:您前面讲到这个地区识字的人当中是男的多女的少,这是什么原因造成的?

23答:这可能是实行九年义务教育时家里觉得让男孩去学点知识将来会有出息,因为牧区的很多活儿都是女性在干,比如挤牛奶、打酥油,所以觉得女性在家更有用些,出去闯更适合男性,这样久而久之就形成男性的识字比率比女性的高,并不存在性别歧视,只是因为生产生活的需要,因为你注意在牧区男的挤牛奶、打酥油的很少,所以他们会觉得做这些事没有文化一样可以干,现在实行义务教育以来男的女的都必须上学去接受教育。还有一点家长总觉得女性要羞涩一点,上寄宿制的学校总担心会吃不好,男性就不用太担心。

问:咱们这边复文盲率高不高?

23答:这种情况有,就像我前面说的,他觉得读书识字对他放羊和劳务创收起不了什么作用，不像村干部觉得看书对他的工作有益，他喜欢看，他会去学。寺庙的僧尼会去学，他们还会学习电脑，在电脑上学藏文打字。

问：您认为结合当地实际有没有什么行之有效的办法鼓励农牧民群众读书？

23答：这个真不好说，以前开展扫盲的时候是层层下任务，县上给乡，乡上给村，村上给户，采用的是强制性的办法，还要通过考试，上课还有误工补贴，这样才能促使他们去学习，如果是采用自觉自愿的办法，他们不可能来，现在每年县上的活动都要发放误工费，否则他们会找各种各样的借口不来。阅读推广这种活动放在学校可能起的作用会更大，因为学校便于组织，也可以办借书证，让学生借阅图书，作用会比村上和社会上都大。

问：如果把图书室建在学校，县政府给予一些辅助，但学校抽一定的时间段向周边农牧民群众开放，您看这样的办法是否可行？

23答：我觉得这是可行的，这边学校是寄宿制，学生出来也不方便，在校内借阅图书，县乡的干部职工需要借书去学校借，这样效果可能会好些，现阶段比建一个图书馆起到的作用大一些。

问：有些地区让孩子回家给父母每天讲一段故事，一来促进孩子的阅读能力，二来使家长增长知识，您觉得这个办法在您这个可以实施吗？

23答：我们的学生就像我前面谈到的是以寄宿制为主，所以只有每年放假的时候是可以实施的，效果估计会不错的。

问：我们这些地区老百姓大多以游牧为生，如果我们把一些文化知识或者故事以音频的形式录制并发放下去，您认为效果会如何？

23答: 我觉得这个办法不错,因为现在各乡、村都有设备,放给农牧民,可以起到普及的作用。就像宣传片一样,在电影队每次放电影的前面放一段,他们为了看电影不会走开。现在摩托车上使用的是内存卡,录上故事,这边供电不正常,但听录音用的电不是太多,电池就可以,而且摩托车在我们这儿使用很普遍,可以说一户一车,可能会有不错的效果。

访谈十五:

时间: 2013年9月21日
地点: 阿里地区文化局办公室
访谈对象: 阿里地区文化局局长24

问:请您总体介绍一下阿里地区农牧民的阅读情况。

24答: 我们阿里地广人稀,特别是牧区居住非常分散,每年集中的时间也就是收羊毛和宣传党的方针政策的时候,大部分时间还是分散居住,我们的农家(牧家)书屋都是建在定居点的,不是每个作业组都有。农区相对比较喜欢看书,阅读因为居住集中也要方便些,而牧区只能是每年收羊毛、年终决算的季节人们相对集中的时候借阅方便些。但从我们组织管理角度都加以了落实,而且对书屋的图书进行了分类,农牧民喜欢阅读产业、科普、法律类的图书,其他方面要稍微差一些。牧民比较爱看故事类的图书,其他方面也不是说他们不喜欢,但相比较从阅读的兴趣要比农区差些,从老百姓受教育、见的世面等方面农区都会强些。书屋第一批配备了2万元的图书,但目前更新图书还没能做到。下一步希望在图书更新方面加大力度,加上现在我们的书屋全部挤在村委会里，村委会是村里所有活动集中举办的地方，因此会有图书丢失的现象，书屋没有单独的场地，房间也很小，所以下一步村一级的文化基础设施建立起来后，能够专门建个村文化活动室我相信效果会更好。先前建的是村活动室，是根据人口比例建的，有些面积很小。总的来说咱们的图书因为都是免费提供的，老百姓还是愿意看。但是管理、爱护图书上还是有些欠缺，农区会好些，这些情况你们到普兰、扎达可以了解一下。寺庙书屋情况好些，因为本身僧人有一定的文化基础，他们又有看书的习惯，加上根据"九有"精神，每个寺庙都配了书屋。阿里地区寺庙一般比较小，僧人也不是太多，他们对书屋的管理和爱护图书方面做得都很好。下一步看看能否多进一些适合农家（牧家）书屋的科普类，比如养殖、种植类、法律的图书。现在我们从地区的经济收入来看最差的是扎达，是农区，也没有什么创收来源，一年最多一个县经济收入只有500多万，其次是普兰，稍微好些的是东三县，去年5个县超了1 000多万，还是最好的一年，整个地区过了1个亿，这也是以前没有过的，都是几千万，所以经费上还是有一定的困难。

问：为实现农牧区公共图书馆服务的全覆盖，您觉得农牧区村级的图书室设在哪里比较适宜（村委会）？镇级的图书馆设在哪里比较合理（学校）？县级的图书馆设在哪里好（文化馆）？

24答：现在只要是公益性的还是建在城市、城镇中心比较好，太偏僻了不方便，在人口相对集中、繁华的地方会方便些。还有一点既然建了就要配套，比如我们七个县的新华书店已经建好了，但设备什么时候配，还不知道，这样在管理上就容易出现空挡，有时候就会出现挪用的现象，设施建好后设备马上跟进，它的利用价值也就会更高，管理也会更好些。有些乡镇文化馆站，建了已经三四年，今年设备才开始配备，设施也差不多了，有的已经出现挪作他用，当仓库、开茶馆的现象，所以最好能一次性投入建设。

问：您对现有的农家书屋建设成效怎么看？

24答：我觉得大部分不错，有些村位置太偏、人口又少，人口越是集中的地方效果越好。就像我们现在的驻村点一样，驻村工作组队员住在村里，老百姓都在山里转牧，我们只能有时候流动宣传一下，所以居住越集中的地方开展公共文化服务工作也越容易。但牧区每年集中地时间非常少，不像农区一年四季都居住的比较集中，力度可以大些。我们阿里34.5万平方公里，只有十万人口，其中老百姓60 000多，干部职工4 000多人，这些年每年分配的大中专学生不断增加，可能还要多些。

问：现有的村级农家书屋能不能满足广大农牧民对图书阅读的需求？若不能满足，主要在哪方面得不到满足？

24答：可以满足，现在就是需要图书的更新，最好每年能够补充各类的图书，还有一点现在书屋里少儿的图书配得有点少。

问：建立公共图书服务，您觉得图书馆和农家书屋的关系应是怎样的？

24答：现在不是有好几个项目吗，我觉得整合在一起比较好，否则各建各的村里管理跟不上。我们阿里最早建的牧家书屋是格吉县，一年给管理人员发放补助1 050元，这个县做得不错，得到了自治区领导的肯定。我们也要求各县参照格吉县的做法，国家有一个基层文化资金，今年才下拨的，以前我们也不知道，后来听说村一级文化设施建设专门有资金，而且资金已经到了财政，但他们也没有说，我们就此事专门询问了自治区文化厅社文处，结果文件传过来一看，文件里包括农家（牧家）书屋的管理补助，图书更新，还有电影放映、开展文化、体育活动等，六七个项目的费用，我们现在已经发放到各县。各县执行情况如何，到了年底我们还会下去检查落实情况，村上资金短缺，国家既然有这样好的政策，我们一定要落实到位，图书更新等工作对村一级组织来说有一定的难度，我们也强调过由各县的文化部门统一购买、更新。所以我还是建议一次性建，不要多头建，这样管理难度大，毕竟都是投在同一个村。

问：您觉得我们应当如何看待公共图书服务的全覆盖问题？

24答：我们可以说除了老人以外基本做到了全覆盖，老人因为身体的原因不可能到定居点，乡镇还可以，但覆盖到村一级，上了年纪的人有一定的难度，因为他们大多在牧场，到定居点有些困难，年轻人没有什么问题。

问：您对流动图书馆有怎样的看法？在农牧区若实行定期的流动图书服务，您觉得收效会如何？

24答：流动服务在阿里地区公路沿线没什么大问题，但很多村下面还有作业组，一般路况都不好，车辆无法通行。老百姓免费阅读可以但让他们购买这个积极性可能还达不到，这是观念的问题，而且没有养成习惯。故事类的图书，比如格萨尔说唱类的图书他们还有些兴趣，其他让他们买书是不可能的，借阅的话是可以的。

问：地方政府（村、乡、县、地区）是否对农家书屋的完善和持续发展进行了相应的投入？若有投入，每年有多少投入？是谁投入的？其投入主要用来干什么了？（购书？图书管理人员劳务费？

或其他?)

24答: 当初开始建书屋的时候新闻出版局就有规定: 书架是各县财政配的,管理人员是兼职,没有专门配人,其他就没有投入什么了。

问:您是否觉得应该以法律条文的形式来规定或保证各级财政(或中央)应该对西藏公共图书服务的投入?

24答: 这个非常有必要,十七届六中全会后开始对文化加大了重视力度,否则以前对文化是可有可无的。从领导层面也是这样的,当时没有资金、没有项目,更谈不上权利了,很多部门办公楼一个接着一个地建,我们多少年都是这种状况,现在又提出四五年内不准建楼堂馆所,我们就更没有希望了(阿里文化局因为没有办公场所,长期占用阿里地区图书馆的馆舍),党委政府角度喊口号的多,真正落实起来还是难度大。我们阿里刚刚召开过一个文化及旅游发展推进会议,但还是偏向于旅游,因为旅游出效益,而文化上的投入不会马上体现效益,所以难度很大,基层就更不用说了,像电影啊什么的虽然乡上有,但村上一年最多能看上两三场,多的就看不上了。文化还是需要政策方面给予支持,资金方面按照财政比例向文化倾斜,特别是从援藏角度,因为有个政策是援藏资金的2%放到文化上,但到现在还没有投入过。

问:您觉得阿里地区农牧区,农牧民对图书服务的需求大不大?需求的要求高不高?

24答: 需求量大,我们7个县都成立了民间艺术团,天天去演出当然不可能,但一年演出上一两场还是可以的,非常受农牧民的欢迎,现在提倡文化下乡,乘着下乡我们会把图书、科技、演出一并带下去，这样既宣传了党的政策，又改善了农牧民的文化生活，不然有的作业组一级的老年人连电影都没有看过，广电有规定放映电影必须放够一定的场次。

问：现在农家书屋的管理员是村委会干部义务承担的，若将来建设乡镇级图书馆、县级图书馆等，对其图书管理人员的管理（包括归属、发放工资或劳务费等）应由谁来（哪一级政府管理部门及财政）承担比较好呢？

24答：是的，书屋管理人员毕竟还有一些补助，若在乡镇一级建立图书馆还是由县上负责的好，地区管理的面太广。现在自治区向下拨经费也是这样，县上的经费直接由自治区往下拨到县上，不会经过地区，但是有的专项经费拨到对口部门好，拨到县上有时候也会出现挪用的现象，拨到部门我们会做预算、决算、审核，拨到县上我们就管不了了。现在设施、硬件、软件文化方面还比较薄弱，希望下一步加大力度。像乡镇文化建设要达到350平方米，要求和其他地区一样，经费下拨的又都一样，我们阿里路途遥远、原材料又不能在当地解决，难度就很大，现在各方面费用又多。

问：为了实现全覆盖，如果跨越行政区划，就近建立一些图书馆为当地农牧民提供服务，您认为是否可行？

24答：关键是管理上可能做不到，其他方面还好说些，如果专门解决一个编制还好些，由上级一个部门管理，不然很难找到管理的归口。

访谈十六：

时间：2013年9月22日

地点：阿里地区扎达县招待所

访谈对象：阿里地区扎达县文物局局长 25

问：您觉得农牧民对读书有兴趣吗？喜欢读什么样的书吗？

25答：兴趣还是有的，喜欢读西藏民间故事类和种植类、养殖类、保健等图书。

问：您觉得农牧民阅读图书时遇到的最大困难是什么？

25答：最大的困难就是年纪稍大些的一般都没有上过学，就是上过学，文化水平也比较低，理解能力较差，如果有视频资料，让他们可能有个直观的认识，更便于他们理解。

问：若在农牧区设立图书馆，您觉得应该设在哪里比较合理？

25答：村以下设在村委会或者组委会比较合适，在我们这边称为"公房"。乡镇现在都有文化馆，建在文化馆比较合适，县上如果能像我们扎达县一样有专门的图书馆（扎达县在全国公共图书馆第五次评估中被评为县级三级馆标准）是最好的，如果没有就建在县文化馆比较好。

问：您觉得在整个西藏实现公共图书馆服务全覆盖，难度大不大？其难点主要在什么地方？

25答：农区居住相对集中，全覆盖可以说基本已经实现了。但牧区难度就比较大，因为他们居住不固定，一年四季都处于游牧状态，而牧家书屋都是建在定居点的，所以在牧区实现全覆盖有一定难度。

问：您对现有的农家书屋建设成效怎么看？

25答：成效很不错，书屋里种植类、养殖类的图书很受群众的欢迎。

问：您觉得现在已建起的农家书屋为农牧民提供图书服务过程中存在的最大问题是什么？急需解决的问题是什么？

25答：基础设施问题是目前存在的困难之一，有些书屋配了图书，但没有场地。村以上的行政机构还好些，村以下的机构困难就比较大了。

问：您对流动图书馆有怎样的看法？在农牧区若实行定期的流动图书服务，您觉得收效会如何？

25答：流动服务我们目前已经在尝试了，寺庙管理委员会成员和村委会大学生村官在下乡时会从寺庙书屋和农家书屋拿一些实用性较强的图书装箱后带下去，他们结束下乡时再带回来，也可以说是一种流动服务，效果还可以。

问：您觉得开展流动图书服务将会遇到的最大困难是什么？

25答：一是运输过程中图书的损坏问题，其次因为没有专职人员需要委托他人，有时候也不是十分负责，会出现图书丢失等现象。

问：现在全区几乎每个村都建起了农家书屋和文化室，您觉得是否有必要在上述基础上再建立一个公共图书室，以满足农牧民的读书需求？实现公共图书服务全覆盖？

25答：在基础设施解决的情况下我个人认为没有必要再建一个图书馆，是重复建设，但书籍方面图书馆能够给予补给当然更好，或者在现有农家书屋的基础上建一个图书室。

问：地方政府(村、乡、县、地区)是否对农家书屋的完善和持续发展进行了相应的投入？若有投入，每年有多少投入？是谁投入的？其投入主要用来干什么了？（购书？图书管理人员劳务费？或其他？）

25 答： 书屋的书架等设备由县财政承担，其他没什么投入。

问：您觉得农牧民的图书室应有什么样的功能？

25 答： 借阅当然不用说了，从我们这个地区的情况看起到一些教育功能也不错，开展一些和农牧民群众生产、生活息息相关的培训活动效果不错。比如我们和农牧口合作开展一些养殖、种植类的技能培训，虽然县图书馆有此类图书，但我们之前搞过一两次这样科技推广的培训，效果都很好，乡镇、村现在都建有温室大棚，但农牧民不会种菜，举办这样的培训，教他们如何种植蔬菜，很受他们的欢迎。

问：您觉得对农牧区图书全覆盖的投入，哪一级政府财政才有能力进行投入？您觉得应该是哪一级政府应承担起对公共图书服务的投入？

25 答： 自治区财政能直接负责下拨经费是最好的，扎达县每年的财政收入是很低的，对文化进行投入成效表现是比较慢的，在这样的情况下不论是那一届领导都不是很愿意对文化加以投入。所以直接从自治区以专项的形式下拨是比较好的，否则越到基层文化资金的投入越少，有些地区甚至没有。

问：现在农家书屋的管理员是村委会干部义务承担的，若将来建设乡镇级图书馆、县级图书馆等，对其图书管理人员的管理（包括归属、发放工资或劳务费等）应由谁来（哪一级政府管理部门及财政）承担比较好呢？

25 答： 这个最好有国家正式编制的员工来承担会更负责一些，正式员工一般都有一定的文化水平，也便于对农牧民进行教育宣传，要对农牧民介绍一些图书也是能做到的。人员归属、工资发放的问题也就解决了。现在乡镇已经有了专门的文化编制，因此在乡镇开展文化工作就没有问题了。县里目前还没有落实编制问题，但只要是从文化局直接抽人员负责。越到基层对于人员越会有一人多用的现象。

问：您是否觉得应该以法律条文的形式来规定或保证各级财政（或中央）应该对西藏公共图书服务的投入？

25答：如果能这样当然最好，我们办事也就有了依据。

问：您觉得在广大的农牧区应该怎样推进公共图书服务的全覆盖？

25答：就像我前面提到的村里建在村委会，作业组由村官以流动服务的形式进行。否则我们这个地区地广人稀，有的地区临近的一两户人家要走上半天的时间，在这样的情况下，只能村官利用做其他工作的同时捎带着把图书带下去进行服务，给这一两户建个图书室也是不现实的，所以最好的办法还是流动服务。

问：服务跟需求是紧密联系在一起的，有了需求才会对服务提出更高的要求。因此，您觉得西藏广大农牧区，农牧民对图书服务的需求大不大？需求的要求高不高？

25答：需求主要是和农牧民生活息息相关的藏文读物，农牧民很多不会汉文，有些能识点字的人又不能理解意思，所以最好还是藏文，藏文也最好是通俗易懂。

问：现有的村级农家书屋能不能满足广大农牧民对图书阅读的需求？若不能满足，主要在哪方面得不到满足？

25答：图书的种类如能更丰富一些更好，故事、谚语、历史、农牧民都会比较喜欢。

问：除了前面提到的这些问题，请问您还有什么需要补充的。

25答：主要的书屋管理人员的问题，现有的管理人员一来文化水平偏低，二来因为是兼职所以管理上自然也就存在一些问题，或者解决现有管理人员的工资待遇问题也能提高书屋的管理质量，比如文物管理部门有从农牧民中聘请的文保人员，他们就有解决了工资待遇（以所在地区最低生活标准为准）问题。广电的电影放映制度定得就非常细致，上面会给你一个硬盘，要求放映六次，六次放映完后拷贝就自动消失了，这就很好管理，你没放就是没放，一目了然。而且基层有专职的放映员，开展工作也比较容易，一个乡有一个固定的放映员，你可以向上报自己能够放映电影的次数，超出规定数量的次数就会有适当的奖励。

问：请您谈谈根据扎达县整体情况来，那个年龄段受教育程度高些？

25答：35岁以下吧，这个年龄段的人群对藏、汉两种文字都有所掌握，有的就是不会读汉字，说是没问题的，最好是15—20岁左右这部分，一般都是上过学的，这部分是九年义务教育开展后的一部分人群，基本都上到了初三，20—30岁汉文不会写也多少能说一些，从藏文角度讲基本上已经脱盲了。

问：年龄稍长些的是否有诵经文的习惯，因为这对于他们识字也会有促进作用？

25答：阿里地区东三县寺庙少僧人多，西四县（日土、扎达、普兰、噶尔）寺庙多僧人少，西四县都属于半农半牧区，诵经的习惯不是十分普遍。

（访谈到此处，突然停电，据局长介绍：扎达县属于水力发电，冬季因为水变小了，供电一般都不正常，农牧民平日里都是利用科技厅发放的一体机发电，游牧转场很实用）。

访谈十七：

时间：2013年10月17日

地点：山南琼结县文化局

访谈对象：山南地区琼结县文化局局长26

问：您觉得农牧民群众对图书感兴趣吗？对读书有兴趣吗？

26答：在乡镇和村里目前还处于扫盲阶段，很多村民都不识字，更谈不上有没有兴趣，特别是藏文，具有一定的深度，只认识藏文字母是不能满足正常阅读的需求，因此即便村民愿意去阅读，也无能为力。对文化层次较低的人来说我认为绘本书可能会起到相当的作用，日常生活中也发现他们倾向于看此类图书。目前在琼结县而言，有三类人相对来说对读书比较感兴趣，第一类是辍学的学生，他们因具有一定的基础，会愿意去读一些书；第二类是退休人员，以前在西藏在职干部和村民结婚的情况比较多，他们退休后多多少少会看一些书；第三类人是学生，他们在寒暑假期间会阅读一些课外读物。学生尤其喜欢看一些作文书籍和故事类图书。

对没有阅读能力的群体而言，他们喜欢绘本和图片类图书，据我所知我们县很多文盲的信息由相当一部分是从这类载体获得的，如健康知识、农业知识、机械知识等。

问：您觉得怎样才能提高农牧民的读书兴趣和热情呢？

26答：首先，需要改善基础设施。目前像我们县还处于基础设施建设当中，基础设施的不完善制约了提高农牧民读书兴趣和热情。虽然每个村都建有农家书屋，但由于农家书屋的图书非常有限，无法满足不同需求，另外，农家书屋的图书始终没能更换，因此农家书屋未能达到预计的效果。要想改善基础设施，就需要一定的经费支持，像我们县20个农家书屋每年只有2万元的经费拨款，平均下来每个农家书屋每年只有1000元的经费支持，这点经费无法支持一年的图书更换，支持农家书屋正常运行更是无从谈起。因此，要想提高农牧民的读书兴趣，首先要改善我们的文化基础设施，为他们提供一个良好的阅读环境。

第二是以各种形式宣传读书的益处，也就是鼓励大家多读书。对于农牧民来说喜欢看一些演出节目，如相声之类的，我们可以以不同的载体宣传；同时可以以各种活动形式进行宣传。我们还可以利用世界读书日等特殊的日子，组织一些群众喜闻乐见的活动逐步熏陶出这种爱阅读的行为和习惯，培养阅读兴趣是一个潜移默化的工作，特别在西藏需要很长的时间，我建议多举办一些赠书的活动，只有让每本书走进家庭，才能逐步培养农牧民的意识，才能让他们对书籍产生兴趣。在较短时间内提高农牧民读书兴趣和热情是比较艰难的，就我们很多具有文化知识的工作人员来说平时工作之余看书的现象也不多见，网络的出现从另一方面减少了阅读的人群，因此在西藏只能逐步推进。

问：您觉得农牧民阅读时图书遇到的最大困难是什么？

26答：一是图书资源有限，即便有图书室，所能提供的图书资源不够丰富，种类不全，无法吸引更多的农牧民来读书。二是现有图书室因没有专职工作人员无法保证正常开放。像我们县里目前只有一个图书室，虽说里面的图书资源比较多，但无法提供正常的服务，导致很多人不愿意再次光顾；因为县文化局人员有限无法安排专职人员管理图书室，楼上的电子阅览室也是同样的情况，虽说共享工程的设备都齐全了，因为没有专职人员，无法正常使用，可以说利用率特别的低；我们也在尽最大努力争取最大限度地对外开放，但我们也是兼职工作，还有很多其他工作要做。虽说我们这个县文化活动中心要安排3名工作人员，但到目前为止既没有编制也没有人员，在这种情况下只有我们自己来兼职。所以管理人员非常关键，从县文化局而言，基础设施有了很大的改善，建了文化活动中心，但因为人员问题这些基础设施的利用率非常低。

问：您觉得如何才能解决农牧区农牧民的阅读图书的问题？

26答：首先要深入到农牧民进行调研，调查他们喜欢看什么样的图书，调查他们喜欢在什么样的环境里读书，是家里还是农家书屋，我认为如果他们无法就近获得农家书屋的服务，他们肯定不愿意到农家书屋，很多农家书屋建在村委会里，离村委会较近的居民可以获得就近服务，但在西藏有很多自然村，地广人稀的地域特征导致很多村民无法到农家书屋读书。因此，我认为在较远的村庄能做到上门服务会更适合他们的需求，可以考虑流动服务，以卖书或赠书的形式进行。

问：您觉得开展流动图书服务将会遇到的最大困难是什么？

26答：流动图书车本身的运行经费、如何保养、人员落实等都会是问题。在山南很多县里的单位都没有驾驶员，人员落实问题很困难。

问：若在农牧区设立图书馆,您觉得应该设在哪里比较合理？

26答：如果在县里设立图书馆，县政府会是最佳的选择；如果每个村都建里图书室，那么最好也是村委会所在地，因为这里是活动最频繁的地方，在西藏很多地方都是分散居住，所以设置方面会遇到很多困难。

问：您觉得农牧民的图书室应有什么样的功能？

26答：1.借阅功能 2.阅览功能 3.复印打字功能，有些人只想要一本书中的那么几页，需要复印。4.能提供农牧民需要的信息，如政府信息等。5.可以上网的电脑。

问：您觉得我们应当如何看待公共图书服务的全覆盖问题？

26答：能够全覆盖是最好不过了，但覆盖以后的正常运行问题、可持续服务问题，都需要解决。在西藏到行政村一级还比较好解决，但是到了自然村一级该如何达到全覆盖的效果，都需要认真考虑。

问：您觉得要实现西藏农牧区公共图书服务的全覆盖应该怎样？

26答：像琼结县是一个小县，人员密集度相对要高些，我们可以开车在一上午走完所有的行政村。老百姓也可以在一天内可以坐班车往返县里。所以我建议在县里建立一个综合型的、具有较大规模、管理规范、人员到位的图书馆，它的影响力和辐射面会比较大。在县里建好较有规模的图书馆的基础上在各个村里建一些小型的图书室作为辅助，这样才能实现全覆盖。县里建立的图书馆能给人们一个图书馆的概念，还能培养读书的意识，真正能体现图书馆的功能。

问：为实现农牧区公共图书馆服务的全覆盖，您觉得农牧区村级的图书室设在哪里比较适宜（村委会）？镇级的图书馆设在哪里比较合理（学校）？县级的图书馆设在哪里好（文化馆）？

26答：村级是村委会，乡镇是乡政府所在地，县级是县政府所在地。

问：您觉得在整个西藏实现公共图书馆服务全覆盖，其难度大不大？其难点主要在什么地方？

26答： 资金问题、运行和管理。另外，还要考虑人口问题，像我们县全县为1.8万人口，建图书馆时要建立适合这个人口的规模，建立图书馆时还要考虑环境因素，现在很多人喜欢书吧模式的图书馆，既能看书又能休闲的一种放松的环境，这样才能吸引更多的人走进图书馆。

问：您对现有的农家书屋建设成效怎么看？

26答： 目前我县有20个农家书屋，其中有的利用情况比较好，是由村委会里的工作人员兼职管理。

问：您觉得现在已建起的农家书屋为农牧民提供图书服务过程中存在的最大问题是什么？急需解决的问题是什么？

26答： 一是图书内容不太符合农牧民的需求，其中有很多专业性特别强的图书，很多是老百姓看不懂的图书，在西藏老百姓普遍文化水平较低，专业性强的图书对他们来说没有什么可读性。二是没有专职的管理人员，没有解决管理人员待遇问题，需要进一步明确职责。

问：建立公共图书服务，您觉得图书馆和农家书屋的关系应是怎样的？

26答： 需要整合资源建设。

问：您对流动图书馆有怎样的看法？在农牧区若实行定期的流动图书服务，您觉得收效会如何？

26答： 流动图书车会比农家书屋的效果要好，琼结县大体上情况比较好，但还是存在村委会所在地和很多小组距离很远的现象，有的有8公里。还有一个问题是流动图书车到较远的地方你会发现很多老百姓的经济条件还很差，还没有解决温饱问题，我想他们不会有时间去读书,他们忙着农作,忙着打工赚钱;所以经济基础还很薄弱。

如果在琼结县实行流动图书车,路况还非常好,每个村都通路了。

问:现在全区几乎每个村都建起了农家书屋和文化室,您觉得是否有必要在上述基础上再建立一个公共图书室,以满足农牧民的读书需求?实现公共图书服务全覆盖?

26答:已有农家书屋的地方最好整合建设,没有必要再建立公共图书室,但在县级一层应该考虑建立公共图书馆。

问:地方政府(村、乡、县、地区)是否对农家书屋的完善和持续发展进行了相应的投入?若有投入,每年有多少投入?是谁投入的?其投入主要用来干什么了(购书?图书管理人员劳务费?或其他?)

26答:像我们县有一年2万元的投入,是县政府解决的,至于新闻出版局刚下了文件,说是从今年开始为每个农家书屋投入3 000元的经费。每年的2万元是用来购书或买些设备,因为农家书屋里有一些电子资源,所以我们会买电视或者DVD什么的,或买些桌椅;但没有足够的经费请专职人员来管理,以前都是村长在管理,后来是驻村工作队和第一支部书记管理,急需解决专职人员的待遇问题。

问:您觉得对农牧区图书全覆盖的投入,哪一级政府财政才有能力进行投入?您觉得应该是哪一级政府应承担起对公共图书服务的投入?

26答:自治区级和地区分级承担会更好,像琼结县这样的小县的财政根本没有能力进行投入。

问：现在农家书屋的管理员是村委会干部义务承担的,若将来建设乡镇级图书馆、县级图书馆等,对其图书管理人员的管理(包括归属、发放工资或劳务费等)应由谁来(哪一级政府管理部门及财政)承担比较好呢?

26答: 县里是归属到县文化局,乡里是乡镇文化站,总体还是归属到县文化局,因为它还涉及新闻出版局,不可能单独成立一个部门。琼结县3乡1镇都有乡文化站,但人员还没到位。乡文化站目前也有图书室,但还没有配备图书等。每个乡镇文化站有5万元的经费、网费、电费、水费等。乡文化站目前处于双重管理中,由县文化局和乡政府管理。今年我们县计划完成对2个乡文化站的配备。

问：您是否觉得应该以法律条文的形式来规定或保证各级财政(或中央)应该对西藏公共图书服务的投入?

26答: 应该有,有是最好不过了!以前有些文件讲得很笼统,我们做预算时也没办法争取,如果能以条纹形式或上级的红头形式下发,像我们的一些业务单位文化厅和财政厅之类的相关单位联合下发明确条文,我们下面也就好落实了。

问：您觉得在广大的农牧区应该怎样推进公共图书馆服务的全覆盖?

26答: 我认为应该先建立好县图书馆,县图书馆运行完善的基础上再覆盖到乡镇,乡镇建好的基础上再覆盖到村,因为接受图书的层次不同,县里有文化基础的群体会更多,再到乡里,乡里也有部分乡干部,还有乡完小之类的文化群体,这些群体可以带动周边的群众,逐步吸引到图书馆里,再到村一级,这样逐步开展会更有序,也更有效;所以在农牧区实现全覆盖时要考虑运用文化群体来带动老百姓的方式，因为农牧区文盲率较高，不能盲目实施全覆盖，需要考虑到它的利用率。

问：服务跟需求是紧密联系在一起的，有了需求才会对服务提出更高的要求。因此，您觉得西藏广大农牧区，农牧民对图书服务的需求大不大？需求的要求高不高？

26 答：像我们这个县综合文化站建立以来我们做了相应的宣传，愿意读书的人来的次数也算多，但因为我们没有专职管理人员，在提供服务方面也有所欠缺，就需求来讲，我们县可以说是属于中等的，像很多干部倾向于使用网络。

问：现有的村级农家书屋能不能满足广大农牧民对图书阅读的需求？若不能满足，主要在哪方面得不到满足？

26 答：藏书量和管理人员是两大问题，因为这些无法提供正常服务。

访谈十八：

时间：2013 年 10 月 17 日
地点：山南地区文化局办公室
访谈对象：山南地区文化局副局长 27

问：您觉得在整个西藏实现公共图书馆服务全覆盖，其难度大不大？其难点主要在什么地方？

27 答：图书配置的问题，从地区、县、乡镇，第一个问题是谁来投资购买图书的问题，村一级已经有一定的保障有农家书屋来解决一部分，虽说是新闻出版局在做，但我们可以把它纳入我们的体系中，各个地区将会有它的图书馆和共享工程支中心，各个县会有综合文化活动中心，包括图书阅览室和共享工程服务，共享工程有配套的经费，像地区是150万，县里是60万，乡镇一级是5万，村里是配电脑。资金基本上没有问题，但图书谁来配置是一个问题。山南34万人，包括流动人口36万，地区、县、乡一级图书的配置、采购如何解决。

如何资源共享？如何实现资源整合，如在一站式网站上上传各个地区、各个县的资源以便共享。共享工程的未来模式？

数字资源的建设，特别是藏文资源的建设，因为今后趋向数字阅读。目前很多共享服务点都在独立运行，没能做到整合资源，很多只起到了上网的作用，资源不丰富；因此要从有电的地方入手，注重资源建设。

文化工作者自身的素质有待于提高。最大的问题是人的问题，文化工作单位人员流动快，有的几个月就调走了，如何发挥人员的作用，目前存在重建设、轻运行的现象，综合文化服务中心（每个乡镇5个人），建了67个（应建82个），有的乡政府拿去仓库用，因此急需解决人员问题。

2011年免费开放政策，县文化活动中心有20万经费，但资金用途需要进一步明确，分配要明确。

问：您对流动图书馆有怎样的看法？在农牧区若实行定期的流动图书服务，您觉得收效会如何？

27答：需要形成活动的体系，能不能做到流动？互换（较近的县乡之间），如在加查县和曲松县之间可以流动，来实现图书的更新，每个县配流动图书车。

利用流动图书车，形成流动机制，循环服务，做好流动服务引起政府重视，流动图书的同时，需要送一部分电子资源。

问：您觉得要实现西藏农牧区公共图书服务的全覆盖应该怎样？

27答：地区、县、乡、村的层级体系，体系之内要有一个服务的体系，流通的体系，运转灵活、且高效的体系，流动的、活动的体系。

打破独立的体系，自治区图书馆应带动地区级、县级图书馆。如在拉萨需要形成自治区图书馆、拉萨市图书馆、城关区图书馆、街道图书站、自助图书馆的体系，城市一个街道设一个网点。在山南地区乃东县虽说是在山南地区，但始终需要乃东县图书馆，网点越多越好。到了村一级如果能做到组一级时最好不过了。

问：您觉得怎样才能提高农牧民的读书兴趣和热情呢？

27答：不能从老百姓身上找原因，要主动提供文化活动，根据不同群体的需求，提供不同种类的图书，像我们《山南文艺》藏文版已经到村一级了，老百姓的文化生活很单调，特别是没有网络和电脑的地方，应该充分利用文化活动场所和共享工程的资源，为老百姓组织各种活动。

我们的文化产品和服务没有跟上，可以利用大学生村官和第一支部书记的力量提供服务。

问：您觉得农牧民的图书室应有什么样的功能？

27答：复合式的图书馆，纸质和数字同步的。

在提供纸质资源的同时提供数字资源，至少县一级需要。

问：现在全区几乎每个村都建起了农家书屋和文化室，您觉得是否有必要在上述基础上再建立一个公共图书室，以满足农牧民的读书需求？实现公共图书服务全覆盖？

27答：没有必要在有农家书屋的地方再建立图书室，进一步完善基层服务点，利用基层服务点资源补充农家书屋，目前基层服务点只是有牌子，没有发挥出它的作用，需要加强基层服务点的建设。如果能做到组一级会更好，提供一台电脑，

到县一级没有必要再建立单独的图书馆，县级文化活动中心还需要进一步完善。

问：现在农家书屋的管理员是村委会干部义务承担的，若将来建设乡镇级图书馆、县级图书馆等，对其图书管理人员的管理（包括归属、发放工资或劳务费等）应由谁来（哪一级政府管理部门及财政）承担比较好呢？

27答：县级图书馆，人员的管理归文化局，同级文化行政部门负责。自治区政府办公厅于2011年明确了县综合文化活动中心功能和职责，并确定活动中心归口为县级文化主管部门。

示范区的做法：

人员问题：国家计划配备享受国家补贴的村一级文化指导员，我们的设想是利用大学生村官和第一支部书记，以下聘书的形式请他们管理。

问：您觉得对农牧区图书全覆盖的投入，哪一级政府财政才有能力进行投入？您觉得应该是哪一级政府应承担起对公共图书服务的投入？

27答：由哪一级政府管理时上面的政策问题，按不同的比例投入（自治区一级、地区一级、县一级）。

问：您是否觉得应该以法律条文的形式来规定或保证各级财

政（或中央）应该对西藏公共图书服务的投入？

27答：需要确定硬性指标，如第二批示范区指标很详细，图书室的指标人均藏书量、年增新书量、年均到馆人次，流通率等。

访谈十九：

时间：2014年3月22日上午

地点：西藏拉萨天海酒店

访谈对象：西藏昌都市图书馆馆长28

问：昌都市干部群众是否有阅读的习惯？

28答：干部职工里喜欢看书的人还是有，很多人家书柜里摆满了书籍，也会有购买图书的习惯。但作为一个图书馆人，我的观点是你们不要买书，书由我来买，你可以到图书馆来看、来借。但目前我的宣传力度还是不够，很多人不知道有个图书馆，当然也有对方的原因，加上我们图书馆改扩建，我希望下一步通过媒体，比如手机报或者发放通告的形式告诉读者：图书馆是看书的地方，你可以过来借书，没有你要的书，你可以把书名留下我们替你买。这样可以把大家的积极性调动起来，现在书的价格这么贵，你没有必要买。下一步图书馆通过改扩建面积扩大了，建个书吧，提供茶水，更多地吸引读者来看书，包括电子阅览室电脑增加到120台，为了让动静分开，设了儿童区和成人区，都是刷卡，系统已经把时间定好，到了时间自动关机。在基层我们工作组所在的哪个村，来看书的主要也是孩子，孩子们喜欢看挂图、绘本类的图书，也有的村民喜欢看藏医药类和故事类的图书。

问：为实现基层公共图书馆服务的全覆盖，您觉得农牧区村级的图书室设在哪里比较适宜（村委会、学校、还是）？镇级的图书馆设在哪里比较合理（学校、街道人多处）？同样县级的图书馆设在哪里比较好（文化馆）？

28 答： 我目前在驻村，我们那个村文盲率还是比较高，我们工作组所在的那个村总共 225 人，识字的最多十几个人，所以老百姓想看书也不认识字，因此看书的大部分是孩子，适合孩子看的书比较受欢迎。建农家书屋配了 1 500 册图书和碟片，书架是各县自己配的，书很多，种类也很多，但作用发挥得不是很理想。一个是书屋建在村委会，如果村委会没人，门永远是锁着的，我们驻村后门开始打开了。

村里感觉现在农家书屋配的书不太适合，虽然是藏文但都是翻译过来的，不太适合西藏的实际。我们给他们带了一台投影仪，给他们拷了一些翻译成藏语的片子，他们也想看，但就是翻译成藏语的他们还是听不懂，我们的驻村点属于察雅县，离地区 200 多公里，那边的方言昌都人也听不懂，他们也只能看看图像。基层的文化很难开展，所以现在就要从孩子们抓起，大人就先不管了。村里没有学前班，我们在村里找了一个初中毕业生，教孩子们一些最简单最基本的知识，藏文 30 个字母、汉语拼音、歌曲，还教孩子们玩游戏和一些卫生常识，20—30 岁之间的年轻人喜欢跳舞，我们就教他们跳舞，主要是跳锅庄、弦子，因为喜欢他们也很主动、积极。村里的基础文化设施还是薄弱，我曾经建议过把农家书屋就放到村里的商店里，那里是村里人口最密集的地方，管理员就让商店的店主负责，因为国家为了照顾基层只要你开商店一年补助2 000—3 000元，既然国家给你了一些优惠政策，你为国家做点事也是应该的，我们从文化角度是不是可以再给他一些补助，责任就是把书管理好，借还图书登个记，当然这个人至少要有文化，他开商店要记账，一般都是有点文化的，书也不必很专业地进行分类，在农村我建议以书架为依据分架就可以了。

乡里现在只配了设备，书还没有配，有的乡镇就把配给村里的书放在那儿。但乡镇文化站一般在乡政府里，老百姓也是不进去的，也不让老百姓进去，比如我们驻村那个乡很大一个院子，就是空着，为什么不为老百姓组织一些娱乐活动，就是不让他们进去，我们到村里后为他们组织了一次活动，跳绳、包沙袋、抢凳子等等活动，本来抢凳子是组织孩子玩的，成年人也要参加，凳子全给坐烂了（哈哈哈……），第二天他们提出要给我们跳舞，就是上了年纪的人穿着它们的盛装给我们表演当地最古老的锅庄，所以老百姓很好。他还是文化生活少，整天在家里，他不念念经干啥？他们文化生活丰富了就不会老去念经，你要是和他们关系搞好了，可以经常组织一些活动，"五一"、"十一"等一些节假日，这种活动很好组织的。

问：您认为您所在的地区实现公共图书馆服务全覆盖的难度大不大？其难点主要在什么地方？

28答：全覆盖在城区咱们也建过"便民书窗"，作用不是十分明显，很少有人去，今年我就计划做自助图书馆，美国也做这种图书馆，一个圆形的，里面摆放图书，人可以从下面钻进去，完全做成美国那种样式也不可能，还需要通电，我们想做成方形的，像个小房子，里面摆放着三层书，图书也不进行分类，挂一个登记本，你自己借自己登记，如果你有好书也可以放进去，准备先在学校里做试点，由学校代管，培养孩子的一种习惯，虽然没有人管你，但你自己要自觉地学会还书。我们教育孩子书一定要还，但告诉学校书不要怕丢。通过这种方式先在城区里慢慢覆盖，包括学校、企业、部队，让他们自己找场地，我们配图书。昌都人口73万，11个县，138个乡镇，1 119个村，让所有的人看书是不可能的，但喜欢看书的人一直在坚持，我们也是全天候开放，就是改扩建也坚持有两个阅览室一直开放，我们现在订了500多种刊物，因为看期刊的人比较多。要说难度还是看书的人少，加上昌都本来就不大，五块钱哪儿都可以到，国外讲五分钟的文化圈，我们是五块钱的文化圈。

问：您觉得对基层公共图书全覆盖的投入，哪一级政府财政才有能力进行投入？您觉得哪一级政府应该承担起对公共图书服务的投入？

28 **答**：只要县财政不扣，现在乡镇一级是5万（地方财政1万，国家配4万），县里就更多了，县里免费服务经费每年光是国家下拨的就有32万（文化馆站16万，图书馆16万），地方财政要求还配8万，全要是兑现了就是40万，所以目前经费是够的，主要还是人的问题，是管理问题，需要热爱图书的人去管理它，门也要经常开着，让大家来看书。不是没有钱，而是没有人管理。我给他们提建议：通过文化系统把图书馆，包括文化活动中心把图书馆利用起来，现在74个县，67县有民间艺术团，只有6个没有，就用民间艺术团的人顺带管理图书馆和文化活动中心，因为民间艺术团的人本来工资就不高，我们可以从免费经费里出，作为他们的补助，可以轮换着做，谁做得好就让做，谁做得不好就不要你做，让喜欢做的人去做，管理我们的文化馆站，因为增加编制国家负担太重，而民间艺术团本来就有20多人，又属于文化系统，他们白天可以排练，晚上可以到图书馆上班，包括每个县的文化广场，可以让民间艺术团去管理，政府如果去管又要指定人又要付工资，成本就高了，让县文化局去管，每个文化局三、四个人，管不过来，而民间艺术团的那些演员每月1000来块的，工资又低，你给他补助个500，让他来管理，和从外面雇一个人给三四千他都会嫌少，这是两个概念，所以要发挥这些人的作用，让他们共同来管。当然县一级的图书馆就好做多了，县里面有很多退休干部，你可以聘请他们来管理，这就需要做工作。

问：国家在"六五"期间就提出了"县县有图书馆"的目标，但目前从严格意义来说西藏各地区县级图书馆的发展几乎为零，您认为在昌都市各县有没有必要建立县级图书馆？为什么？

28答：应该建，现在就应该和文化厅协调下一步建县级图书馆，第一点国家已经承认西藏县一级有图书馆了，这就必须通过编办的途径把图书馆的机构设立起来，3到4个人，一开始就要把编制考虑进去，不能只有1个人，这样事情没办法做，咱们西藏还有个特殊情况，每年还有个休假，所以县一级图书馆至少要有两三个编制，辅助性的再找各县民间艺术团的成员来帮忙，适当地再考虑一些补助300元或500元。

问：您对昌都市现有的农家书屋和文化共享工程的建设发展怎么看？

28答：现有的农家书屋问题还是没有人管理，共享工程现在县一级已经覆盖了，管理上还是很不到位的，乡镇级4台电脑、服务器还有投影仪。农家书屋点太多，每年要更新就是个大问题，所以可持续发展很难，每年国家给一个村1050元活动经费，要更新书屋的图书还是需要经费，一个书屋起码需要四五千块钱，这四五千买的书很少，每个书屋不要买相同的书，这样临近的存在图书可以交换，这样慢慢地需要把农家书屋纳入文化的范畴，因为越到基层这些单位都是整合在一起的，文、广、新局都是一家单位，更新图书是个问题，一是申请经费，还有就是争取捐赠，但内地捐赠的图书都是汉文，基层农牧民又看不懂。共享工程是个好东西，但还是管理问题，经常不开门，下面担心设备会损坏，其实可以从免费服务经费里出，这就要看县文化局局长的能力了，每个县都有对口援藏单位，其实24台电脑钱并不是太多，害怕设备损坏而不用的这种做法是不可行的，用不坏就说明没有做工作。

问：如在将来村级或县级建立公共图书馆服务，您觉得村级、县级公共图书馆和农家书屋的关系应是怎样的？

28答：还是整合到一起的比较好，因为到了下面本来就是一家，管理起来也容易。

问：基层农牧民对于图书馆是怎么看的，您他们对图书馆有什么认识，他们期待从图书馆得到什么样的服务？

28答：基层农牧民对图书馆没有什么概念，他们不会期待我们图书馆对他们有什么服务，他们期待的是村委会对他们有什么服务，工作队对他们有什么服务，只要村委会把农家书屋搞好了就可以了。

问：您对流动图书馆有怎样的看法？您所在的地区若实行定期的流动图书服务，您觉得收效会如何？

28答：这种服务在城区可以，可是到了基层路况等各种原因,而且最好不是借,而是送书下乡会好些,下一步文化部不是给西藏38个县配了这么一辆流动图书车吗,可以用这辆车进行物流,把一个农家书屋的车送到另一家,这样还不错。城区可以开到一个社区或企业,大家可以上去借阅图书,还可以提供一些茶水,会很受欢迎的。

问:您觉得开展流动图书服务将会遇到的最大困难是什么?

28答:多去几次还是会有读者的。

问:您是否觉得应该以法律条文的形式来规定或保证各级财政(或中央)应该对西藏公共图书服务的投入?

28答:作为一个扩大影响的方式可以这样做。

问:贵馆是否已开始尝试总分馆建设的模式,能否具体介绍一下?

28答:我们今年计划在昌都各县建10个分馆,模式是以援藏的形式,由重庆和天津帮着我们建,重庆图书馆和重庆少儿图书馆分别给了15 000册共计3万册图书,天津少儿图书馆给了3 000册图书,挂两个牌子,比如"重庆少儿图书馆昌都分馆",主要是建在各县的文化馆站或者学校,书的归属是昌都市图书馆的,每年半年调换一次,我们提供图书和技术指导,每年年终进行一次评比,做得好的分馆给予奖励。

问:您个人认为要在西藏实现图书馆服务全覆盖应该怎么做?

28答:全覆盖县图书馆肯定要建,关键是文化馆站怎么建,还有农家书屋要做好,覆盖还要靠基层。

问:您对今后的工作有什么打算?

28答:现在我们昌都市图书馆建了一个少儿游乐区,还准备建个"美术之家",为书法爱好者提供一个场地。改扩建完了准备建个书吧。我们图书馆的报告厅有165个座位，我们免费放映数字电影，很受外来务工人员的欢迎，有时候也会组织学生和部队来观看。

访谈二十：
时间：2014年6月20日
地点：西藏自治区文化厅社文处办公室
访谈对象：西藏自治区文化厅公文处处长29

问：您认为西藏公共图书馆发展及服务状况如何？

29答：我认为公共图书馆是西藏整个公共文化发展体系中最薄弱的一个环节，虽然设施建设等各方面在不断推进，但整体的软件配套、队伍建设，在整个公共文化中进行对比是最滞后的。应该说从"十五"开始公共图书馆开始有些起色，首先从设施建设来说，县文化活动中心的建设，因为县文化活动中心由文化馆站和图书馆组成，国家发改委在西藏因为人口总量和服务需要把图书馆整合进了一个文化活动中心里，在文化活动中心有图书馆的功能，县一级在设施建设上应该说是有点起步。到"十一五"县一级公共文化设施覆盖到了全区，全区各县都建起了县文化活动中心，顺带着也算各县有了县图书馆的职能。设施建设完后设备方面重点是咱们农牧区干部群众比较容易接受和喜欢参与的文艺活动为主，设备偏重于音像、舞蹈排练或者培训的设备，图书馆的设备也就是几个书架或阅览桌椅类的，所以设备很紧缺。但是从设施建设方面图书馆的职能基础已经有了，县一级有这些职能应该是从2011年开始的，而且全区的各县都有了这些职能。

从2008年启动了乡镇文化馆站建设工程，乡镇文化站建设集中了很多的功能，文化馆、图书馆、新闻出版和科技等的功能，是一个综合文化活动中心，它是一个大文化下的文化设施，文化部提出它的功能也是很明确的。不像县文化活动中心，刚建的时候功能不是很明确，而且县文化活动中心功能侧重于文艺演出、排练等。乡镇文化活动中心起步比较晚，根据国家要求功能也是比较明确的，我们现在称为"三室一厅一房"，其中图书馆的功能就占两部分，一个图书阅览室和一个电子阅览室，实际上就是共享工程乡镇文化馆站的基层点，还有就是多功能厅、培训教室，还有一个管理用房，大概就是这样一个情况，所以从乡镇文化活动中心的建设上就加大了图书馆的职能。设备的配置国家规定一个馆站是10万元的标准，国家给80%，就是8万元，2万是自治区配套，我们西藏地区因为设备的成本比较高，文化厅积极争取把每个乡镇设备提高到了15万元的标准，国家给8万元，自治区配7万元。这样设施功能明确后对设备也有了很明确的说明，其中图书阅览室和电子阅览室的设备估计占15万元里的一半的比例，书架、阅览桌椅、投影、电脑等，这样乡镇一级图书室的功能已经起步了。截至到2013年全区已经建成的乡镇文化站587座，到今年年底692个乡镇全部建完，建完后开始配设备，因此，乡镇一级文化馆站今年全部可以建完。

国家很注重县、乡一级的文化设施建设，特别是十一五、十二五期间公共文化的重点项目也在县、乡一级，所以，西藏地区县、乡一级公共文化的功能虽然不是很完备，但从图书馆的覆盖是先在县乡一级实现的。从地区来讲2010年之前没有地区公共图书馆这样一个项目，内地公共图书馆一般都是通过省区财政建成的，而且很多历史也很悠久。因此，国家对地市一级没有做出过明确的安排，也没有过什么项目，西藏目前地市一级三个公共图书馆都是对口援藏省市支持修建的，是通过文化援藏的形式，而且应该说这三个地区从援藏的角度想得很远，超出了我们文化部门的预想，或者说是规划范围，对我们地市一级公共图书馆起到了一个很好的带动作用。这三个图书馆（虽然阿里图书馆还不够完善），特别是林芝和昌都市图书馆基本能够符合需要，从设施、设备、功能都是通过援藏解决的，所以各方面考虑得也比较周全，作用发挥得也不错。

从"十二五"开始，也就是2010年国家开始关注城市的公共文化设施建设，国家发改委专门有一个项目叫："城市公共文化建设"，这个项目主要是地市三馆建设，主要指：地市图书馆、文化馆、博物馆，"十二五"开始启动这三个项目以后，对项目的投资等也是加大力度，这样我区除了拉萨市以外其他三个地区（山南、日喀则、那曲）的公共图书馆项目也能顺利地列进去，而且已建的地区图书馆里，除了阿里以外，林芝、昌都都列到了改扩建项目里，这样"十二五"是整个地市图书馆建设特别重要的时期，是西藏地市图书馆快速发展的黄金期。综合地、市、县、乡，可以说"十二五"规划的实施起到了非常重要的作用，对公共图书馆整个事业的发展，"十二五"是特别重要的五年，这五年县一级有了图书馆的雏形，乡镇一级文化馆站到2015年能够全部覆盖，地市一级图书馆也将全部建完，山南、那曲两个地区图书馆要求近年建完并投入使用。日喀则地区图书馆因为选址的问题还在前期准备阶段，昌都市图书馆在国家经费还没有下拨之前预先开工并已基本完工。林芝市图书馆改扩建项目前期准备已完成，在等待国家的投资。这样到2015年基本上能够实现区、地、县、乡四级的公共图书馆网络，整体网络虽然形成了，内容、质量都不高，但对西藏公共图书馆事业具有划时代的意义。

设施建完后，管理、作用的发挥是一件特别关键的工作，我们也意识到了，随着设施不断完成，文化馆站的管理、使用工作的矛盾特别突出，实际上县一级文化活动站开始投入建设时最多只投入了一百多万，所以它规模很小，最初设计时图书馆的功能考虑得也不是太多，很多文化馆站也就是一间图书阅览室，大的一百多平方米，小的几十平方米，设施是这样一个情况，从藏书也是很少，藏书来源大多是以捐赠的形式，内容也不是很适合农牧民的需要。所以县一级文化馆的活动还能够正常开展，排练厅、健身房、娱乐室还都可以，电子阅览室比较规范，很多县使用情况还可以，但图书借阅的功能很薄弱，后面设施的改善也没有很好地跟进，服务功能发挥得很差，作用发挥得不好。在乡镇一级图书室的功能和娱乐的功能各占50%，从发挥作用的情况看乡镇可能比县一级好一点，乡镇活动中心图书来源有的是农家书屋、新闻出版局或文化部门角度捐赠的一些图书，既然有了这样一个雏形，只要能发挥好作用，从目前西藏的情况看基本能满足需要。但是文化馆站的管理和使用的问题特别突出，90%以上县文化活动中心的机构不明确，县文化活动中心是文化局下面的一个科级单位，相当于文化厅下面的西藏自治区图书馆或群艺馆这种情况，人员没有得到落实，很多县文化活动中心是由县文化局的人临时代管，稍微积极点的县解决了一两个人，有的县解决不了正式员工的问题，有公益性岗位或临时工来管理，人员特别稀缺，没有人、设施、设备再好也无法发挥作用。文化局就一两个人,有时候一忙,可能门都不开,长期就会处于闲置的状态。2012年自治区编办在机构改革时对乡镇一级的机构做了一个说明,下达了一个编制,所以乡镇一级要求建立一个综合文化活动中心,设立一个副科级的机构,这个机构有5个人,这5个人对整个乡镇的大文化进行管理,现在山南、林芝、拉萨乡镇文化站的人员落实地比较好,其他地区也在加紧落实,这个因为自治区编办已经下了指标,你只管找人就是了,所以落实起来比较容易。但在县一级2011年中宣部等六部委下过一个文件,是关于加强基层文化建设的,西藏自治区宣传部等六个部门也下了一个文件,要求县文化活动中心人员不少于3到5人,但落实不了,我们下去调研了解到首先这个文件没有含金量,没有操作性,因为这个文件是宣传部牵头下发的,而宣传部又管不了编制,管不了人,所以说他们说不用下六个部门的文件,只要下了编办一家的文件马上就能落实,县一级的人员就卡在这个上面,政策有但无法落实,所以人的问题非常突出。

设施建完后设备也配了,没有运行经费,国家又出台了免费开放政策,经费也有了,现在问题又出在了人员上,所以困难总是没完,解决一个又出现一个。目前最大的制约一是管理使用不善,人员编制问题;二是十八届三中全会提出公共文化要均等化、标准化,实际上这是有针对性的,文化工作是个软性的任务,没有标准,没有硬性的条件,所以很多工作布置下去了,他可以打折扣,有的可以不执行。我们下去督促、检查公共文化工作,但我们以什么为衡量标准,没有标准管理,使用千奇百怪。现在公共文化体系建设说得很严重就是设施建设千疮百孔,管理使用很多也是按照自己的想法去做,文化部门布置下去的要求,没有量化的指标，实际上全国都有这种情况。根据十八届三中全会的精神，我们围绕西藏公共文化设施建设当然也包括公共图书馆，编了一个《西藏自治区基层公共文化设施和管理服务标准化建设指标》，这个指标里对设施的面积作了硬性的规定，实际上面积在规划的时候都是有规定的，但下面在建设的过程中有的就缩了水，资金上也有挪用等现象，没有按要求去建。建好的已经成为了事实，但为什么还要提这个面积的要求，因为就是这个有限的面积很多都没有用于文化活动的开展，很多县一些和文化相关的单位，例如宣传部、文化局等单位在占用，成为办公场所，所以标准的提出就是要求按照标准去靠近，和公共文化无关的单位全部要把场所腾出来，最大限度地往标准靠。对文化活动中心的职能不清楚，即便是现在基层文化队伍的素质有了很大的提高，但对文化活动中心是干什么的还是不清楚，所以这次在标准里对县、乡文化活动中心是做什么的，进行了说明，包括图书的收藏、电子阅览、读者服务活动，需要开展的活动进行了说明，管理方面也提出了要求。这次的标准都进行了量化，包括图书的借阅量、新购图书的量都有明确要求。我们这个标准也不是凭空提出来的，现在各县、乡都有免费服务经费，购买这些新书、报刊都是可以做到的。

制定这个标准也不是为了完成上级的任务，而是公共文化设施建设最基本的标准，通过这个正式启动公共文化设施的标准化建设。各县首先要拿这个标准对照自己的情况，是否满足了功能的需要，能不能按照功能的要求挂牌子，图书的新购数等的标准等我们定得并不高，但现在要求各县自己主动去订购是很困难的，即便是他有免费开放的资金，他都会想方设法去要，而不去购买，所以定了标准各县就必须去买，有了这批新书，起码他们会有一个概念，要来的和自己买来的是不一样的，要来的也不会太当回事，买来的利用上会更主动些吧。借阅量上也作了要求，每年不得少于图书总数一定的量。标准不高关键看做不做，有的地区喜欢用老百姓素质低看书的人少来搪塞，其实这是站不住脚的。一个乡里看书的人，不说老百姓，学生有多少，学生借出去的书你的任务就能完成。所以这个标准是一个标准化建设的开始，就是要把县、乡文化活动中心往好的方向建，全区要有一个统一的标准，下次我们下去检查就拿这个标准和你说话，一一对照，对现有的县、乡文化活动中心进行整改。这是最高标准，还有评估的标准，我们准备按这个标准给各县、乡半年的时间进行整改，半年过后我们会进行真正意义的评估。目前全国的评估标准都很高，西藏即便做得再好也达不到全国的标准，很多亮点都体现不出来，所以西藏文化活动中心全部都没有等级，即便是有一两个，也是硬拉上去的。目前能做的也是从最基础的工作开始，在全国根据我们掌握的做这种标准西藏可能是第一个，因为很多省也不需要做这个，他们已经很完善了，不需要给你定标准，不需要量化，你给他一个政策或要求，他会做得比你要求的还好，而我们是推一步才会走一步，所以希望通过这样一种方式把我们公共文化发展上去，从文化厅角度是这样考虑的。

  目前是"十二五"末，希望通过这样一种方式把已建的县、乡文化活动中心能够在基层发挥更大的作用，现在作用发挥得不理想，有些甚至成了反面的典型，一个楼在哪儿建着，长期空着，挤占、挪用的现象都有，我们想借着标准到2015年之前县、乡文化活动中心管理和使用上有个很好的加强，这是"十二"末想要做的。从"十三五"公共图书馆事业发展还是需要进一步加强设施建设，因为目前正在启动"十三五"规划，在"十三五"期间县一级建一个独立的县级图书馆是不太可能的，西藏基层人口等原因可能还达不到这样一个需求，所以"十三五"期间我们想向国家申请改扩建文化活动中心，希望县文化活动中心的面积能够达到1 500平方米。我们为什么要求改扩建那？首先我们现在的县文化活动中心图书馆的功能太薄弱，图书馆必须功能都没有，最起码读者自习室、藏书的功能，开展阅读活动的场所，一些最基本的功能，主要想通过改扩建提升县图书馆的功能。县文化活动中心文艺方面的功能相对强些。"十三五"提高图书馆的功能，即便是整合设施，想让图书馆的功能更完备的，这样图书馆的事业在县里能够得到更好地推动。

同时我们目前在积极争取县级图书馆的经费，现在国家给文化活动中心免费经费16万元，如果能够争取文化馆和图书馆两馆的经费就是32万元，这样整个经费能够提高一倍，对于图书购置、开展活动都可以提高一个档次。另外从运行经费角度想请中央取消西藏的配套资金，现在免费开放资金中央解决的80％很容易落实，但是西藏配套的20％根本拿不到，基层都说落实了，实际都没能落实，4万元不多，但都觉得国家已经解决了16万元，这就够了不用再配套4万元了。所以希望从地、市、县、乡能够百分之百地解决免费经费，同时希望免费经费有所提高。最近准备报自治区，自治区再上报中央，目前免费开放资金解决了很大的问题，但并没有把问题解决完，因为内地很多省区不需要中央层面的补助资金，有的地区靠县财政就可以把这个事做得特别好，地市就更不用说了。我们还希望把自治区群艺馆和图书馆纳入中央财政的预算中，因为自治区财政财力有限，另外自治区这边没有建立长效的免费开放经费保障机制，第一年因为是新鲜事物。给予了大力的支持，但接下来免费开放经费慢慢减少，有缩水的现象。中央五次西藏工作会议也提出了要建立完善的长效机制，因为全国的博物馆的免费开放资金全部是国家安排的，而不是自治区财政，省级安排了，地市可能也是这样，因此，参照博物馆的做法，希望申请群艺馆和图书馆免费开放经费列到中央补助的项目里。

刚才我们谈到的那几个政策是厅里觉得最有把握的几个政策。从整体来说"十二五"是设施完善的阶段，是西藏公共图书馆事业起步阶段，在这个定位上再做一些基础性的工作，比如刚才谈到的制定一些标准，也能够为"十三五"公共图书馆的发展积累一些基础，到"十三五"是一个全面发展的阶段，县、乡的发展接近林芝（林芝市为国家公共文化示范区）地区的水平，西藏地区真正公共图书馆事业得到大发展要等到"十四五"。因为西藏地区整个文化工作基础太弱，基础一弱，"填补空白"、"填平补缺"的任务就太重，这项任务需要相当一段时间去完成，只有这样才能科学、全面、协调的发展。我自己也觉得有时候工作很难开展，特别是共享工程，国家要求是全国统一，但西藏基础薄弱，现在这个电子阅览室在有的县还能发挥一些作用，但到了乡、村就困难了。建是可以做到的，建好后能不能用，受众面太小。我们西藏目前还停留在自娱自乐的文化阶段，在往读书、看报上引导，这个还没有转型到位，又来了个更高层次的，这让我们这边没有过渡期。有的地区电、网不正常，共享工程的发展更是困难。

问：您认为西藏公共文化服务当中公共图书馆服务处在什么地位？

29答： 就像我前面说到的是西藏公共文化中基础最为薄弱的一个环节。在内地一些省区公共图书馆是一个上百年积累的过程，我们西藏地区起步晚，基础差，从而变成了西藏公共文化中最薄弱的环节。所以现在我们的公共文化要往公共图书馆方面努力，其他公共文化服务对象没有文化、没有基础也可以开展，而公共图书馆要培养基础群体的水平，做很多基础的工作。

问：西藏的广大农牧民群众历来就有能歌善舞的特征，同时整个藏民族有着丰富而悠久的历史文化，对文化生活都有着急切的渴望，您认为西藏的广大民众对阅读图书持怎样的态度？对图书有怎样的认识？

29答： 藏族是一个崇尚知识的民族，对于图书有一种敬畏感，他珍视纸面的东西。但由于历史等原因，过去一半老百姓接触图书的机会比较少。西藏整体教育的情况比较弱，文盲率也比较高，虽然很是敬畏，但又很难走进图书中去。目前教育事业在不断发展，但图书和老百姓的距离仍然比较远。现在随着新一代人的成长，特别是实行了义务教育后，这种情况会越来越好。

问：在全区范围内您认为要实现西藏公共图书馆服务的全覆盖其难度在哪里？推进全覆盖的公共图书馆服务，您认为应该从哪里开始着手？应该怎样推进？

29答： 西藏地广人稀的地域特点，包括公共文化在内所有的公共服务覆盖面太广，运行成本太高，要实现全覆盖相对农区难度最大的是满足牧区牧民图书需求。农区人口居住相对集中，我们可以运用一些固定的文化设施，再补充一些流动服务，可以实现服务面的扩大。但在牧区固定的设施起不到作用，设施建设的再大再好也无法让很多群众享受这个服务，而流动服务成本太大，我们现在说的流动服务就是把图书送到牧场，怎么送？涉及交通的问题，设备的问题，人员问题，难度很大，只能说覆盖一部分，全部覆盖是很难的。另外借助其他手段，如数字化、共享工程的资源，难度同样很大，因为它需要借助很多现代技术支撑才能实现，没有基础设施的覆盖，还是达不到流动服务的需求。西藏120万平方公里牧区占的面积那么大，这部分覆盖是最难的。只能说基本实现覆盖，盖房子把设施、设备给予覆盖是容易实现的，但服务的覆盖是最难的。我们在争取把行政村文化站建设项目列入"十三五"计划，这样地、市、县、乡、村都有文化设施了，设施辐射的面也是有限的，设施周边的群众能够享受一下，其他偏远一些的地方还是无法覆盖。

  我自己认为农牧民文化水平的问题，现在教育上抓普九等为将来培养了阅读人群，但目前的文盲问题还是很难解决，对这部分人群，是不是借助共享工程的一些文化产品，我们要让老百姓看得懂、用得上，首先要让他看得明白，书他看不懂，你可以利用影像资料、讲座等形式。因为对于高层次的人是要提高他的素质，对于老百姓更讲究实用性。图书馆可以从科技、法律、卫生等方面对老百姓进行普及教育。对有一定文化基础的人要通过阅读推广的手段让他们更多的读书，对于很偏远的地区就需要利用公共文化设施，最大限度地提高覆盖率，这样可以解决一部分问题。城市里需要针对不同的人群把服务进行延伸，现在咱们自治区图书馆所做的这些尝试都是很有意义的事情，流动图书车、到学校开展阅读推广活动等，这才是目前西藏地区图书馆需要做的事情，否则守株待兔等着读者来看书是不行的，这样工作太被动，在西藏被动的工作效果就非常差，在内地可能可以，人们对于图书馆的利用方面是有这个意识的，不做更多的宣传读者都会来，经常是人满为患。而我们西藏一来需要开展阵地服务，做好图书馆接待等工作，另外在阵地服务的同时需要开展流动服务，流动服务在农区、牧区，甚至城区一样都是非常需要的，我们的目的就是让更多地人看书，让图书资源有效地运转，这是我们需要实现的目标。要实现这个目标就需要更多的走出去，特别是作为公共文化服务提供的骨干力量必须要在服务上下功夫。

问：为了实现全覆盖的公共图书馆服务，国内外都采取了一系列措施寻找了不同的实现路径和方式，这些发展模式您认为西藏应借鉴哪些模式？

29答：除了总分馆，像牧区流动服务比较适合。

问：图书服务和图书馆服务有共性也有差异，目前西藏基层图书服务主要是由农家书屋所承担，您觉得未来建设西藏全覆盖的图书馆服务应该怎样处理与现有农家书屋、寺庙书屋及社区书屋之间的关系？

29答：实际上农家书屋是公共文化服务的一个重要内容，现在受行业的限制，条块管理，整合资源不够。中央现在已经启动了公共文化协调机制，就是把所有涉及公共文化的机构组织起来，这个机构已经成立了，由文化部牵头，这样慢慢地公共文化服务相关的机构就会转移到文化部的职能里。新闻出版更多地是从产业发展的角度。目前的现状是各建一摊，各顾各的，整合不了基层资源，发挥的作用不明显。西藏今年也在计划成立自治区公共文化服务的协调机制，由文化厅统一协调，涉及公共文化服务体系建设的这些基层机构，特别是乡和村的这些资源要进行整合，这里面整合的有乡村的有党员教育、宣传、体育、文化、广电、新闻出版，这些资源由文化部门统一协调，统一组织实施。

农家书屋现在已经全覆盖了，下一步村文化活动站的硬件设施建成的话，农家书屋应该是村活动室重要的内容，村文化活动室有属于文化部门一个机构，农家书屋的管理、新书的补充大概就会由文化部门负责做，这样就更有时效性。现在农家书屋在村委会，农家书屋没有一个场所，加上村委会不会经常向老百姓开放，有时候还会受到一些限制。应该有一个统一的场所，十八届三中全会也提出了要整合基层资源建立基层文化中心，说的就是整合乡和村条块分割太多，又整合不到的资源。各建各的，可能是这样一种考虑。所以我也觉得农家书屋把所有的网络基础搭建起来了，下一步更新、完善、服务这个应该由文化部门来承担。文化部门的业务性质，从专业的角度做这个事可能更实用，这就需要统筹协调，有一个部门协调这件事，而不是几个部门分块做这件事，资源上更统一，在村文化活动室设农家书屋等，这样文化资源更集中一些，能够提供给老百姓的内容更多一些，而且可以形成一种气候，对发挥农家书屋的作用也很有好处。另外从书屋的可持续发展来说，村文化室作为最基层的公共文化机构，书屋运行的问题，这个运行里包括图书的换代更新以及图书借阅服务的问题应该是由文化部门统一牵头搞好这些工作。

现在国家也只是有这样一种思路，还没有形成事实，这个思路能够很快落实的话是非常好的。特别是西藏80％的人口都在村里面，如果村一级的公共文化有所提高，西藏整体的公共文化服务就会有所提升。现在村以外的公共文化服务对象大概只有20％，所以村里的农家书屋等项目整合到同一个设施里面，通过这样一个设施带动整个基层公共文化就更好了。

问：国家在"六五"期间就提出了"县县有图书馆"的目标,到了"十一五"末基本实现了这一目标,但目前从严格意义来说西藏各地区县级图书馆的发展仍然几乎为零,地市图书馆也正处在建设过程中,面对这样的差距,您认为西藏公共图书馆应该如何加快发展?

29答：设施的距离还好拉近,最不好拉近的是保障和人员问题。如果政策明确在县里建一座图书馆也好建,但整个文化队伍总量太少,现在全区从自治区到基层文化专职人员可能也就是3 000人,这3 000人大多数集中在地区以上,自治区就有近1 000人,越到下面越少,总量少,质量也差。我们和内地的差距就在这个人上面,一是人员数量少,二是做事的人能力达不到。加上人员流动很快,刚刚熟悉了文化工作又被调离到其他岗位了。人员还需要完善,乡镇一级机构完善了下一步就看如何去落实,怎么加大对这些人员的培养、培训。县一级现在还没有明确它的机构,人员没有,所以基础就很差。如果能够建立一个相对稳定、素质相对高的基层队伍,工作才会有所起色。没有这样一支队伍很多相关业务工作要交给文化局行政人员,行政人员做不了,也没有这个精力去做,必须有专职的工作人员才能做起来,最大的差距可能就在这里。

在保障上,目前应该说不错,原来一分钱都没有,水电费都付不起,那肯定是要关门的。现在有了一些保障,只是这个保障的力度还不够,实际需要和国家提供的资金缺口还是比较大。从业务角度讲还需要进一步发挥地市和省级图书馆的作用,很多工作从业务的角度省级图书馆负责是全区的,地区馆是负责全地区的,很多工作如果由省级馆负责全区的工作,一来可能保证业务质量,二来可以减轻上面很多不必要的工作负担,能有更多的精力为保障政策、管理做些工作。目前自治区图书馆做的很多面向全区的工作是起步阶段，更需要加大和地区、县的沟通的机制，从业务上能够指导、管理，对他们的发展能够有更大的帮助。在最基本的还不完善的情况下还得从这方面去做，这些基础奠定好了，有一定的保障了，然后从技术层面、理念层面或者从更加推进的层面做一些策划。

如果说拉近和一些西部省区的距离有个三四年也许可以做到，因为他们的基础和我们差不多，要说全国平均水平的话这个很难，自治区的目标是要到2020年公共文化服务接近全国平均水平，可见现在差的距离太大了。所以要从基础做起，做基础管长远，基础做好了，其他的做起来可能会更顺、更快。

问：从上级主管部门角度来看，未来在公共图书馆的建设与发展方面将会出台怎样的政策和选择怎样的发展路径？

29答："十三五"一个是在经费的保障的政策，免费开放运行经费的加大，另外从图书馆业务角度因为免费开放和图书馆整个事业发展，这两项也不完全是一件事，免费开放更多侧重活动的开展，但对图书的购置等是很难保证的。现在对图书馆事业能够有用的一个是免费开放经费投入的提高上面可以争取一些政策，另外对自治区地市或县里面出台政策，这是必需的，在"十三五"期间也是有可能的。对国家即将出台的《公共图书馆法》从法制化、规范化这个角度，我们西藏现在从图书馆管理条例也是列入到了"十三五"规划里面，对图书馆事业发展能够上升到法律的层面，很多政策没有上升到法律层面落实起来也是很困难。非遗法出台后也是觉得获益很大。从法制化这个角度需要把图书馆优先的列到文化体系建设的范畴里，保障图书馆事业的发展。

三、读者调查问卷

西藏公共图书馆（室）建设与服务调查表
（城镇）

调查日期：
调查地点：
调查员姓名：
核查员姓名：

问卷编码：

尊敬的读者：

您好！为了更好地满足您对西藏自治区区内公共图书馆建设与服务的需求，促进公共文化事业的发展。本课题组开展了本次调查活动，所有数据仅用于学术研究，请您放心填写。谢谢合作！

请在您所选择的答案选项前的"□"内打√（若非特别注明，每个问题只选一项）。

西藏自治区图书馆

2012 年 10 月 16 日

被访者性别 [　　] 籍贯 [　　] 民族 [　　] 政治面貌 [　　]

一、基本情况：

1. 年龄：□15—18 岁　□19—25 岁　□26—45 岁　□46—60 岁
   □61 岁以上

2. 身份：□公务员　□企事业管理人员　□专业技术人员
   □教师　□学生　□自由职业者、待业　□农民
   □牧民　□半农半牧　□农民工　□僧尼
   □离退休人员　其他（请填写）＿＿＿＿＿＿

3. 文化：□文盲　□初小（3 年级）及以下　□中小（4—5 年级）
   □小学毕业　□初中　□高中（专科、技校或职高）
   □大专（高职）　□本科　□硕士及以上

4. 您现在居住地在哪儿？
   □城市　□地区所在城镇　□县镇　□农区村　□牧区村
   □林区村

二、图书阅读情况：

5. 您阅读图书的途径有哪些？
   □从书店购买　□从图书馆借阅　□从个人处借阅

□在网上阅读　□其他（请填写）＿＿＿＿＿

6. 您周围有没有看书或借书的地方？
　　□有　□没有[跳问第9问]

7. 您周围借书最近的地方离您有多远？
　　□很近，就5分钟就到　□不远，20分钟就到
　　□有点远，不过一天内能来回　□很远，一天之内回不来

8. 您去借书的频率如何？
　　□经常去借　□偶尔去借　□极少去借　□基本不去借

9. 阅读图书时，您觉得借书读好呢？还是买书读好呢？
　　□借书读好　为什么？＿＿＿＿＿＿＿＿＿＿＿＿＿＿
　　□买书读好　为什么？＿＿＿＿＿＿＿＿＿＿＿＿＿＿

10. 您主要通过何种载体进行阅读（可多选）：
　　□纸质图书　□普通电子图书　□网络电子图书　□手机
　　□其他：＿＿＿＿＿＿

11. 您平时获取外界信息的主要渠道？
　　□甜茶馆　□报纸　□电视　□收音机　□网络　□寺庙
　　□其他（请填写）＿＿＿＿＿＿

12. 您接触或使用过电脑吗？
　　□从没有接触过　□接触过，但没有使用过　□偶尔使用
　　□经常使用，很熟练

13. 您知道或使用过网络吗？
　　□不知道　□知道，但没有使用过　□偶尔使用
　　□经常使用，很熟练

三、图书馆(室)利用情况：

14. 您对图书馆了解吗？

□从没听说过　□了解一点,但没去过

　　□去过,但不是很了解　□很了解

15. 您知道您所在地有图书馆(室)吗?

　　□有　□没有[跳问第18问]

16. 如果有图书馆(室),它们属于哪种类型?

　　□公共图书馆　□高校图书馆　□科研单位图书馆

　　□农家书屋　□寺庙书屋　□学校图书室　□社区图书室

　　□其他(请填写)＿＿＿＿＿＿

17. 您去图书馆的频率如何?

　　□经常去　□偶尔去　□很少去　□从来不去

18. 您有没有西藏各类图书馆(室)的借书证或阅览证?

　　□有　□曾经有　□从来没有

19. 您认为自己所在地的图书馆(室)藏书是否能够满足您的需求?

　　□基本能够满足　□满足不了　□完全满足不了

20. 您认为自己所在地图书馆(室)的服务态度如何?

　　□非常好　□比较好　□一般　□比较差　□很差

　　□不对外开放

21. 如果您去图书馆(室),吸引您去的原因有哪些?(可多选)

　　□环境好,有文化氛围　□可以借阅书、刊、报纸

　　□可以上机或上网　□可以查找资料　□交通便利

　　□其他(请填写)＿＿＿＿＿＿

22. 如果您不常去图书馆,原因有哪些?(可多选)

　　□所在地区没有图书馆(室)　□没时间

　　□图书馆(室)不开放　□环境、设施不好

□没有所需要的资料　□交通不便
□网络资源能满足我的需求　□没想过
□其他（请填写）＿＿＿＿＿＿

23. 您平时最经常利用图书馆（室）的哪些图书？（可多选）
□书刊报纸　□自习室　□电子阅览室　□免费网络资源
□电子数据　□古籍　□其他（请填写）＿＿＿＿＿＿

24. 您在使用图书馆（室）过程中，曾遇到过哪些困难或麻烦？（可多选）
□馆藏资源不能满足需求　□图书馆开放时间不够长
□网络设备无法满足需求　□馆内各项标识不明确
□排架比较乱或上架不及时　□咨询时较难得到满意回答
□图书馆（室）缺少便利的自习或阅览条件
□不熟悉检索技巧　□缺少藏语文读物
□其他（请填写）＿＿＿＿＿＿

25. 您去图书馆（室）的主要目的是什么？（可多选）
□工作需要　□学术研究　□应对考试　□增长知识
□个人兴趣　休闲娱乐　□他人要求　□提高素质
□享受文化氛围　□迫于竞争压力
□其他（请填写）＿＿＿＿＿＿

26. 您在图书馆（室）能否查找到所需的图书？
□很少能查到　□能查一部分　□多数可查到

27. 如果图书馆（室）现有图书资源无法满足您的需求，您会怎么做？
□去别的图书馆查找　□上网查找　□向馆员咨询
□寻求其他途径　□放弃

28. 您所在地区图书馆（室）能否提供电子资源？
    □是　□否[跳问第30问]
29. 您对图书馆的数字资源使用程度如何？
    □经常用　□偶尔会用　□基本不会用　□根本不用

四、读者对图书馆的定位认知和发展建议

30. 您希望您所在的地区或社区建立图书馆（室）吗？
    □是　□否
31. 如果建设图书馆（室），您觉得建在哪里比较好？
    □村里　□乡里　□镇里　□县里　□街上　□茶馆里
    □其他（请填写）_____
32. 您希望您所在区域的图书馆（室）扮演什么样的角色？（可多选）
    □图书借阅中心　□普及文化、科学中心　□社会教育基地
    □社会活动中心　□文化阅读中心　□休闲娱乐中心
    □信息传播中心　□其他（请填写）_____
33. 您所在地主要有哪些文化设施？（可多选）
    □文化（娱乐）广场　□文化馆（室）　□图书馆（室）
    □公共电子阅览室　□影剧院/放映厅　□活动厅/培训室
    □棋牌室/书画室　□宣传画廊　□远程教育/共享工程服务点
    □其他（请填写）_____
34. 使用率最高的文化设施是？
    □文化（娱乐）广场　□文化馆（室）　□图书馆（室）
    □公共电子阅览室　□影剧院/放映厅　□活动厅/培训室
    □棋牌室/书画室　□宣传画廊　□远程教育/共享工程服务点
    □其他（请填写）_____
35. 您对您所在地区图书馆（室）图书的数量有何要求？　希望设

置在哪里?

（请填写）_____

36. 您对您所在地区图书馆（室）设施有何要求?

（请填写）_____

37. 您对您所在地区图书馆（室）服务有何要求？ 希望提供哪些服务?

（请填写）_____

38. 您对您所在地区图书馆未来发展有何建议或意见?

（请填写）_____

西藏公共图书馆(室)建设与服务调查表
(乡村)

调查日期:

调查地点:

调查员姓名:

核查员姓名:

问卷编码:

尊敬的读者：

您好！为了更好地满足您对西藏自治区区内公共图书馆建设与服务的需求，促进公共文化事业的发展。本课题组开展了本次调查活动，所有数据仅用于学术研究，请您放心填写。谢谢合作！

请在您所选择的答案选项前的"□"内打√（若非特别注明，每个问题只选一项）。

西藏自治区图书馆

2012年10月16日

被访者性别 [　　　] 籍贯 [　　　] 民族 [　　　] 政治面貌 [　　　]

一、基本情况：

1. 年龄：□15—18岁　□19—25岁　□26—45岁　□46—60岁
　　　　□61岁以上

2. 身份：□公务员　□企事业管理人员　□专业技术人员
　　　　□教师　□学生　□自由职业者、待业　□农民
　　　　□牧民　□半农半牧　□农民工　□僧尼
　　　　□离退休人员　□其他（请填写）＿＿＿＿＿＿

3. 文化：□文盲　□初小（3年级）及以下　□中小（4—5年级）
　　　　□小学毕业　□初中　□高中（专科、技校、职高）
　　　　□大专（高职）　□本科　□硕士及以上

4. 您现在居住地在哪儿？
　　□城市　□地区所在城镇　□县镇　□农区村　□牧区村
　　□林区村

5. 您所在地区是否通电？
　　□是　□否

6. 您所在地区是否通网络？

□是　□否　□不清楚

7. 您所在地区的路况如何?

　　□很好　□较好　□一般　□较差

　　□不通公路（需骑马或走路）

二、阅读图书情况：

8. 您对阅读图书是否感兴趣?

　　□非常感兴趣　□感兴趣　□无所谓　□不感兴趣

9. 您阅读图书的途径有哪些?

　　□从书店购买　□从图书馆借阅　□从个人处借阅

　　□在网上阅读　□其他（请填写）＿＿＿＿＿＿

10. 您的家中是否有图书?

　　□有　□没有[跳问第13问]

11. 您家中有哪一类图书?

　　□教材　□经书　□历书　□文学读物　□科普读物

　　□政策读物　□家庭生活读物

　　□其他（请填写）＿＿＿＿＿＿

12. 您对家中图书的使用频率如何?

　　□经常阅读　□偶尔阅读　□极少阅读　□基本不阅读

13. 您希望家中有哪一类图书?

　　□教材　□经书　□历书　□文学读物　□科普读物

　　□政策读物　□家庭生活读物

　　□其他（请填写）＿＿＿＿＿＿

14. 您周围有看书或借书的地方吗?

　　□有　□没有[跳问第17问]

15. 您周边最近的看书和借书的地方离您有多远?

□很近，就5分钟就到　　□不远，20分钟就到

　　□有点远，不过一天内能来回　　□很远，一天内回不来

16. 您去看书和借书的频率如何？

　　□经常去借　　□偶尔去借　　□极少去借　　□基本不去借

17. 您阅读图书的时候觉得借书读好呢？还是买书读好呢？

　　□借书读好　为什么？＿＿＿＿＿＿＿＿＿＿＿＿＿＿＿＿

　　□买书读好　为什么？＿＿＿＿＿＿＿＿＿＿＿＿＿＿＿＿

18. 您平时获取外界信息的主要渠道有哪些？（可多选）

　　□电视　□收音机　□甜茶馆　□报纸　□网络　□寺庙

　　□其他（请填写）＿＿＿＿＿＿

19. 您平日里能享受哪些文化生活？（可多选）

　　□看电视　□看书　□听广播　□听格萨尔说唱　□听故事

　　□其他（请填写）＿＿＿＿＿＿

20. 您觉得您的文化知识水平是否能够满足您的阅读需要？

　　□完全能满足　□基本能满足　□不能满足

　　□不能满足，觉得还需要提高

21. 您接触和使用过电脑吗？

　　□从没有接触过　□接触过，但没有使用过　□偶尔使用

　　□经常使用，很熟练

22. 您知道和使用过网络吗？

　　□不知道　□知道，但没有使用过　□偶尔使用

　　□经常使用，很熟练

三、图书馆的利用情况：

23. 您对图书馆了解吗？

　　□从没听说过　□了解一点，但没去过

□去过，但不是很了解　□很了解
24. 您知道您所在地有图书馆（室）吗？
　　□有　□没有[跳问第32问]
25. 如果有图书馆（室），它们属于哪种类型？
　　□公共图书馆　□高校图书馆　□科研单位图书馆
　　□农家书屋　□寺庙书屋　□学校图书室　□社区图书室
　　□其他（请填写）＿＿＿＿＿＿＿
26. 您去图书馆的频率如何？
　　□经常去　□偶尔去　□极少去　□从来不去
27. 您认为自己所在地图书馆（室）的藏书是否能够满足您的需求？
　　□基本能够满足　□满足不了　□完全满足不了
28. 您认为自己所在地图书馆（室）的服务如何？
　　□非常好　□比较好　□一般　□比较差　□很差
　　□不对外开放
29. 如果您去图书馆（室），吸引您去的原因有哪些？（可多选）
　　□环境好，有文化气氛　□可以借阅书、刊、报纸
　　□可以上机或上网　□可以查找资料　□交通便利
　　□其他（请填写）＿＿＿＿＿＿＿
30. 如果您不经常去图书馆，原因有哪些？（可多选）
　　□所在地区没有图书馆（室）　□图书馆（室）不开放
　　□去图书馆（室）的交通不方便
　　□图书馆（室）环境、设施不好　□没有想要看的图书
　　□没时间去　□从没想过要去
　　□其他（请填写）＿＿＿＿＿＿＿
31. 您在图书馆（室）能否找到您想要看的图书？

□根本找不到　　□能找到一些　　□想看的多数都能找到

32. 您所在地是否有全国文化信息资源共享工程基层服务点？

　　□有　　□没有[跳问第34问]　　□不清楚[跳问第34问]

33. 如果有，您是否使用过文化信息资源共享工程基层服务点的数字资源？

　　□是　　□否

34. 您所在地是否设有农家书屋？

　　□有　　□没有[跳问第37问]　　□不清楚[跳问第37问]

35. 如果有，您是否到农家书屋看书或借书呢？

　　□去过[跳问第37问]　　□没有去过

36. 您不去农家书屋看书的主要原因是什么？（可多选）

　　□文化水平有限，看不懂书的内容

　　□农家书屋很少开放，看书或借书不方便

　　□书屋内没有我想要看的书　　□书屋内的环境、设施条件不好

　　□没时间去看书或借书　　□离农家书屋远，交通不方便

　　□不想去看书或借书　　□说不清

　　□其他（请填写）＿＿＿＿＿＿

四、读者对图书馆的定位认知和发展建议

37. 您希望您所在的地区或社区建立图书馆（室）吗？

　　□是　　□否[跳问第40问]

38. 如果建设图书馆（室），您觉得建在哪里比较好？

　　□村里　　□乡里　　□镇里　　□县里　　□街上　　□茶馆里

　　□其他（请填写）＿＿＿＿＿＿

39. 您希望您所在区域的图书馆（室）扮演什么样的角色？（可多选）

　　□图书借阅中心　　□普及科学文化中心　　□社会教育基地

□社会活动中心　□文化阅读中心　□休闲娱乐中心
□信息传播中心　□其他（请填写）＿＿＿＿＿＿

40. 您所在地主要有哪些文化设施?（可多选）
　　□文化（娱乐）广场　□文化馆（室）　□图书馆（室）
　　□公共电子阅览室　□影剧院/放映厅　□活动厅/培训室
　　□棋牌室/书画室　□宣传画廊　□远程教育/共享工程服务点
　　□其他（请填写）＿＿＿＿＿＿

41. 使用率最高的文化设施是?
　　□文化（娱乐）广场　□文化馆（室）　□图书馆（室）
　　□公共电子阅览室　□影剧院/放映厅　□活动厅/培训室
　　□棋牌室/书画室　□宣传画廊　□远程教育/共享工程服务点
　　□其他（请填写）＿＿＿＿＿＿

42. 您对您所在地区图书馆（室）图书的数量有何要求？希望设置在哪里？
　　（请填写）数量要求：＿＿＿＿＿＿＿＿＿＿＿＿＿＿＿＿＿＿
　　（请填写）设置希望：＿＿＿＿＿＿＿＿＿＿＿＿＿＿＿＿＿＿

43. 您对您所在地区图书馆（室）设施有何要求？
　　（请填写）设施要求：＿＿＿＿＿＿＿＿＿＿＿＿＿＿＿＿＿＿

44. 您对您所在地区图书馆（室）服务有何要求？希望提供哪些服务？
　　（请填写）服务要求：＿＿＿＿＿＿＿＿＿＿＿＿＿＿＿＿＿＿
　　（请填写）希望提供：＿＿＿＿＿＿＿＿＿＿＿＿＿＿＿＿＿＿

45. 您对您所在地区图书馆未来发展有何建议或意见？
　　（请填写）发展建议：＿＿＿＿＿＿＿＿＿＿＿＿＿＿＿＿＿＿
　　（请填写）意见：＿＿＿＿＿＿＿＿＿＿＿＿＿＿＿＿＿＿＿＿

四、主要调查数据分析结论与思考

公共图书馆事业发展在我国已有百余年的历史,"六五"期间国家提出了县县有图书馆的布局标准。这一标准在"六五"至"十一五"之间基本得以实现,县级图书馆数量占全国公共图书馆的86.7%。在西藏地区1996年6月作为省级公共馆的西藏图书馆首次开馆接待读者。全自治区7个地市现有公共图书馆3家,能够接待读者的只有2家,4个地市没有公共图书馆,县级公共图书馆建设几乎为零。根据国际图联的推荐标准,公共图书馆藏书量应为人均1.5册至2.5册,2008年我国的人均拥有图书为0.4册,而西藏地区人均拥有图书数量仅为0.17,与满足社会公众读书看报的基本文化需求还有很大的差距。近年来,党中央、国务院高度重视西藏的文化建设,在项目、资金、人才等方面都给予西藏巨大的支持,特别是中央第五次西藏工作座谈会把文化建设作为改善民生、实施惠民工程和提高公共服务能力的重要内容,提出了"健全公共文化服务网络,完善公共文化机构运行保障机制,推进基本文化设施建设,提高精神文化产品供给能力,丰富各族群众精神文化生活"、"使西藏成为重要的中华民族特色文化保护地"等战略要求,使西藏的公共文化事业得到了进一步的提升和发展,尤其是在基层图书服务方面实现了从无到有的历史性转变。经过对城镇和乡村问卷调查数据的认真研究,并对相关数据的交叉分析,根据问卷数据我们对西藏公共图书馆建设和服务现状得到了如下认识:

1) 对于阅读图书的兴趣,70%以上的被访者对于阅读图书是有兴趣的，也期望能够阅读图书。在乡村，对于阅读图书最感兴趣的是学生和僧尼，而绝大多数农牧民、半农半牧民对于阅读图书不感兴趣或持无所谓态度。

2）在西藏农牧区乡村，对于阅读图书非常感兴趣的家庭收藏的图书就较多，也能经常阅读家中的图书，但兴趣对于家庭中是否收藏图书的影响不大，部分文盲家庭或部分对于阅读图书不感兴趣的家庭中仍收藏有图书；这表明是否收藏图书与其对阅读图书是否感兴趣，或者是否自己能够阅读家中藏书并没有直接关联。在西藏，对于图书的收藏纯粹是一种风俗习惯或者是宗教信仰，收藏的图书以教材、经书和历书为主。他们将图书尤其是将经书作为"三宝"之一而加以收藏，这在我们实地乡村入户调查中也得以证实。

3）在西藏城乡借阅图书进行阅读的比重均高于从书店购买图书进行阅读的比重，尤其是在城镇从图书馆（室）借阅的比重高于乡村从图书馆（室）借阅的比重，城镇网上阅读的比重也高于乡村。这种城乡差异的主要原因是城镇购书相对方便，而借阅图书不是很方便，城镇周围将近40％的地方没有看书或者借书的条件；然而乡村图书借阅的环境好于城镇，而城镇网上阅读的环境好于乡村；借阅和从书店购书成为西藏目前图书阅读的主要途径。在乡村将近有一半的读者期望通过借阅图书进行阅读，也有30％的读者想通过购书进行阅读；而在城镇，将近有一半的读者通过从书店购书进行阅读，但绝大部分还是期望通过借阅进行阅读。

4）西藏乡村有看书或借书的地方多于城镇，表明乡村借阅图书的方便程度好于城镇，这是由于近年来乡村农家书屋的普及率好于城镇,极大方便了广大农牧区乡村群众的图书借阅,解决了一部分群众的"看书难、读书难"的问题;但城镇,尤其是县镇由于历史的原因,图书馆(室)建设欠账太多,至今只有个别县城有图书馆外,绝大部分县城和日喀则地区日喀则市、那曲地区那曲镇、山南地区泽当镇、阿里地区狮泉河镇等地区级城镇仍没有图书馆(室),致使城镇的图书馆(室)中借阅图书的比重低于乡村。

5)在西藏,看书或者借书的频率均不是很高,不管周围有没有看书或借书的地方,还是距离看书或借书地方有多远,或是自身文化知识水平能否满足看书的需要;"偶尔去看书或借书"的比重最大。这表明上述这些因素都不是影响看书或借书的主要因素或者直接因素。极少去或基本不去阅读图书的比重乡村高于城镇,而经常去图书馆(室)的比重城镇高于乡村。表明西藏还没有形成阅读图书的风气,对于图书需求不足而产生的,这是符合西藏的现实情况的。

6)获取外界信息的主要渠道是电视,农牧民群众平日里享受的最喜爱的文化生活方式也是欣赏电视节目。在乡村除了电视之外,收音机也是获取信息的主要手段;而在城镇,网络和报纸也成为获取外界信息的重要渠道。表明由于传统惯性的影响下,广大农牧区信息的传承仍以口传身教为主,加之受自身文化水平的限制,缺乏通过图书传播信息;以图书形式传承的仅限于宗教文化领域。

7)在回答图书馆(室)内藏书、馆舍条件、履职能力以及对其服务进行评价等相关图书馆(室)的问题时,许多乡村被调查者避开了此类问题而没有作答;对于此类题项的缺失值在城乡之间有着明显的差别，城镇被调查者几乎没有回避此类问题。此外，对于图书馆（室）的这种认识性偏差或观点不明了，不一致的现象，也表现在出现了标准差偏高的现象。表明在西藏，人们对于图书馆（室）及其服务状况不甚了解，由于缺乏对图书的需求，因而也就没有愿望去了解图书馆（室），此外图书馆（室）相对较少也使人们缺乏了解图书馆（室）的机会和途径，以至于无法作出正确的判断，而只得回避此类问题。

8）拥有图书馆（室）的比重城乡均在60%左右，似乎没有多大差异，其类型在城乡之间也没有多大的差异，均以公共图书馆（室）和学校图书馆为主。对于图书馆（室）的了解程度城乡之间也相差无几，对于图书馆很了解的比重仅占20%左右；对于图书馆（室）越了解其期望所在地建立图书馆（室）的愿望也就越迫切。对于图书馆的认识不足或缺乏了解的主因应是广大群众对于阅读图书缺乏兴趣和习惯，导致丧失了对于图书阅读的需求。

9）对于农家书屋和信息共享工程等资源的利用率低。有82%的没有享用过信息共享工程的资源，有58%的从没有享受过农家书屋的服务。48%的不清楚有信息共享工程资源的服务，22%的不清楚或不了解农家书屋的图书服务。表明对于享有图书服务资源的农牧民群众不是很了解或者很清楚享受图书服务的途径，需要大力推广使用农家书屋的图书和文化信息共享工程提供的数字资源。

10）不管能否提供电子图书资源，这些图书馆（室）的数字资源使用率均较低；不管是否会使用或者使用电脑和网络的程度如何，对于图书馆（室）的数字资源使用程度仍是以"偶尔使用"和"基本不会用"为主；可见人们对于阅读图书的需求较低，尤其是对于数字图书资源的需求就更低。在西藏，目前的图书阅读仍以传统的纸质载体图书为主，阅读电子图书的比重很小。

11）从去图书馆（室）的频率状况来看，不管对于图书馆（室）的了解程度如何，不管所在地是否有图书馆（室），不管自己所在地的图书馆（室）的藏书是否能够满足需求，还是自己及所在的图书馆（室）服务状况如何，对于去图书馆（室）的频率的影响均不大；此外，不管什么年龄段，也不管是什么身份，均只是偶尔去图书馆（室）借阅图书。这表明上述这些不是影响的主要因子，这些条件虽然对于部分读者有影响，但对于绝大部分人来说没有多大的影响。究其原因也是缺乏阅读图书的兴趣和阅读的习惯。

12）随着年龄的升高，对于经书、科普读物和政策性读物的需求有所提高，较小年龄段读者对于家庭拥有教材、文学读物以及历书有着较大的渴求；文化程度较低的家庭中拥有经书的比重较大，而文化程度较高的家庭中拥有教材的比重大于经书和历书，除此之外其他书籍的比重均较小。这表明自身的文化知识水平是影响阅读图书的重要因素，阅读推广必须首先提高读者的文化水平和知识素养。

13）西藏现有文化设施的利用以图书馆（室）和文化（娱乐）广场为主，在未来的图书馆（室）建设中期望将图书馆（室）建成图书阅读中心和文化科普中心；并有一半以上的读者期望建在村里，以方便农牧区群众对于图书的阅读。